本书受到北京工商大学国际经管学院数字经济交叉学科□□□□□□□□
的支持

经管文库·经济类

前沿·学术·经典

风险投资的公司治理与估值研究

Research on Corporate Governance and Valuation of
Venture Capital

阙江静 著

经济管理出版社

ECONOMY & MANAGEMENT PUBLISHING HOUSE

图书在版编目（CIP）数据

风险投资的公司治理与估值研究 / 阙江静著 .—北京：经济管理出版社，2022.9
ISBN 978-7-5096-8705-5

I.①风…　II.①阙…　III.①风险投资—影响—上市公司—企业管理—研究—中国
IV.①F279.246

中国版本图书馆 CIP 数据核字（2022）第 165130 号

组稿编辑：杨国强
责任编辑：杨国强
责任印制：黄章平
责任校对：董杉珊

出版发行：经济管理出版社
　　　　　（北京市海淀区北蜂窝 8 号中雅大厦 A 座 11 层 100038）
网　　址：www.E-mp.com.cn
电　　话：（010）51915602
印　　刷：唐山玺诚印务有限公司
经　　销：新华书店
开　　本：710 mm × 1000 mm/16
印　　张：13
字　　数：234 千字
版　　次：2022 年 10 月第 1 版　2022 年 10 月第 1 次印刷
书　　号：ISBN 978-7-5096-8705-5
定　　价：98.00 元

前　言

　　风险投资不仅为企业提供资金支持，还参与公司治理、提供增值服务（Bottazzi、Rin 和 Hellmann，2008；Hellmann 和 Puri，2000）。研 究 发现，与无风险投资支持的企业相比，有风险投资支持的企业有更高的就业增长率（Engel 和 Keilbach，2007；Bertoni、Colombo 和 Grilli，2011）、更高的生产率增长（Croce、Martí 和 Murtinu，2013）、更好的创新能力（Kortum 和 Lerner，2000；Chemmanur 等，2011）和更高的盈利能力（Guo 和 Jiang，2013）等。中国风险投资由于受中国独特的市场制度、法律体系和文化规范的影响，可能使其与成熟市场的风险投资表现截然不同。本书将基于中国企业的数据，从风险投资作用于企业成长的三条路径（公司治理、资源提供和资金支持）出发，分别研究风险投资对被投资企业的影响，即 IPO 长期业绩、创新能力和估值。

　　首先，研究风险投资对企业 IPO 长期业绩的影响，这对应的是风险投资作用于企业成长的路径——公司治理。近些年，我国的风险投资行业取得了快速发展，促进了企业的快速增长，孵化了一大批优质上市公司，如百度、阿里巴巴、腾讯和京东等。然而，随着 IPO 高抑价、PE/VC 腐败的接踵而来，人们对风险投资机构能否为企业创造价值产生了怀疑。一方面，风险投资支持企业发展，促进了企业创新，拉动了经济增长，助推了经济转型；另一方面，有的风险投资有强烈的"逐名"动机，唯利是图，为了促使企业提前上市可能揠苗助长。因此，本书的第一个问题是聚焦那些上市前成长迅速的企业，研究高速成长的背后到底是由于企业自身的经营业绩，还是由于风险投资为了加速企业上市而进行的盈余管理？如果是后者，企业在 IPO 后长期业绩是否出现反转？

　　其次，研究风险投资对企业创新能力的影响，这对应的是风险投资作用于企业成长的路径——资源提供。风险投资可为企业提供各种资源，不同背景风险投资的优势各有千秋，因此提供的资源也有所不同。国外风险投资提供了进入新兴市场的知识、国际网络和管理技能（Fernhaber 和 Mcdougall-

Covin，2009），而国内风险投资凭借地理优势对本地市场环境更加了解，可以提供本地各种资源（Mäkelä 和 Maula，2006；Pukthuanthong 和 Walker，2007）。尽管有多个文献研究风险投资对企业创新的影响，但目前并无文献比较国内外风险投资对企业创新能力的不同影响。因此，本书的第二个问题是比较国内和国外风险投资对企业创新能力的差异影响，并研究是选择作用还是孵化作用使国内（或国外）风险投资背景企业的创新能力更胜一筹？

最后，研究风险投资对企业估值的影响，这对应的是风险投资作用于企业成长的路径——资金支持。风险投资在为企业提供资金支持时，首要问题是企业价值，这不仅关系到初创企业需要放弃股权份额，也关系到风险投资机构的投资业绩，因此对双方都是至关重要的（Cumming 和 Dai，2011；Heughebaert 和 Manigart，2012）。现有文献主要集中于风险投资机构和初创企业特征这些内生的因素（Gompers 和 Lerner，2000；Hsu，2007；Cumming 和 Dai，2011），并无文献研究外生的因素——投资者情绪（包括个人和机构）——对风险投资背景企业估值的影响。因此，本书的第三个问题是个人（或机构）投资者关注如何影响风险投资背景企业的估值？企业估值上涨是投资者关注引起的还是基于信息的基本面溢价？个人投资者关注与机构投资者关注对企业估值的影响是否存在差异？

针对以上问题，本书依次进行了研究，并将主要结论总结如下：

第一，本书检查了上市前增长与企业 IPO 长期业绩之间的关系，并研究风险投资如何影响这个关系。本书发现，在匹配样本下，上市前增长对 IPO 长期业绩的影响为正，但风险投资减弱了这个正向影响。当集中于风险投资背景的企业时，上市前增长和 IPO 长期业绩之间呈现一个倒 U 形的关系，即 IPO 业绩会随着上市前资产的增长而增长，但当到达某个饱和点时会出现业绩反转。究其原因，发现是一些善于投机的风险投资为了快速退出而促使企业进行盈余管理的结果。

第二，本书检查了国外风险投资与国内风险投资在孵化企业创新方面的差异。本书发现，与国内风险投资背景的企业相比，国外风险投资背景的企业有较差的创新能力。基于倾向得分匹配 PSM 分析的结果，本书发现这是由于国外风险投资本身具有较低的孵化创新的能力（孵化效应），而不是由于其不能更好地筛选出那些更有研发潜力的企业（选择效应）。究其原因，发现国外风险投资与被投资企业之间地理距离较远，导致其不能及时提供监管和增值服务，从而降低了孵化企业创新的能力。

第三，本书基于百度指数构建的个人投资者关注指标（ASVI）和基于金融机构行研数据构建的机构投资者关注指标（AIA），分步探索了个人和机构投资者关注对风险投资背景企业估值的影响。本书发现，个人（或机构）投资者关注越高的行业，企业估值越高。企业估值的上升是投资者关注导致的结果，而不是基于信息的基本面溢价（投资者关注假说）。本书用三个结论支持投资者关注假说：①企业估值发生了长期反转；②风险投资的投资表现（用风险投资的退出回报倍数和投资组合公司成功退出的概率衡量）与投资者关注成反比，即投资者关注变高会导致投资表现恶化；③联合投资和有经验风险投资的参与可以降低投资者关注对企业估值的影响。

本书的主要学术创新和学术价值体现在三个方面：

第一，中国的次新股出现很多业绩"变脸"现象，但没有文献研究风险投资在其中的作用。以往的文献研究了上市前的盈余管理会导致企业 IPO 业绩表现出长期弱势，也有文献研究风险投资会为了博得声誉或筹集未来资金而缩短孵化期，驱使旗下企业提前上市。但并没有文献研究企业在上市后 IPO 业绩变差是否为风险投资促使企业"揠苗助长"的结果，本书基于中国风险投资背景的企业，首次回答了这个问题。

第二，有关国内和国外风险投资对企业的成长及发展的不同影响体现在很多方面，但没有文献研究国内和国外风险投资对公司创新能力的不同影响。本书分析了国外和国内风险投资对企业创新能力的不同优势，利用中国风险投资背景的企业，比较了国内外风险投资对企业创新能力的差异影响。本书为研究国内外风险投资对企业的不同影响又提供了一个新的方向，同时新加了一个能够促进企业创新的因素。

第三，针对风险投资估值的研究目前主要集中于风险投资特征（规模、声誉等）和企业质量（财务信息、创始人背景等）这些内生的因素，本书首次引入了外生的因素——个人（或机构）投资者关注——以研究风险投资企业估值。同时，现有文献有关投资者情绪／关注对资产定价的影响主要集中于二级市场以及一级市场 IPO 估值，但并没有学者研究风险投资市场下投资者情绪对资产定价的影响，本书填补了这个空白。

目　录

第一章 引 言

第一节 研究背景和研究意义

一、研究背景

风险投资不仅可以为企业提供资金支持，还参与公司治理，提供增值服务（Bottazzi、Rin 和 Hellmann，2008；Hellmann 和 Puri，2000）。风险投资可以为企业的经营管理提供专业化的建议（Kaplan 和 Stromberg，2000），甚至帮助企业招聘关键人员（Sahlman，1990；Gorman 和 Sahlman，1989）。风险投资也可以凭借自身的投资网络资源、政府网络资源、金融中介资源等为被投资企业提供诸多资源支持（Mäkelä 和 Maula，2005；Guadalupe，Kuzmina 和 Thomas，2012）。研究发现，有风险投资支持的企业比无风险投资支持的企业有更高的就业增长率（Engel 和 Keilbach，2007），更高的盈利能力（Guo 和 Jiang，2013）和更高的研发能力（Kortum 和 Lerner，2000）。

然而，中国独特的市场制度、法律体系和文化规范，可能导致我国风险投资与成熟市场的风险投资表现截然不同，体现在选择公司（Baum 和 Silverman，2004）、监控过程和退出策略（Bruton 和 Ahlstrom，2003）等多个方面。因此，本书将基于中国企业的数据，从风险投资作用于企业成长的三条路径（公司治理、资源提供和资金支持）出发，研究风险投资对被投资企业三个方面的影响：IPO 长期业绩，创新能力和估值。

尽管风险投资促进了企业的快速增长和技术创新，孵化了一大批优质上市公司，例如百度、阿里巴巴、腾讯和京东等。然而，随着 IPO 高抑价、PE/VC 腐败的接踵而来，人们对风险投资机构能否为企业创造价值产生了质疑。一方面，风险投资支持企业发展，促进企业创新，拉动了经济增长，助推了经济转型；另一方面，有的风险投资有强烈的"逐名"动机，唯利是图，为了促使企业提前上市可能揠苗助长。Gompers（1996）和 Hsu（2013）发现，年轻的风险资本家为了赢得声誉而缩短孵化期，促使企业提前上市。在逐名动机的刺激下，风险投资可能影响企业的会计信息，强化盈余管理甚至财务造假，这将造成企业 IPO 长期业绩表现弱势（Teoh、Welch 和 Wong，1998；Ducharme、Malatesta 和 Sefcik，2004）。因此，本书将聚焦那些上市前成长迅速的企业，探讨高速成长的背后到底是由于企业自身的经营业绩，还是由于风险投资为了加速企业上市的步伐而揠苗助长。

作为最大的新兴市场，我国的高新技术行业发展迅速，吸引了很多国外风险投资机构，包括早期进入的 IDG、华登，还有后期进入的软银、英联投资、红杉资本等（张学勇和廖理，2011）。国外风险投资和国内风险投资由于各自独特的优势，因此对企业的成长和发展也会表现出非常不同的影响。国外风险投资由于地理上的距离造成了信息劣势，使密切监视公司变得更加困难（Dai、Jo 和 Kassicieh，2012）。国外风险投资旗下的公司如果没有达到预期，他们会更迅速地停止投资（Mäkelä 和 Maula，2006），如果他们过早地停止了资金支持，对科创类企业成长会产生重大的负面影响。但是，国外风险投资能够提供本国的法律和商业问题的知识及信息（Mäkelä 和 Maula，2005），而且还可以提供进入其国际网络的途径，使公司能够与相关的外国供应商、客户、金融家和其他潜在的利益相关者相互联系（Mäkelä 和 Maula，2005；Sapienza、Manigart 和 Vermeir，1996）。目前已有文献研究国内和国外风险投资对企业成长的不同影响，例如控制和激励机制（Tan 等，2008）、企业长期投资（Bena 等，2017）等，但却无文献研究对企业创新能力的影响。因此本书将以中国企业为样本，研究国内和国外风险投资对企业创新能力的不同影响。

风险投资给初创企业提供资金支持，首要任务是如何确定一个企业的价值，因为这不仅关系到初创企业需要放弃股权份额，也关系到风险投资的投资业绩，因此对双方都是至关重要的（Cumming 和 Dai，2011；Heughebaert 和 Manigart，2012）。传统的方法认为，企业估值主要是通过企业家和风险投资者双方协商来确定，所以企业的质量（财务表现、创始团队等）和风险投资的特征（规模、声誉等）是企业价值的决定因素。Hsu（2004）发现，企业为了能够获得高声誉风险投资的注资愿意接受低的估值，因为高声誉意味着高质量的增值服务。Hand（2005）及 Armstrong、Davila 和 Foster（2006）发现，初创企业的财务报表信息可以解释企业估值水平。然而，投资者关注作为个人或机构对二级市场股票需求的预判（Barber 和 Odean，2008），可能包含潜在投资者需求的宝贵线索，并反映初创企业的真实价值（Colaco、Cesari 和 Hegde，2017），这将影响风险资本家的预期，进而影响企业估值。现有文献有关投资者情绪对资产定价的影响主要集中于二级市场以及一级市场 IPO 估值，但并没有学者研究风险投资市场下投资者情绪对资产定价的影响，本书将聚焦此问题探讨个人（或机构）投资者关注对企业估值的影响。

二、研究意义

随着风险投资的不断发展，学术界也在不断探索研究风险投资行业与科技创新企业之间的关系，已经获得了丰富的理论和实证结果，并奠定了风险投资领域的研究基础，但仍需基于中国风险投资机构的特点和现状进行更加全面深入的研究。本书的研究意义主要体现在三个方面：

第一，中国风险投资因其独特的市场特征和制度背景，使得基于发达国家这些成熟市场的研究结论并不能完全适用于我国的风险投资市场。本书基于中国企业的数据作为研究对象，研究企业上市前增长和 IPO 长期业绩表现，探讨风险投资在其中的作用。这个研究可以使监管机构在企业申请上市时重点关注增长过快的企业，调查企业是否进行了盈余管理或者财务造假。

第二，中国风险投资行业的发展为创新创业企业提供了资金支持和资源整合的渠道，促进了企业快速成长，孵化了一大批优质的上市公司。然而，国内和国外风险投资各有千秋，对企业的成长和发展也有很大的区别，因此选择什么背景的风险投资激励和孵化企业的创新是非常重要的事情。本书的研究回答了国内和国外风险投资在孵化企业创新方面的差别以及哪种背景更益于促进企业创新，这有利于企业正确选择风险投资的类型。

第三，我国的风险投资行业发展历史较短，很多并不成熟，容易受到市场情绪的影响，使得风险投资进行估值时偏离基本价值。现有文献关于初创企业估值的研究多集中于初创企业的质量和风险投资的特征这些内生的因素，而有关投资者情绪这个外生因素对企业估值的影响却鲜有研究。本书通过构建多维度（个人和机构）的投资者情绪指标，探究投资者情绪对初创企业估值的影响，这对于丰富和补充初创企业估值的研究具有重要的理论价值。同时，在对初创企业进行评估时，如何认识投资者情绪，如何利用好投资者情绪，通过怎样的对策降低投资者情绪对初创企业估值的影响，对整个风险投资行业都有重要的现实指导意义。

第二节 研究思路、研究内容和研究方法

一、研究思路

本书的研究思路可以归纳为一个中心、三个基本点，包括理论基础、实证研究和政策建议的系统性体系。

一个中心指本书将基于中国企业的数据，围绕风险投资作用于企业成长的三条路径（公司治理、资源提供和资金支持），研究风险投资对被投资企业三个方面的影响：IPO 长期业绩，创新能力和估值。

第一个基本点对应风险投资作用于企业成长的第一条路径——公司治理，研究了风险投资和企业 IPO 长期业绩之间的关系。首先比较了风险投资背景企业和匹配样本下企业 IPO 业绩的差异，分析风险投资在企业上市前是否存在逐名动机而进行盈余管理的现象，并用财务造假的数据验证推测。

第二个基本点对应风险投资作用于企业成长的第二条路径——资源提供，研究了风险投资和企业创新能力之间的关系。基于风险投资的不同背景，分析了国内风险投资和国外风险投资对企业创新能力的不同优势，并实证比较哪种背景的风险投资更有利于企业创新。

第三个基本点对应风险投资作用于企业成长的第三条路径——资金支持，研究了个人（或机构）风险投资和企业估值之间的关系。基于百度搜索指数构建的个人投资者关注指标和基于金融机构行研报告数据构建的机构投资者关注指标，分别探讨个人和机构投资者关注对风险投资估值的影响，检验风险投资估值的变化是由个人（或机构）投资者关注引起的还是基于信息的基本面引起的，并研究能够减弱过度估值的投资策略。

二、研究内容

本书内容共分为七章，具体内容安排如下：

第一章：引言。首先阐述了本书的选题背景和研究意义，其次提出本书的研究思路、研究内容和研究方法，最后总结本书的创新点。

第二章：文献综述。①整理了风险投资的相关文献，包括风险投资的组织形式和运营模式、风险投资在中国的发展历史与特点，以及风险投资在中国和国外运营模式的不同。②整理了风险投资和企业业绩表现的相关文献，包括风险投资对企业成长的影响和逐名动机。③总结了风险投资和企业创新能力的相关文献，包括风险投资对企业创新能力的影响和国内外风险投资的优缺点对比。④总结了风险投资估值和投资者关注的相关文献，包括基于多模态数据的投资者关注衡量指标和投资者关注对资产定价的影响。

第三章：上市前增长与企业 IPO 长期表现：来自风险投资的作用。①构建企业 IPO 长期业绩的衡量指标。本部分采用四种超额回报率来衡量企业 IPO 长期业绩，包括累计超额回报率、买入并持有超额回报率、CAPM alpha 和 Fama-French alpha。②研究风险投资在上市前增长和 IPO 长期业绩关系中的作用。首先，检查在匹配样本下（风险投资与非风险投资背景的企业匹配的样本），企业在上市前增长和上市后 IPO 长期业绩之间的关系。然后，集中于风险投资背景的企业，检查上市前增长和上市后 IPO 长期业绩之间的关系，分析风险投资在此关系中的作用。③探讨风险投资与企业盈余管理的关系。本书首先检查上市前过快增长是不是企业盈余管理造成的，然后检查企业盈余管理与风险投资之间的关系，探讨是不是风险投资为了企业提前上市而促使其进行盈余管理，造成 IPO 业绩反转。

第四章：风险投资对企业创新能力的影响：基于风险投资国内外背景的比较研究。①构建企业创新能力的衡量指标。利用数据挖掘技术获取专利数据，用专利总数构建企业创新能力测度。②比较国内外风险投资对企业创新能力的不同影响。首先，比较国内外风险投资背景企业创新能力的区别。其次，分别比较国内外风险投资对发明专利、实用新型专利和外观设计专利三种不同创新能力测度的影响。最后，用倾向得分匹配 PSM 分析，探讨国内外风险投资的创新优势是孵化效应还是选择效应。③探究影响国内外风险投资孵化企业创新能力的原因。本部分将考察地理距离在国内外风险投资孵化企业创新方面的作用。首先检查地理距离是否有利于企业创新，然后比较国内外风险投资的地理距离（国外风险投资仅指在国内的分支），最后分析地理距离是否影响国内外风险投资孵化企业创新能力的原因。

第五章：个人投资者关注对风险投资估值的影响：来自百度行业关注度的证据。①构建基于百度指数的个人投资者关注指标。本部分利用数据挖掘技术，以申银万国三级行业为关键词，爬取行业每天的百度指数（SVI），构建个人投资者关注指标。②研究个人投资者关注对风险投资背景企业估值的影响。首先，研究个人投资者关注对风险投资背景企业估值的影响。其次，利用企业是否发生长期反转和风险投资的业绩表现（退出回报倍数和是否成功退出）来验证企业估值上升是投资者关注假说还是基本面信息假说。最后，用 Heckman 样本选择法解决样本选择偏差问题，用工具变量 IV 方法解决内生性问题，利用备选的投资者关注指标解决稳定性问题。③探讨影响风险投资背景企业估值的投资者情绪引导策略。一是探讨风险投资策略，例如联合投资或加入富有经验的风险投资。二是探讨设定合理的契约条款，以解决风险投资和企业之间的信息不对称问题。

第六章：机构投资者关注对风险投资估值的影响：来自金融机构行研报告的证据。①构建基于中国金融机构行研报告的机构投资者关注指标。本部分利用国泰安数据库收录的金融机构行业报告数据，构建基于行业的机构投资者关注指标。②本章研究了机构投资者关注对企业估值的影响，并比较个人投资者关注与机构投资者关注对企业估值的不同影响。同时，采用多种稳健性检验方法验证基准结果，包括采用 Heckman 方法、考虑备选变量和增加企业控制变量。③考察了机构投资者关注对风险投资业绩的影响，分析其与个人投资者关注对风险投资业绩影响的差异和共同点。

第七章：结论与建议。首先，总结本书理论分析和实证研究的结论。其次，针对中国市场的风险投资在企业成长和发展过程中存在的问题，提出对应的政策和建议。最后，提出了未来研究探索的方向。

三、主要问题及解决方法

（一）数据的收集和整理

（1）风险投资数据。风险投资的数据来自投中集团旗下的 CVSource 数据库。CVSource 数据库包含风险投资机构的企业估值、资本来源、位置信息、所投资企业的行业、融资时间、投资金额、发展阶段等重要信息。

（2）企业造假数据。本书收集国泰安 CSMAR 数据库有关证监会发布的企业违规信息，从中挑选出上市前并且财务造假的信息，用以研究风险投资逐名动机而进行盈余管理的问题。

（3）企业研发数据。研发数据主要从中国国家专利局认证的网站用 Python 爬取专利数据，包括专利申请时间、授权时间、专利分类（发明专利、实用新型专利和外观设计专利）等信息。

（4）投资者关注数据。投资者关注的衡量指标是用企业所属行业的百度指数构建的，用 Python 爬取每天的百度搜索指数，构建月度投资者关注指标。

（二）孵化效应和选择效应

本书在研究国内风险投资和国外风险投资对企业创新能力的不同影响时，一个基本的问题就是如果国内风险投资比国外风险投资表现更好，到底是因为国内风险投资具有更好的孵化企业创新的能力，还是因为国内风险投资有更好的能力选择出更具有研发潜力的企业。本书使用倾向得分匹配法 PSM 区分两种效应，PSM 分析将两种类型企业间显著特征的差异最小化，从而在一定程度上分离开处理效应和选择效应。

（三）样本选择偏差

用 Heckman 方法解决样本选择偏差问题。本书采用的数据库中有很大一部分企业估值数据没有被披露，这可能会导致有估值数据的企业与无估值数据的企业之间存在系统性偏差。为了解决这个问题，本书使用 Heckman 样本选择方法确保企业估值数据的遗漏不会引起选择偏差。

（四）内生性问题

用工具变量 IV 方法解决内生性问题。变量疏漏可能会造成内生性问题，本书用工具变量 IV 方法来解决。本书采用两种 IV 变量，一种是与企业有相同二级行业的其他三级行业的投资者关注的中值，另一种是与企业有相同三级行业的上市公司广告支出费用的均值。

第三节　创新点

第一，本书通过研究上市前增长和上市后长期业绩之间的关系，分析风险投资在其中所起到的作用。中国的次新股出现很多业绩"变脸"的现象，但并没有文献研究风险投资在当中的作用。以往的文献发现，上市前的盈余管理会导致上市后业绩表现长期弱势。也有文献发现，风险投资会为了博得声誉或者筹集未来资金而缩短孵化期，驱使旗下企业提前上市。但却并没有文献研究风险投资背景的企业在上市前过快增长时会导致怎样的结果，上市前过快的增长是不是风险投资为了提前上市而驱使企业进行盈余管理的结果。本书通过分析风险投资背景的企业和匹配样本下的企业在上市前增长和 IPO 长期业绩之间的关系，结合企业财务造假的数据，重点研究风险投资是否驱动企业进行盈余管理，这是一个全新的视角。

第二，有关国内风险投资和国外风险投资对企业成长及发展的不同影响体现在很多方面，例如公司的增长率、长期业绩表现、财务表现和交易成本等，但却没有文献研究国内风险投资和国外风险投资对公司创新能力的影响。本书分析了国外风险投资和国内风险投资对企业创新的不同优势，用中国风险投资背景的上市公司的数据实证研究了不同背景风险投资对公司创新能力的影响。本书为研究国外风险投资和国内风险投资对企业的不同影响又提供了一个新的方向，同时新加了一个能够驱使企业创新能力的因素。

第三，传统理论认为，风险投资背景企业估值是通过风险投资者和企业家之间的协商和谈判来决定的，因此既有文献有关初创企业估值的影响因素集中于企业本身的质量（包括财务信息或者企业家自身的优点）和风险投资的特征（包括风险投资的规模、声誉等）等内生的影响因素，却没有考虑投资者情绪这个外生因素。投资者情绪反映了投资者需求，可以影响风险投资的预期回报，进而影响企业估值。本书考察了个人投资者情绪和机构投资者情绪，从多个维度发现了投资者情绪对初创企业估值的影响，是对初创企业估值问题的补充和完善。

第四，既有文献有关投资者情绪对资产定价影响的研究已经涉及股票市场、IPO 市场、债券市场、现货与期货市场，甚至加密货币市场等多个市场，唯独没有文献考察风险投资市场投资者情绪对资产定价的影响。本书立足于风险投资市场，深入研究投资者情绪对初创企业定价的影响机制和作用效果，拓展了投资者情绪对资产定价的影响领域。

第二章　文献综述

第一节　风险投资介绍

一、风险投资周期和组织形式

（一）风险投资周期

风险投资机构在对初创企业进行投资时，一般分为三个阶段：项目评估和选择；孵化和监控投资；收获和退出。

第一，项目评估和选择。风险投资机构在对初创企业投资时，策略可能因旗下基金的不同而有所差异。风险投资既可以专注于某一行业，也可以成为不同类型公司的多面手（Sahlman，1990；Barry 等，1990；Kaplan 和 Strömberg，2003）。一旦风险投资筹集了资金并组建了一只基金，就会积极地追求基金的一致投资目标。这一过程始于广泛的研究、尽职调查和其他投资前的筛选活动，这些都被认为是风险投资长期成功的关键所在（Kaplan 和 Stromberg，2000）。有研究学者发现，初创企业的创始人背景和管理团队的能力可以影响风险投资的决定。初创企业创始人毕业于世界顶级大学、有创业经历、有人际关系等"社会资本"将会增加投资的可能性（Bengtsson 和 Hsu，2010；Shane 和 Stuart，2002）。

第二，孵化和监控投资。风险投资机构能够提供重要的增值服务和专业知识，而不仅仅是资本支持，这种方法使他们能够以相当大的折扣获得股权（Hsu，2004）。风险投资可以参与公司管理的各个方面，尤其是在公司的早期或公司即将进行 IPO、并购或者出售时。例如，风险投资帮助公司管理层去雇用关键员工，介绍关键供应商和客户，并帮助制定商务战略（Sahlman，1990；Hellman 和 Puri，2000；Gompers 和 Lerner，2002）。风险投资机构并不管理企业的日常运营，相反，他们集中监控管理业务的经理（Gorman 和 Sahlman，1989）。当管理团队存在差距时，风险投资的参与就会增加。例如，董事会的风险投资代表人数在 CEO 更替期间会增加，而其他外部人员的数量保持不变。通过董事会的作用，风险投资者有权聘用并解雇其投资组合公司的高级管理人员（Kaplan 和 Strömberg，2003 ）。

第三，收获和退出。风险投资通过下列选择之一获得投资回报：IPO、并购、出售或清算。通过并购交易来出售投资组合公司是风险投资最常见的形式，只有很少一部分是 IPO 退出。尽管不像并购退出那么常见，但 IPO 是所有可能退出的策略中带给风险投资机构最丰厚回报的一种形式（Gompers 和 Lerner，2002；Lerner、Hardymon 和 Leamon，2005 ）。风险投资很少在 IPO 时通过在公开市场上出售股份来完成完全退出，即"套现"。Darrough 和 Rangan（2005）表明，平均而言，在首次公开募股时，风险投资只出售约 1% 的 IPO 前股份。在 IPO 承销商要求的锁定期，风险投资持有绝大多数原始投资。锁定期是为了使原股东的利益与新上市股东的利益保持一致，在规定的期限内——通常是 180 天——阻止原股东出售或分配股票。Field 和 Hanka（2001）发现，当锁定期到期时，风险投资支持的上市公司比非风险投资支持的上市公司的交易量增长要多，而且，风险投资比高管和其他股东更积极地出售股票。风险投资的退出影响风险投资机构的回报、风险投资的业绩以及他们未来进一步筹集资本的能力。

（二）风险投资基金组织形式

风险投资基金的组织形式分为三种：信托契约型、有限合伙制、公司型。

信托契约型风险投资基金一般通过私募的方式筹集，但不得向银行借款，基金的投资者不能行使基金管理权。信托契约型风险投资基金容易存在一般的委托代理问题。委托代理理论认为，在所有权和经营权分离的情况下，如果没有适当的激励机制，管理者会利用信息优势做出有利于自身却损害所有者利益的行为。就风险投资者来说，风险投资可能存在更高的概率滥用资金。风险投资行业是资本充足的行业，主要通过筛选项目，对企业的财务状况、发展前景或者研发潜力等多方面进行评估，最终确定优质企业进行投资，因而一旦没有合理的刺激机制，风险投资基金的出资人和管理人员之间就会存在严重的信息不对称，利益也会不一致，管理者可能过分追求风险，甚至对企业进行盈余管理行为，更甚至关联交易，企业在成功退出后会获得巨额利润，从而为自己增加报酬，因此信托契约型风险投资基金使得风险投资机构有更大风险滥用手中的权力进行谋私行为。

有限合伙制风险投资基金将两类合伙人，即有限合伙人和普通合伙人，通过合约联结起来，实现专业投资管理和资金供给的有效对接与整合，充分发挥企业管理方和资金提供方的各自优势。有限合伙人（LPs）主要由机构投资者和个人投资者组成，他们提供了大部分的资本，通常出资比例一般要占 99%，其余 1% 左右由普通合伙人投入。普通合伙人有商定的投资承诺资本时间期限——通常约为 5 年。普通合伙人也有商定的将资本返还给有限合伙人的时间期限——通常是 10~12 年。这种比较长期的时间限制更有利于管理者进行长期行为，而不是为了追求短期利润进行不利于企业发展的短视行为。有限合伙制在签订的合约中规定了普通合伙人和有限合伙人各自的权利及义务，不仅可以防止滥用自己的权利，而且可以降低企业的代理成本。美国的风险投资机构和其他一些国外风险投资机构的主要组织形式都是有限合伙制（Bottazzi、Rin 和 Hellmann，2008）。2007 年 6 月实施《中华人民共和国合伙企业法》后，有限合伙在中国作为一种组织形式是合法的，所以国内风险投资机构都是以有限责任公司形式建立的。

公司型风险投资基金用公募或私募方式对外发行基金股份，把分散的投资者手中的资金集中起来。

二、风险投资在中国的发展历史与特点

（一）中国风险投资的发展历史

中国风险投资市场的兴起是在 20 世纪 80 年代，当时政府的目标是刺激高科技投资。然而，在 20 世纪 80 年代和 90 年代初，由于缺乏市场为导向的机构，阻碍了风险投资的增长。后来中国政府设立"中国直接投资基金"（CDIFs），出现了少量的扩张现象（Pukthuanthong 和 Walker，2007）。CDIFs 是在香港、伦敦和都柏林上市的投资工具。他们专注于投资央企或国有企业，但不投资于私营企业（Bruton 和 Ahlstrom，2003）。这可能引起早期风险投资业绩不佳。

中国的风险投资市场在 1999~2000 年开始扩张。有几个因素促成了这一扩张，包括全球股市表现强劲，以及 2000 年深圳证券交易所（Shenzhen Stock Exchange，以下简称"深交所"）提议成立一个类似纳斯达克的风险板，以支持初创企业和高科技公司。许多投资加速集中在与互联网泡沫相关的高科技投资上（Lu、Tan 和 Huang，2013）。

2000~2005 年，中国风险投资市场总体放缓，但在 2003 年，外资支持的风险投资出现了扩张。2002 年，中国政府搁置了合资企业董事会计划。这阻碍了风险投资，因为退出初创公司变得越来越困难。2003 年，中国政府放宽了对国内民营企业海外上市的批准。这给了外国风险投资相对于国内风险投资一个比较优势，因为他们更熟悉本国的资本市场。

自 2004 年以来，环境变得对风险投资更友好了。2004 年，中国成立了中小企业板，这为风险投资的成功退出提供了额外场所。然而，随着政府收紧对中国企业海外上市的监管，海外上市变得更加困难。2006 年，政府通过

了一项规定，公司可以在海外上市，但必须在中国证券监督管理委员会（证监会）批准的情况下。中国证监会对境外上市采取了限制性措施。2007 年，政府放宽了对投资银行和证券公司风险投资的限制，促进了投资银行附属的风险投资基金的扩张。2009 年，政府推出了一个风险板。这为中国相对较小的公司上市提供了便利。

国内风险投资机构主要是作为国有子公司或地方政府、大公司和著名大学的附属机构，它们通常处于上级监管机构或大型机构股东的控制之下。由于 2007 年 6 月后，有限合伙在中国作为一种组织形式是合法的，所以国内风险投资机构都以有限责任公司的形式建立。对风险投资的采访显示，高管和投资专业人士不会要求获得剩余收益，因为他们都不持有国内风险投资机构的股份。他们的报酬通常是固定工资和奖金。奖金通常由全公司的业绩决定。此外，有限公司通常在职能部门结构下进行管理，并进行集中决策。所有的投资决策都是由高级经理根据投资经理报告的信息做出的。此外，国内风险投资机构的大多数执行经理都是前政府官员或国企经理，他们通常由政府机构或母公司任命。很多时候，他们加入国内风险投资机构时并不具备私募股权融资的专业知识。

中国的风险投资自 20 世纪 80 年代起随着国家综合实力的强化逐步发展。国外风险投资机构在中国一直在争取合法性。鉴于中国的资本管制制度，外国机构投资者很难在中国开展业务。自 2001 年以来，监管逐渐放松。外国机构投资者现在可以合法地在中国投资和筹集资金，只要他们注册成为合格的外国投资机构（QFIIs）。然而，QFIIs 的注册要求门槛过高，大多数国外风险投资机构都不合格。面对严格的资本管制和其他法律限制，国外风险投资机构一直在寻找有效的工具，以适应它们在中国的投资。在 20 世纪 90 年代中期前，国外风险投资机构主要与国内投资者合资经营，以克服监管限制。他们与中国政府和大型国有企业建立了关系，以获得交易来源、项目治理和行政保护方面的帮助。但是，当时国外风险投资机构的资本流入总量较小，表现远远不能令人满意。

自 20 世纪 90 年代末以来，国外风险投资机构在积累经验的基础上，不断探索适应中国投资的新途径。最受欢迎的方式是利用离岸模式在中国投资，也就是说，国外风险投资机构在海外注册并从国际市场筹集资金。他们不需要在中国注册，就可以设立代表处来搜索、评估和管理他们在中国的投资。他们投资组合公司的注册遵循"双向"模式。当国外风险投资机构决定投资一个项目时，它会帮助创始人注册一家海外控股公司。国外风险投资机构和机构的主要创始人都持有控股公司的大部分股份。然后，控股公司再投资于中国的原始企业，通常拥有100%的控制权。因此，国外风险投资机构及其投资组合公司的公司治理受到中国法律的限制较少。

在离岸模式下，在中国运营的国外风险投资机构通常都是有限合伙制的，它为创投资本家提供了强大的激励，使他们通过调整各方的利益来实现利润最大化（Gompers和Lerner，1996；Salhman，1990）。中国的有限合伙制风险投资的公司治理和运营与美国的有限合伙制风险投资类似。风险投资基金的投资者是有限合伙人，他们贡献了大部分的资本，而风险投资家是一般合伙人，他们贡献了少数的资本。作为无限责任的普通合伙人，风险投资家无须获得有限合伙人的批准，就有责任管理资金。一种典型的"绩效工资"结构通常被采用，在这种结构中，风险投资家收取总利润的15%~20%作为载体利息，1.5%~3%的资金作为年度管理费。因此，有限合伙制企业之间的关系非常"市场化"。此外，有限合伙制还采取了分权决策的多功能部门结构。每个风险投资机构通常都有自己的团队来处理几乎整个投资案例的过程，尽管最终的投资决策是根据投资委员会的建议和合伙企业中所有普通合伙人的共识做出的。因此，有限合伙制是一种扁平化的组织，普通合伙人比有限公司的合伙人工作更独立。

国外风险投资机构和国内风险投资机构在资金来源及法律制度方面也有所不同。国外风险投资机构主要从国际市场筹集资金。与美国的风险投资类似，国外风险投资机构的资金主要来自养老基金、保险公司、大学捐赠基金和富有的个人。然而在中国，法律禁止养老基金、保险公司和银行投资于风险投资基金等高风险领域。因此，国内风险投资机构的资金主要来自政府机构、大公司和大学，经过多年的发展，目前私人资金也流入了风险投资行业。由于资金来源的限制，国内风险投资机构的规模远远小于国外风险投资机构。2006年，每个国外风险投资管理下的平均资本为2.55亿美元，而每个国内风险投资机构仅为3700万美元（Zero，2007）。此外，通过离岸战略，国外风险投资机构及其投资组合公司的业务活动受到海外法律的监管，从而使它们有机会规避中国的法律限制，如禁止使用可转换证券和优先股。与此同时，在很长一段时间内，一些最广泛使用的风险资本投资机制并没有提供给国内风险投资机构。尽管自2004年《中华人民共和国公司法》修订以来，相关限制逐渐放宽，但仍存在许多问题。

我国的风险投资行业增长迅速，无论是投资金额，还是管理基金个数，都经历了快速的扩张（姜爱克，2018），这引起了全球投资者的极大兴趣。新募集资金从1999年的6.75亿美元增加到2015年的1042.62亿美元，基金数量从1999年的87只增加到2015年的7665只。此外，中国是全球最受风险投资青睐的投资目的地之一。2001~2008 年，外国风险投资占中国投资总额的 65% 以上（Guo 和 Jiang，2013）。

（二）中国风险投资的投资偏好

中国的风险投资与发达国家成熟市场不同，在投资策略上有独特的偏好。

第一，明显的本地偏好。张学勇、吴雨玲和郑轶（2016）发现，我国风险投资有明显的本地偏好，即风险投资主要集中投资在北京、上海、深圳、浙江等经济活跃程度较高的地方。Bruton 和 Ahlstrom（2003）、Que 和 Zhang（2020）的研究也支持了这个观点。

第二，偏好联合投资，尤其是国外风险投资。研究发现，中国风险投资很少独立投资企业，而是喜欢联合投资，这主要是出于分散风险的考虑。Wang 和 Wang（2011）发现，大部分中国的投资都有国外风险投资参与，甚至主导投资。

第三，投资偏向中后期阶段，这是由于我国风险投资行业仍处在发展初期，面临制度缺失、投资理念淡薄、人才匮乏等问题（王丽红，2018）。可见，我国国内的投资环境并不利于风险投资机构为科技创新企业提供资金。

（三）中国风险投资的制度环境

第一，中国风险投资行业起步较晚但发展迅速，投资额度大幅上涨。中国的风险投资行业始于 20 世纪 80 年代中后期，1999~2000 年开始扩张。一是由于这段时间全球股市表现强劲，二是由于中国的深交所上线了中小企业板块，用以支持高科技企业，这刺激着许多风险投资加速投资集中在高科技产业上（Lu、Tan 和 Huang，2013）。据统计数据显示，新募集资金从 1999 年的 6.75 亿美元增加到 2015 年的 1042.62 亿美元，基金数量从 1999 年的 87 只增加到 2015 年的 7665 只。随着 2019 年科创板的正式上线，风险投资也拓宽了助推企业科技创新的渠道。然而，风险投资的过快增长，也有可能带来负面影响，可能会降低企业的创新能力（邓俊荣和龙蓉蓉，2013）。

第二，中国风险投资行业不够成熟，对高新技术企业的支持远小于发达国家。风险投资的介入可以为传统行业带来资金的集聚效应，利用这些资金，传统产业可以通过并购高新技术产业、购买和研发专利，从而促进传统行业技术的创新与提升（Kortum 和 Lerner，2000；Schnitzer 和 Watzinger，2017）。然而，中国的风险投资行业对高新技术的支持和企业表现远不如发达国家的情况。Wang 和 Wang（2011）的文章发现，在筹资、投资金额、投资交易数量和投资组合公司绩效方面，国外风险投资明显优于国内风险投资（这里指中国风险投资公司）。根据 2008 年的一份统计，中国风险投资有 54.32% 投向高新技术行业，在其余投资的行业中有 29.41% 投向了传统行业；而同期北美的风险投资行业有 74.92% 投向了高新技术领域（邓俊荣和龙蓉蓉，2013）。由此可见，中国风险投资投向的行业中，高新技术产业所占的比重与国外成熟的风险投资市场相比相对较少，中国风险投资倾斜还远不够。

第三，中国风险投资行业退出渠道不畅。风险投资退出受多种因素的影响，风险投资资金的可得性越强，平均持有时间越短（Cumming 和 Macubtish，2001），风险投资声誉越高，成功退出所需的时间越短（叶小杰，2014）。发达国家的初创企业通常在后高速增长期选择退出（Gompers，1996；Gompers 和 Lerner，1999；Schwienbacher，2008），而我国风险投资会选择在企业的成熟期退出（范柏乃，2003）。然而，目前我国的资本市场难以满足风险投资机构退出的需求，这是当前中国风险投资业发展缓慢的重要原因之一。通常，主板和中小板市场的上市条件过高，创业板又对高科技创新类企业的支持有限，新三板陷入快速发展后的低迷，科创板刚刚启动，资本市场国际化有限，企业赴境外上市难度较大。同时，场外交易做市商制度功能不健全，市场化程度较低，产权交易市场分散且监管无序，相关法律法规制度不完善等问题也抑制了风险投资的有效退出，更阻碍了我国多层次资本市场的进一步发展，不利于我国目前以创新驱动经济转型升级。

三、风险投资在中国和国外运营模式的比较

中国的制度环境与西方截然不同（Peng，2000），优秀的传统文化和强大的文化规范体系共同创造了一个独特的社会和商业环境。中国的私营企业在获取和分配资源、开展业务方面仍然拥有有限的自主权（Peng，2001）。中国的制度为风险投资提供了一个特殊的环境，基于此本书通过审视风险投资机构是如何影响企业的，分析了其与西方公司的差异，主要体现在三个方面。

（一）目标选择比较

在西方，风险投资机构依赖商业计划中包含的财务会计信息，已初步评估投资提议并估计拟进行投资的风险（Wright、Thompson 和 Robbie，1992；McGrath，1997）。然而在中国，需要考虑在不稳定的监管机构环境下和公司治理不力的情况下，决定投资目标的选择。

第一，初步筛选。在西方，大多数风险投资机构都有一种筛选机制，先对所有新提案进行初步评估，进而把精力集中在最有吸引力的投资项目上。

在中国，风险投资者也有类似的筛选机制，但他们受到国家监管体制环境的影响。中国的地方性法规主要由地方立法机关制定和解释，而不是中央政府（Clarke，1991；Peng，2000）。因此，在中国，风险投资常常试图投资当地企业，寻求与当地政府建立紧密关系，以便能够了解和管理所投资企业所面临的地方监管制度。如果风险投资机构的投资目标在地理上是多样化的，那么理解和控制来自监管机构的风险会变得异常困难。

第二，财务和审计。在西方，对公司的初步筛选是基于包括公司财务状况的商业计划信息（Wright 和 Robbie，1996；McGrath，1997）。在西方，财务的历史表现对于企业获得风险投资的注资尤为重要。虽然在中国风险投资机构喜欢为已经建立金融体系的公司提供资金，但监管机构（法律）和规范机构会影响所呈现的信息。由于中国会计准则的目的是管理生产而不是资产评估，因此严重偏离了国际会计准则，从而使企业财务业绩的及时、准确或有用的信息难以获得（Peng，2000）。此外，术语的定义在中国不同的行业或地区也会有所不同，法规通常并不意味着本身所表明的意思，也没有被广泛而统一地执行。因此，资产和应收账款等项目往往不能令人信服。所以，风险投资机构通常要求目标公司用一种可解释并能够加以核实的形式编制财务报告，这需要聘请一家国际会计师事务所来帮助财务人员，进驻公司并核实项目。

第三，尽职调查。一旦公司通过了最初的筛选，在西方，风险投资机构就会进行尽职调查，通常包括确认公司产品的性质和地位、生产能力、市场需求以及与其他组织的关键联系。然而，当风险投资第一次进入中国时，对中国投资项目的尽职调查范围非常有限，在某种程度上是因为西方风险投资机构所依赖的支持项目并不存在。尽管风险投资正加大力度进行西方类型的尽职调查，但信息的可用性和准确性仍然存在问题。在中国，规定不要求向政府或其他监管机构提供与西方同样程度的公共信息，许多机构鼓励对中国信息和知识的严格控制。在中央计划体制下，一些人控制着对了解市场和当地的监管环境至关重要的信息。

（二）公司监控比较

一旦做出投资决策，西方的风险投资机构通常会继续积极监控他们的投资目标（Gorman 和 Sahlman，1989），主要是通过风险投资出任董事会成员的形式（Fried、Bruton 和 Hisrich，1998）。然而，在中国，风险投资机构通常没有从被投资公司获得董事会席位。相反，他们试图通过在投资协议中拥有大量的少数保护条款来保护自己的权利免受侵犯。然而，这很难预见所有潜在的问题，而且这些协议的执行常常是有问题的，因为监管机构不发达，如法院系统和商业代码。下面从三个方面说明中国和国外风险投资机构在公司监控方面的区别。

第一，企业目标。在美国，风险投资者通常认为，他们与基金公司的管理层一样，都有企业增长和利润最大化的目标。然而，当他们监控在中国的投资时，风险投资者意识到他们的目标可能与企业家或对该公司有重要影响的中国政府部门的目标有着本质上的不同（Peng，2001）。在中国，企业（公共或私有企业）经常被国家鼓励最大限度地促进就业和生产。中国有14亿多人口，如果国家经济萎缩，大量失业人口将会造成社会不稳定。一位中国风险投资者回忆起了所投资的一家企业（一家乡镇企业），这家公司有额外150名与企业无关的员工，这些人是被另一个组织单位解雇后，当地政府把他们转移到有资金投入的企业。如果不仔细监督的话，公司可能会有额外的雇员，生产过剩的货物，这是出于当地政府机构寻求最大限度就业的策略。

第二，董事会成员。在西方，风险投资者通常是所投资公司的董事会成员，并通过这个角色监督公司。他们也通过要求公开至少季度的正式财务报告来监督公司，并通过合同限制的方式对公司进行管理。然而，在中国，风险投资者越来越多地要求投资公司分配董事会席位。虽然提供给董事会成员的权力和信息比美国少，但中国的公司仍然缺乏有效的公司治理，风险投资者的信息往往会被保留下来，外部董事的影响力仍然很弱。此外，企业，尤其是国有背景的企业，董事会并不能自由控制企业。这在一定程度上反映了一个事实：在中国的监管环境下，董事会的席位并不是必要的。一个公司的董事会成员，大多数并不是财务上的所有者或被他们的代表所提名的人员，而是由政党或政府机构提名。这些集团董事会成员可能不持有他们所管理公司的股权，因此董事会成员最终会维护国家的利益而不是股东的利益。

第三，投资监控。在西方，风险投资对被投资公司的监控至关重要，需要经常与公司进行互动。然而，当监控一家在中国投资的公司时，风险投资者必须更加勤奋。在西方，风险投资者通常要求提供公司内部审计的年度和季度财务数据。但在中国，一旦风险投资者安排公司报告数据时，内部产生的数据就会受到限制。在中国，监管投资公司需要大量的人力投入关注，合同中的正式机制、董事会成员或保护条款通常不够。

（三）增值服务比较

在西方，风险投资的优势之一是风险投资者给公司提供增值服务。在中国，风险投资向公司提供的价值也越来越多。然而，这是最近几年在中国发生的变化，最初的风险投资者往往都是中国专家或者国际知名人士，而非私人股本专家。例如，亨利·基辛格是中国的首批风险投资人之一。因此，最初的私人股本投资者往往是被动的金融投资者。中国和国外风险投资对企业提供的增值服务不同之处体现在以下三方面。

第一，辅助经理人。西方公司的增值服务是通过多种活动提供的，包括为公司提供战略和运营建议，将公司与买家和供应商联系在一起，并作为首席执行官的决策执行人。然而，在中国，向中国经理人提供咨询服务的性质往往与西方不同，因为中国投资企业的管理水平往往较低。例如，一家投资成功的啤酒公司的当地管理部门正在考虑将其出售给另一家公司，他们所考虑的价格完全基于公司的资产，认为已建立的产品名称、分销系统、建立的现金流或客户合同没有任何价值。这使得风险投资者不得不花时间来帮助高层管理人员评估公司的价值。

第二，提供建议的方法。在美国，为基金公司首席执行官提供的建议非常直接，而且可能发生在定期的互动中。然而，在中国，风险投资者必须适当地处理一种相当强大的认知机制，即"面子"或尊敬，因为它在中国文化中的重要性被广泛认可。风险投资者可以给经理们提供建议，但必须给管理者保留足够的面子。例如，一些风险投资者并没有给经理们发出最后通牒，而是选择以一种委婉的方式，甚至询问的方式建议经理人。

第三，关系。在美国，风险投资者和他们的投资者、企业家以及其他风险投资者的关系很重要，但在中国更重要。"关系"概括了这些主体之间的相互联系，并被广泛认为在中国的商业中扮演着重要角色。"关系"是一种可以在需要时进行交易的资源，但它也可以代表一种有利条件，因此，它可以被视为应收账款和债务。与公司内部和外部的关键人物建立关系可以帮助风险投资者为投资公司提供价值，但建立这样的关系需要时间，并且需要风险投资为他们寻求建立关系的双方提供利益。"关系"的根源在于不成文的社会规则，它远比中国的经济或监管机构更为普遍。风险投资者可能 会把重点放在关系的维护上，以控制资金雄厚的公司。因此，虽然这些人在公司的职能中可能没有正式的权力，但一个左右逢源的风险投资者可以与他们建立关系，并且可以获得比在合同规定中更大的影响力。

第二节　风险投资与企业 IPO 长期表现

一、IPO 长期表现的衡量标准

企业通过 IPO 进入交易更为活跃的资本市场仅仅是风险投资和企业的阶

段性胜利。对风险投资而言，IPO 后企业在资本市场的表现决定了风险投资方能否成功退出并获取理想收益。对企业而言，资本市场是其成长过程中的重要环节，企业在资本市场的表现决定着企业能否持续获得发展所需资金。资本市场的表现可以分为短期表现和长期表现。短期表现的测量指标为溢价率（Underpricing），长期表现的测量指标通常通过四种测度衡量：买入并持有超额回报率（Buy and hold return）、累计超额收益（Cumulative abnormal return）、CAPM 模型的 Alpha 以及 Fama-French 三因素模型的 Alpha（Chou、Gombola 和 Liu，2009；Kao、Wu 和 Yang，2009）。

公司的财务业绩是公司在一定经营期间表现在财务报表上的公司经营效益和经营者业绩。财务业绩不仅能反映公司的经营状况，是公司市场表现的基础，而且能反映出风险投资资金的使用效率。国外学者一般认为，风险投资机构为被投资公司提供监督和指导等服务能提高被投资公司的管理水平，使上市时间提前、企业发展活力和信誉得到提升，创造了更多财富的同时提高被投资公司的财务业绩（Bottazzi 和 Da Rin，2002；Brander 等，2002）。财务业绩常用的衡量指标包括：上市后的折旧和摊销前营业收益 OIBD，市盈率（邓尧刚，2010），年均 ROA（Kao、Wu 和 Yang，2009；Chou、Gombola 和 Liu，2009）。

二、风险投资对企业的促进作用

（一）风险投资提高企业治理水平

风险投资在对高科技企业提供资金支持时，还会参与公司治理。多数研究学者认为，风险投资的介入能够提高被投资公司的治理水平，进而增加企业经营绩效和企业价值。主要表现在，风险投资进入被投资公司董事会后，可以优化其决策过程，并在 CEO 更替时，增加自身董事数量以增强监督力（Lerner，1995）。另外，风险投资行为具有"外部性"。在监督和约束管理层行为，维护自身利益的过程中，客观上改变了与他们具有一致利益的中小投资者的利益。风险投资已经成为一种调整组织结构的公司治理机制（Hochberg，2012）。本书将从公司股权结构、管理层激励和董事会三个方面对此展开分析。

第一，股权结构。不同的股权结构体现了企业不同的治理方式，它在影响企业管理者的同时，也影响着股东内部的管理行为决策。高度集中的股权结构会减少信息不对称，加快决策，进而可以正向促进企业产出。有外资背景风险投资支持的公司，其治理结构要优于无外资背景的风险投资支持的公司（张学勇和廖理，2011；王会娟和张然，2012）。由于外资风险投资机构存续时间更长、实力更强、经验更丰富，因此可以推测，成熟风险投资机构更重视被投资公司的治理状况。另外，政府背景的风险投资机构没有体现出显著的监督作用，而私人背景和外资背景的风险投资机构能更好地改善企业的信息不对称程度，并向外部投资者传递真实信息（姬新龙和马宁，2016）。

第二，管理层激励。风险投资与被投资企业的创始团队间由于信息的不对称性，在公司治理上常常产生摩擦，出现控制权争夺，从而导致委托代理问题，阻碍企业成长（Manigart 等，2002）。此时，最优的解决方法是将高管的薪酬与企业业绩挂钩，以使得企业经理人与股东追求的目标达成一致。目前，我国已初步建立起与企业绩效相挂钩的管理层薪酬激励机制，研究发现，公司规模和国有背景等因素对管理层薪酬水平均有着明显影响（李琦，2003）。风险投资机构可以通过给予企业管理层更多激励，实施股票激励期权计划，采用更低的盈余管理水平和更独立的董事会不仅能够改善治理，而且可以有效地制衡管理者权力，从而促进企业的快速发展和技术创新（Hellman 和 Puri，2000；Hochberg，2012）。

第三，董事会。风险投资通过在董事会中占有席位积极参与决策、引入独立董事等外部董事措施，提高被投资企业的治理效果。同时，风险投资在被投资公司持有股份，会积极参与公司董事会决策，对董事会监督和决策的独立性有更严格的要求，以此保护小股东的利益。学者发现，董事会股权激励有利于公司价值的增长（Zerni、Kallunki 和 Nilsson，2010），风险投资持股比例和 IPO 公司董事会规模显著正相关，高质量风险投资支持的上市公司通常具有较大的董事会规模（袁蓉丽、文雯和汪利，2014）。

（二）风险投资提供企业增值服务

由于科创类企业存在高度不确定性和高度信息不对称（Hannan 和 Freeman，1989；Petersen 和 Rajan，1995），加上没有有价值的抵押物作为担保，导致其很难通过传统融资渠道获得资金支持。风险投资是科创类企业融资的唯一有效途径（Sahlman，1990）。风险投资主要通过提供资金支持、管理经验和社交网络资源等作用于企业的路径，为企业提供增值服务。

风险投资可以给初创企业提供资金支持。风险投资是股权投资的一种，主要通过改变被投资企业股权结构的方式对其进行注资。初创企业的成长具有很高的不确定性，为了控制投资风险，在对初创企业的投资中，风险投资家往往采取分阶段投资。每一阶段投入的资金只能维持企业发展到下一阶段，企业完成一个阶段的发展时，会根据企业发展的情况，决定其下一阶段的投资。风险投资在投资的过程中采取分阶段投入有助于投资价值的增加。除此之外，分阶段投资可以降低创业者从项目中撤出的可能性，从而解决了风险投资家与创业者之间的信息不对称问题。

风险投资还可以为初创企业提供除资金之外的增值服务。风险投资机构不仅能为其提供资金帮助，还能为企业带来商业资源及管理经验等非财务性的支持。

第一，投资和管理经验。风险投资可以参与到公司管理的几乎所有方面，特别是在公司的早期和当公司接近首次公开募股、合并或出售时。例如，风险投资帮助投资组合管理层雇用关键员工，向关键供应商和客户介绍投资组合公司，并帮助制定商业战略（Sahlman，1990；Barry 等，1990；Hellman 和 Puri，2000）。由一个重要的和有影响力的投资者用这种方式接近公司的日常运作，包括财务报告决策，可以减少上市前的信息不对称（Sahlman，1990；Black 和 Gilson，1998）。

第二，社交网络资源。风险投资可以凭借自身的投资网络资源、政府网络资源、金融中介资源对被投资企业进行诸多资源支持（Mäkelä 和 Maula，2005；Guadalupe、Kuzmina 和 Thomas，2012）。投资机构会向初创企业提供战略性咨询、推荐高管人员等，这些增值服务对于一个初创企业来说至关重要。

第三，声誉。风险投资的高声誉能够更好地帮助企业成长，而且被投资公司可以借其声誉间接被市场和潜在合伙人认可，帮助自己实现战略目标。创始人的声誉也可以衡量初创企业的声誉（Ebbers 和 Wijnberg，2012；Mahto 和 Khanin，2013），良好的创始人声誉可以帮助初创企业在劳动力市场上雇用更多优秀的人才（Cable 和 Turban，2001）。

（三）风险投资促进企业业绩

风险投资提供资金，参与企业治理，提供增值服务，不仅能帮助企业提高经营绩效，而且完善了企业信息披露质量（Barry 等，1990）。同时，风险投资凭借自身的声誉向市场传递积极信号，这可以减轻投资者和企业之间的信息不对称，因此有风险投资支持的企业相比无风险投资支持的企业有更多的优势。

第一，从财务业绩来看，风险投资机构通过为被投资企业提供监督和指导等服务，提高其管理水平，缩短上市时间，提升企业发展活力和信誉，从而使得企业的财务业绩得到增长（Brander、Amit 和 Antweiler，2002），特别是对企业的长期业绩具有显著影响。同时，风险投资还能够改善企业 IPO 后业绩下滑的现象，与没有风险投资持股的企业相比，有风险投资持股的企业业绩下滑幅度显著更低（周孝华和吴宏亮，2010）。而且，有风险投资背景的初创企业有更高的员工增长率（Bertoni、Colombo 和 Grilli，2011；Davila、

Foster 和 Gupta，2003），更好的产品增长率（Croce、Martí 和 Murtinu，2013），更高的盈利能力（Guo 和 Jiang，2013）。

第二，从创新能力来看，风险投资对企业的创新能力具有促进作用（Hellmann 和 Puri，2000）。Kortum 和 Lerner（2000）发现，有风险投资支持的企业拥有更多的专利，专利被引用的次数也更多，而且有风险投资注资的企业比同期企业拥有更高投入产出比。由于风险投资的参与促进了企业技术创新，因而企业的生产要素转换率也随之提高，全要素生产率的增长率也优于其他企业（Chemmanur 等，2011）。Guo 和 Jiang（2013），Bottazzi、Rin 和 Hellmann（2008）以及付雷鸣、万迪昉和张雅慧（2012）都证实了风险投资对企业的创新投入有显著的正面影响。

第三，从资本市场的表现看，从企业的短期市场表现看，风险投资机构能够增强对被投资企业的监督，还能够缓解投资者和上市公司之间的信息不对称，从而降低 IPO 抑价率（Barry 等，1990）。从企业的长期市场表现方面看，风险投资支持的上市公司并没有明显的长期弱势现象，它们的五年期市场表现比没有风险投资支持的上市公司表现更好（Brav 和 Gompers，1997）。有风险投资背景的公司在 IPO 时发行价格更高（Arikawa 和 Eddine，2010），并且在 IPO 后具有更好的运行效率（Jain 和 Kini，1995；张学勇和廖理，2011）。

三、风险投资对企业的逐名作用

风险投资机构的业绩表现（以其进行的 IPO 数量衡量）是未来融资的一个强有力的积极指标，外部投资者可能更愿意投资那些有着良好投资记录的风险投资机构（Hsu，2013）。为了从新的有限合伙人那里吸引资金，风险投资机构有动机缩短孵化期，让更多的公司上市，以建立他们的业绩纪录。Gompers（1996）发现，年轻的风险资本家倾向于以抑价为代价来提高被投资企业的上市成功率，赢得声誉并为下一轮投资筹集资金。Hsu（2013）发现，为了获得更多的投资机会，为有限合伙人创造更多的收益，筹集更多未来资金，风险投资机构会缩短孵化期，使得被投资企业提前上市。

我国的风险投资行业起源于 20 世纪 80 年代中后期，因此大多数风险投资并不成熟，还处于急切建立声誉阶段。2009 年，我国建立了创业板，目的是为风险投资的成功退出提供通道。创业板迅速积累财富的效应，为年轻的风险投资提供了一个可以快速退出获得高额收益的成功途径，因此更加侧重上市前阶段的投资（陈友忠，2011）。陈见丽（2011）的研究支持了这个观点，指出我国创业板存在保荐人制度和新股发行询价制度的漏洞，使得创业板投资回报居高不下，这对风险投资机构形成极大吸引力，促使风险投资机构热衷到创业板市场上圈钱、赚快钱（谈毅，2003）。因此，很多风险投资机构将主要精力放在初创企业上市包装和 IPO 上，并在企业上市后择机退出，其本质是通过资本运作和创业板上市，以达到快速退出赚取高额利润的目的。

近些年，越来越多的次新股出现业绩"变脸"的现象，仅 2018 年，在上市的 105 家首发企业中，有 41 家企业上市后出现业绩"变脸"，占比近四成，而且多个上市公司出现破发的情形，例如今创集团、华夏航空、科华控股、华西证券、科顺股份等。下面以华锐风电为例，看一下风险投资如何影响被投资企业以及整个运营路径。

华锐风电发起人股东共 22 家，投中集团 2011 年 PE/VC 的 A 股 IPO 退出回报数据显示，新天域资本凭借投资华锐风电，以 184.5 倍账面回报率和 IPO 账面回报 108 亿元拿下当年"冠军"。阚治东和尉文渊管理的东方现代、西藏新盟初始投资额均为 1750 万元；上市前，西藏新盟和瑞华丰能分别持股 1.5 亿股、3570 万股，按发行价市值计算为 94.5 亿元和 10 亿元。华锐风电背后的其他众多风险投资们也分羹这一席资本盛宴。华锐风电 2008 年净利润增长率为 396.93%，2009 年净利润增长率为 200.16%，2010 年净利润增长率为 50.87%，但在上市当年年底华锐风电就出现业绩"变脸"，2011 年净利润下降 79.03%，2012 年公司营收下降 57.73%，亏损 5.83 亿元，2013 年上半年公司营收下降 55.02%，亏损 4.85 亿元。2013 年 3 月 7 日，华锐风电自爆"会计差错"家丑，华锐风电承认存在涉嫌虚增收入、虚转成本、虚增利润等行为。2013 年 5 月，华锐风电曾因在 2011 年报中虚增利润等违规行为遭证监会立案调查。2014 年 1 月 12 日晚间，华锐风电披露了再次被证监会稽查总队立案调查的公告。从这个例子可以看出，华锐风电从高成长神话的兴起到跌落只差一个 IPO，这个过程收益最大的是众多风险投资机构，企业在上市后业绩立马出现反转，跌落神坛，被查出的财务造假也验证了企业为了上市而进行盈余管理的行为。

我国的风险投资大多还不够成熟，因此在我国有风险投资背景企业的盈余管理程度要高于无风险投资背景的企业，上市后企业的长期业绩要低于无风险投资背景的企业，并且上市时企业盈余管理的程度越大，那么在上市后的 IPO 业绩也就越差（蔡宁，2015）。

四、对国内外已有研究的分析与评述

第一，以往研究探讨了影响 IPO 长期业绩表现的决定因素，例如承销商声誉、CEO 特征、产品市场广告和频繁发行等。与之不同的是，本书研究了风险投资背景公司 IPO 前的资产增长率对 IPO 后长期业绩表现的影响。尽管已有文献证明了 IPO 前的收入增长与 IPO 后长期业绩表现呈负相关，但本书重点研究了风险投资机构在这一关系中的作用，探讨在加入风险投资后，IPO 前增长率和 IPO 后长期业绩之间是否呈现完全不同的关系。

第二，以往文献发现，风险投资可以影响公司的业绩，如投资组合公司的成长表现、创新能力、经营业绩、公司治理、控制结构和退出策略等。然而，关于风险投资在公司 IPO 前的增长率对 IPO 后长期业绩表现的影响中所扮演的角色，目前还缺乏深入的研究。本书拓展了风险投资影响公司业绩表现的研究。

第三节   风险投资与企业创新能力

一、企业创新能力的衡量标准

现有研究文献一般从研发投入、研发产出和研发效率三方面考察被投资企业的创新能力水平。

研发投入：包括研发支出、R&D 投入和研发人员投入，它是研发活动最初的环节。当使用 R&D 支出时，文献中通常使用 R&D 支出 / 总资产，或者 R&D 支出 / 总销售衡量企业创新。但是，使用这个指标也有一些局限。首先，许多公司在其财务报表中并不报告研发支出，然而缺少研发信息并不一定意味着企业没参与创新活动（Koh 和 Reeb，2015）。其次，并非所有的研发投入都会导致专利申请或授予，因为只有成功或重大的创新才能获得专利。根据世界知识产权组织（WIPO），"发明必须包括专利的主题，必须是工业可适用的（有用的），它必须是新的（开创性的），它必须具有足够的'创新'，发明专利申请必须符合一定的标准"。

研发产出：包括专利的个数和专利被引用的次数。专利捕获了实际的创新产出，并捕获了企业如何有效地使用其创新投入（Kogan 等，2017；Seru，2014；Boasson 和 Boasson，2015）。专利还可以具体分为发明专利、实用新型专利和外观设计专利。专利总数并非是一个衡量企业创新能力的完美指标，但专利个数最能体现企业真实有效的创新能力，同时又便于量化，因此专利的申请或授予是一个相对较为合理的指标。

研发效率：全要素生产率（TFP）。全要素生产率总产量与全部要素投入量之比，衡量了单位总投入的总产量的生产率指标。全要素生产率和专利数量间有一个重要区别是，全要素生产率是采用新技术的结果，而专利是基于新技术的想法，而这些想法不一定被采用。

二、风险投资对企业创新能力的影响

科技创新不仅是经济增长和科技水平发展的重要推动力，同时是企业获取竞争优势持续发展的生命力。阻碍科创类企业孵化和成长的因素有三个。第一，高度不确定性。研发活动转化成功的概率较低，同时专利的回报也有高度的偏差。第二，高度信息不对称。企业和风险投资之间存在高度的信息不对称，导致风险投资不能很好地提供服务（Bertoni、Colombo 和 Grilli，2011）。第三，融资约束。科创类的企业抵押担保价值有限，一旦研发失败，残余价值甚少，这使他们很难通过传统渠道融资（田国强和赵旭霞，2019）。融资约束阻碍企业的成长和创新能力，而风险投资是科创类企业融资的唯一有效途径（Sahlman，1990）。虽然学术界关于风险投资对企业创新影响的相关研究已经相当丰富，但目前关于风险投资对企业创新起到了积极作用还是消极作用始终没有一致的定论。

在实证研究中，大多数学者支持风险投资对企业技术创新有促进作用。Helhnann 和 Puri（2000）研究了风险投资、企业创新和产品市场三者之间的关系，发现风险投资机构的参与显著减少了企业产品从研发到进入市场的时间。Kortum 和 Lerner（2000）发现，风险投资背景的企业产生的专利更多，专利被引用的次数也更多，同时指出，有风险投资背景的公司比同期公司有更高的投入（R&D 研发资金）—产出（专利个数）比。陈思、何文龙、张然（2017）基于 A 股上市公司，运用 DID 模型研究了风险投资对企业创新的影响，发现风险投资的投入促进了被投资企业的技术创新，具体表现为专利申请数量的显著增长。Tang 和 Chyi（2008）认为，中国台湾之所以在过去 20 年间全要素生产率能够增长，正是因为风险投资的参与促进了企业技术创新，从而提高了生产要素转换率。然而，针对这些，有些学者提出反驳意见，指出拥有较强创新能力的企业更容易被风险投资机构选择。但 Chemmanur 等（2011）发现，由于风险投资的存在，使得企业的全要素生产率比无风险投资背景的企业增长得更快，特别是被声誉较好的风险投资所投资的企业。

但是，也有部分学者不支持风险投资对企业创新有显著的促进作用。Hirukawa 和 Ueda（2008）研究表明，当采用专利数量作为参数衡量企业创新时，结果与风险投资促进企业创新一致，但当采用全要素生产率增长作为衡量企业创新的参数时，风险投资与企业创新的关系并不显著，这可能是因为风险投资仅仅鼓励了公司将现有技术转化为专利。另外，他们还指出，虽然风险投资的网络资源和社会资本能使知识转移和创新变得更加容易，但这仅发生在创业企业初始阶段。随着时间推移，企业的发展涉及更多超前的思想和技术，而风险投资机构专业知识并未随着企业发展而增长，可能并不理解其投资前景。同时，还有学者从风险投资机构对促进企业创新的动机上提出质疑。一方面，有些风险投资机构在投资时可能只关注于企业扩张带来的收益，并寻求更少的不确定性，因此不支持企业进行更多有风险的研发行为；另一方面，即使风险投资和企业创新之间有正向关系，也不能完全确定是风险投资促进了企业创新，因为有可能是新技术的出现增加了对风险投资的需求。Hsu（2013）的文章支持了这个观点，他指出，为了筹集更多未来资金，给合伙人创造更大的总收益，风险投资者会缩短孵化期，同时技术冲击会将大量资本从外部投资者引入到热门的技术领域。

还有学者认为，风险投资对企业技术创新的影响决定于创新过程所处的生态环境和当地金融市场发展程度的影响，处于不同时期和不同国家的风险投资，其发挥的作用可能不尽相同。基于国内市场的研究，大多数学者更倾向于风险投资能够促进国内企业创新绩效提高（张学勇和张叶青，2016；焦跃华和黄永安，2014）。关于背后的机制，买忆媛、李江涛和熊婵（2012）认为，风险投资背景的企业比没有风险投资背景的企业更看重长期竞争力的构建和维持，更关注创新活动的投入和质量。刘胜军（2016）认为，风险投资对企业创新的推动作用在于风险投资机构是否委派风险投资家进入公司董事会，而非提供资金。另外，风险投资进入企业的时期越早，对企业技术创新的影响越积极（苟燕楠和董静，2013）。余琰等（2014）对我国国有风险投资的成效进行研究，发现国有风险投资在扶持创新上并没有体现出其政策初衷。

三、国内和国外风险投资对企业影响的比较

中国风险投资市场的兴起是在 20 世纪 80 年代，当时政府的目标是刺激高科技投资，很多地方政府都成立了以孵化科技为目的的风险投资，譬如合肥创投、深圳创投、深圳高新投等。后来中国政府设立"中国直接投资基金"（CDIFs），出现了少量的扩张现象（Pukthuanthong 和 Walker，2007）。作为新兴市场的中国也吸引了很多国外风险投资机构，如 2003 年外资支持的风险投资出现了扩张。不同背景的风险投资在影响企业创新成长上也呈现出一定的区别，尤其是国外风险投资和国内风险投资对企业创新能力有很大的不同。

（一）国内风险投资的优势

早期高科技公司经常在复杂和高度不稳定的环境中经营。因此，早期

的机会必须在市场中进行测试，并根据不同方面（包括潜在客户）的反馈重新定位（Arthurs 和 Busenitz，2006）。早期的市场反馈使企业家能够评估和重新评估最初的想法，从而解决向市场提供服务和 / 或产品时的弱点及缺陷（Arthurs 和 Busenitz，2006）。因此，早期的增长阶段是一个不断尝试的过程，包括产品规格、市场框架和定义营销策略。这需要不断地寻求反馈，然后重新包装机会，才能达到可持续的回报阶段。国内风险投资者在帮助其投资组合公司发展这些早期战略过程方面处于更有利的地位。

第一，国外风险投资由于地理上的距离造成了信息劣势，使密切监视公司变得更加困难（Cumming 和 Dai，2011）。通信技术无法替代当地存在和面对面的接触，而且由于更高的交易成本，国外风险投资者在投资组合公司上投入的时间更少（Fritsch 和 Schilder，2008）。此外，如果他们投资的公司没有达到预期，就会更迅速地停止投资（Mäkelä 和 Maula，2006）。最糟糕的情况是，国外风险投资者过早地停止了金融支持，这将对科技型企业的增长产生重大影响，因为企业通常需要高额的前期投资来开发技术和产品，然后才能产生销售。可见，距离使得国外风险投资较少密切参与其投资的公司。

第二，交易成本是监控被融资公司所必需的（Sorensen 和 Stuart，2001），地理距离会影响交易成本。由于一项相对高的交易成本的远距离投资对投资者产生的回报要比一项在空间上接近的投资要少，因此监测和监督投资组合公司的预期成本可能会对投资决策产生影响。Fritsch 和 Schilder（2008）发现，更高的交易成本会导致国外风险投资在投资目标上投入的时间更少。

第三，国内风险投资对投资组合公司运营的法律和制度环境有更细致的了解。Pukthuanthong 和 Walker（2007）发现，与国内风险投资相比，国外风险投资对文化规范、制度环境、政府干预和公司治理结构的理解不够细致。由于初创公司与当地环境的相互作用对于获得至关重要的早期资源尤为重要，国内风险投资者有望在其投资组合公司的早期发展阶段向其提供更有价值和相关的建议。

（二）国外风险投资的优势

高技术公司往往产品范围狭窄，所采用的技术可能很快过时，而且国内市场规模有限（Knight 和 Cavusgil，2004；Sapienza 等，2006），因此，加入国际市场对企业的长久发展必将有益。与在国内市场经营相比，国际扩张需要承担由于对国外市场的不熟悉以及国内外市场在政治、文化和经济上的差异所导致的成本（Cumming 和 Dai，2011）。国外风险投资拥有不同的技能和经验，可以为国外市场的机构、公司和网络提供联系（Fernhaber

和 Mcdougall-Covin，2009）。国外风险投资促进企业发展的优势体现在三个方面。

第一，国外风险投资能够提供他们本国的知识资源和商业信息，这对于那些只从国内风险投资获取融资的初创企业来说，通常是不可能获得的。例如，国外风险投资能够提供本国的法律和商业问题的知识及信息（Mäkelä 和 Maula，2005）。

第二，国外风险投资可以提供进入其国际网络的途径，使公司能够更好地与相关的外国供应商、客户、金融家和其他潜在的利益相关者取得联系（Mäkelä 和 Maula，2005；Sapienza、Manigart 和 Vermeir，1996）。国外市场的网络也可能提高投资组合公司发现新机会的能力，这将进一步促进公司的增长（Mäkelä 和 Maula，2005）。

第三，初创企业获得国外风险注资这一事件本身就可以给企业带来担保收益（Mäkelä 和 Maula，2005）。国外风险投资可能会使其投资组合公司在国外市场合法化，而当他们需要从这些市场中调集资源时，能够使他们从中受益。

聚焦国内学者的研究，张学勇和廖理（2011）指出，国外风险投资比国内风险投资的投资策略更加谨慎，而且参与公司治理也更加合理，这使得国外风险投资背景的公司具有更好的盈利能力。王会娟和张然（2012）研究发现，有国外投资背景公司的治理结构要优于无国外投资背景的公司，这是因为国外风险投资机构存续时间更长、实力更强、经验更丰富，因此可以推测有丰富经验的风险投资机构更重视被投资公司的治理状况。另外，国外风险投资机构能更好地改善企业的信息不对称程度，并向外部投资者传递真实信息（姬新龙和马宁，2016）。

四、对国内外已有研究的分析与评述

第一，既有文献缺乏比较国内和国外风险投资机构对企业研发影响的研究。尽管有很多文献比较了国内和国外对企业表现的差异影响，涉及成长表现、财务表现、公司机构和产品市场等，但对研发表现的差异却鲜有研究。本书立足于中国市场，采用公司的专利数据（还包括研发支出和研发人员）衡量研发能力，探讨国内和国外风险投资机构对企业研发表现的差异影响。

第二，既有文献有关企业研发的影响因素有很多，涉及风险投资的投资轮数、承受研发失败的能力、产品市场竞争、市场调节等，然而却没有文献研究国外风险投资对企业研发能力的影响。本书将探讨不同背景（国内和国外背景）的风险投资是如何促进企业研发活动的，这是一个新的驱动因素。

第四节 风险投资估值与投资者关注

一、风险投资估值

由于历史数据的缺乏，信息不对称性和未来前景的不确定性，导致风险投资机构很难对初创企业进行合理而准确的估值（Nahata，2008；Festel、Wuermseher 和 Cattaneo，2013）。然而，初创企业的估值对双方来说是非常重要的。对初创企业来说，估值决定了企业能够保留的股权，这将影响他们的控制权，从而影响对公司的所有权（Vance，2005）。对风险投资来说，正确地估值才能帮助风险投资机构实现盈利，较低的估值意味着较高的股权，这将提高投资回报潜力（Manigart 和 Meuleman，2004），同时增加风险投资机构对初创企业的控制权（Cumming 和 Dai，2011；Hsu，2007；Mason 和 Harrison，2002）。由此可见，错误的估值不仅可能致使初创企业融资困难，而且会损害风险投资机构的业绩表现和未来的资金筹集（Heughebaert 和 Manigart，2012；Jia 和 Wang，2017）。因此，合理的企业估值对初创企业和风险投资机构双方至关重要。

（一）常用的企业估值方法

常用的估值思想有四种类型：以成本为基础的价值评估思想（重置成本法）、以价格比为基础的价值评估思想［市盈率法（PE）、市净率法（PB）、销售收入法（PS）］、以未来收益为基础的价值评估思想［现金流贴现法（DCF）、EVA 估值法等］和期权估价思想（复合实物期权法、模糊实物期权法等）。传统的方法只能评估风险投资项目的静态价值，忽视了由高风险带来的不确定性价值，期权定价思想在风险投资估值领域的应用，有助于对含有多个不确定性来源的多阶段战略投资项目的复合实物期权进行定价，获得更准确的企业估值（Tavakkolnia，2016）。

（二）初创企业估值的影响因素

虽然定量的评估方法很多，然而由于评估对象、外部环境和评估要求的复杂性，使得风险投资机构在实际应用过程中评估效果并不理想。对初创企业进行估值时，除了初步的定量评估，最终的企业估值在很大程度上由风险投资家和企业家双方商谈决定（Hsu，2007；Cumming 和 Dai，2011）。Heughebaert 和 Manigart（2012）指出，初创企业的估值是风险投资家和企业家之间漫长谈判的结果，而不是由金融市场的供求决定的。当议价能力不平衡时，拥有更大权力的一方试图以牺牲另一方为代价获得优势（Cable 和

Shane, 1997; Chahine 和 Goergen, 2011）。因此, 风险投资家和企业家之间的相对议价能力的差异, 会影响初创企业的估值。决定双方议价能力的主要因素包括两个方面: 初创企业的质量和风险投资的特征。

1. 初创企业的质量

初创企业的质量, 包括财务管理、研发能力和创始人背景等, 影响着议价能力和企业估值。初创企业的财务信息可以反映企业的盈利能力和质量水平, 直接影响着议价能力。Mason 和 Harrison（1996）发现了财务预测对企业估值重要性的事实。Festel, Wuermseher 和 Cattaneo（2013）持有相同的观点, 认为有经验的投资者会将财务指标作为重要的依据评估企业价值。Hand（2005）以及 Armstrong, Davila 和 Foster（2006）通过实证检验, 发现财务信息可以很大程度上解释企业估值的水平和变化。

初创企业的研发能力可以很好地反映企业价值, 影响着初创企业的议价能力（Zheng、Liu 和 George, 2010）。企业的研发能力是难以模仿和获得的, 所以这个异质性会导致企业间的系统绩效差异（Cockburn 等, 2000）。考虑到拥有卓越创新能力的初创企业更可能生产出成功的产品, 保持竞争优势, 更具发展前景, 所以, 投资者常常对此类高科技企业更加青睐, 愿意给出更高的估值。

初创企业创始人的特征, 包括创业经历、教育背景和社会资源等, 也影响着议价能力与企业估值。Hsu（2007）发现, 当初创企业的创始人有创业经验, 尤其是在财务上成功的经验, 会增加风险投资的估值。创始人通过自己的社交网络, 而不是风险投资的网络, 招聘高管的能力与风险投资估值呈正相关关系。文章还发现, 拥有博士学位的创始团队更有可能获得风险投资的资金支持, 并获得更高的估值。

除上述特征之外, 还有一些其他因素可以揭示企业质量, 包括公司治理设计、公司间网络关系和企业商标等（Chang, 2004; Sanders 和 Boivie, 2004; Hand, 2005; Block 等, 2014）。企业商标是一种除了专利之外的知识产权资产, 可以影响企业的市场价值（Greenhalgh 和 Rogers, 2006; Sandner 和 Block, 2011）, 从而进一步影响企业的议价能力。

2. 风险投资的特征

风险投资的特征, 例如声誉、规模、人力资源和资本供给等, 同样决定着议价能力, 从而影响企业估值。Hsu（2004）发现, 风险投资的声誉与企业估值成反比, 即声誉越高, 企业估值越低。考虑到声誉良好的风险投资的稀缺性以及与声誉相关的增值服务和预期收益, 使得他们在与企业谈判时具有更大的议价能力。所以, 企业为了与声誉较好的风险投资机构建立联系,往往愿意接受不太有吸引力的财务条款（Sorensen，2007），愿意用较低的估值和股权换取较高的预期未来价值（Fairchild，2004；Hsu，2004）。

Cumming 和 Dai（2011）发现，风险投资的基金规模也影响着议价能力。正如 Kaplan 和 Schoar（2005）所示，风险投资基金的规模取决于基金的业绩跟踪记录，而业绩跟踪记录又与风险投资的总体声誉有关。除此之外，大型基金的另一个优势就是它们有充裕的资金，企业家可能会从这些基金中筹集更多的资金，而且当企业家寻求后续融资时，融资风险也可能更低。这些特征使得规模较大的风险投资基金拥有更多的外部选择，增加了他们的议价能力，从而降低投资价格，给出较低的企业估值。

风险投资的人力资源也影响着议价能力，导致企业估值随之改变。Hsu（2004）发现，更有经验的风险投资能够协商到一个较低的企业估值，因为经验能够创造更多的额外价值。Dimov、Shepherd（2005）和 Hsu（2007）也发现，如果风险投资者有着专业经验，例如金融或法律的经验，可以更好地协商和组织交易，利用他们的专业优势，协商出一个更低的价格。同样，Collewaert 和 Manigart（2016）研究了天使投资人，发现如果天使投资人有更高水平的人力资本（包括教育和个人经历），则更容易协商出更低的企业价格。

除了微观层面，在宏观经济层面，理论（Inderst 和 Mueller，2004）和实证（Gompers 和 Lerner，2000）都证实了风险投资资本供给的增加会对企业估值产生积极影响。风险投资资本供应量的增加，要么是由于新的风险投资者进入市场，要么是由于现有风险投资基金规模的增加。两者的增加都会使企业更容易获得融资，从而增加了外部选择的机会，进一步增加风险投资市场的竞争，降低了风险投资机构的议价能力（Inderst 和 Mueller，2004），最终导致更高的企业估值（Gompers 和 Lerner，2000）。Hochberg、Ljungqvist 和 Lu（2010）解释了本地风险投资市场的密度和风险投资家之间的强大网络有助于限制外部风险投资机构的进入，从而提高本地风险投资家对创业者的议价能力。

二、投资者关注的衡量标准

投资者情绪指投资者对未来现金流和投资风险的个人信念（Baker 和 Wurgler，2007），在很大程度上取决于投资者自身对发布新闻或发生事件的看法。投资者可能会对接收的新闻和目睹的事件产生过度自信或担忧（Raissi 和 Missaoui，2015），这将导致他们的理性或非理性投资行为（Hudson 等，2020）。投资者情绪的测度方法目前有三类：

（一）基于金融市场的指标

基于金融市场的投资者情绪指标使用与金融资产交易相关的客观数据度量，包括交易量（Baker 和 Stein，2004；Scheinkman 和 Xiong，2003；文凤华等，2014）、封闭式基金折价率（Neal 和 Wheatley，1998）、上市公司数量（Baker 和 Wurgler，2006；Devault、Sias 和 Starks，2019）、散户交易量（Greenwood 和 Nagel，2006；Barber、Odean 和 Zhu，2009；Zhang、Xian 和 Fang，2019）、换手率（Chenmanur 和 Yan，2009；Hou 等，2009；冯旭南，2017；刘杰、陈佳和刘力，2019）和首日收益率（俞红海、李心丹和耿子杨，2015；韩立岩和伍燕然，2007）等。较为典型的代表是 Baker 和 Wurgler（2006）将封闭式基金折价、股票周转率、股利溢价、IPO 发行量、IPO 首日回报率、IPO 数量六个变量，用主成分分析法构建了总的投资者情绪指标。以金融资产交易相关的客观数据测度投资者情绪的优点是数据量大、频率相对高和数据易得，缺点是它们是投资者情绪以外的许多经济力量的均衡结果。

（二）基于调查数据的指标

基于调查数据构建的投资者情绪指标用通过调查获取投资人数据度量，常用的调查数据包括 American Association of Individual Investors（AAII）或 Investor Intelligence（II）制成的投资人情绪指数，消费者信心指数（CCI）和 UBS/GALLUP 投资者乐观指数等。Lee 等（2002）研究了 AAII 测度的投资者情绪变化对股票收益波动的影响。Brown 和 Cliff（2005）及 Fong（2013）使用 AAII 和 II 作为情绪指标研究投资者情绪和资产回报之间的关系。Schmeling（2009）和 Beckmann 等（2011）使用消费者信心指数（CCI）验证了投资者情绪的跨境传染。

基于调查数据的投资者情绪指标的优点是根据调查问卷的反馈，可以直接反映参与者的情绪。然而，根据 Baker 和 Wurgler（2006）观点，基于调查数据也有明显的缺点：①问卷设计棘手。问卷中的错误可能会误导受访者，从而产生棘手的反馈，对结果的质量产生负面影响。②调查频率不高。通常是每季度或每隔一个月进行一次，无法达到需要高频数据来调查情绪与资产回报之间的每日关系以及日内活动的研究目标。③问题回答随意。许多人回答调查问题是出于利他主义的原因，通常很少有动机仔细或诚实地回答调查问题，特别是敏感的问题，这可能会产生偏见的结果（Da，Engelberg 和 Gao，2011）。

（三）基于网络大数据的指标

常被用来测量投资者情绪的网络大数据来源有四种，包括搜索引擎、网络论坛、社交网络和网络新闻。

第一，搜索引擎数据。搜索引擎数据通常指 Google 搜索指数或者百度搜索指数，采用基于股票代码、股票简称或者公司名字的搜索量来构建投资者关注或情绪指标。国外的研究常常使用 Google 指数构建投资者情绪指标，研究投资者情绪对股价或收益率的影响（Da、Engelberg 和 Gao，2011，2015；Gao、Ren 和 Zhang，2019），对期货价格的影响（Fu 和 Miller，2022）或对加密货币价格的影响（Urquhart，2018；Aslanidis 等，2022）。国内的搜索引擎通常指百度，利用百度指数构建投资者情绪指标，研究对股票价格、收益率或波动率的影响（俞庆进和张兵，2012；赵龙凯、陆子昱和王致远，2013；王旭光，2015；瞿慧和沈微，2020；刘志峰和张婷婷，2020）。

第二，网络论坛数据，学者通常也会从股票网络论坛获取数据构建投资者情绪指标。国外常用的网络论坛是雅虎财经论坛和彭博论坛，从 Yahoo 股票留言板提取投资者情绪指标（Antweiler 和 Frank，2004；Das 和 Chen，2007；Zhang 和 Swanson，2010；Kim 和 Kim，2014）。Sabherwal 等（2011）则利用 TheLion 在线股票论坛构建澳洲投资者情绪。Ben-Rephael、Da 和 Israelsen（2017）利用彭博论坛构建机构的投资者情绪指标。国内常用的网络论坛是东方财富股吧，主要集中于股票收益率或者股票波动率方面的研究（董大勇和肖作平，2011；金雪军，祝宇和杨晓兰，2013；杨晓兰，沈翰彬和祝宇，2016；段江娇，刘红忠和曾剑平，2017；王丹，孙鲲鹏和高皓，2020）。还有一些文献虽然使用国内股吧数据构建投资者情绪研究国内市场，但发表在国外期刊（Huang 等，2016；Li 等，2019；Fan、Wang 和 Wang，2021）。

第三，社交网络数据。社交网络平台是大众交流的场所，人们分享着生活、经济和政治观点，传播着积极和消极的情绪。国外常用的社交网络有 Twitter 和 Facebook。用 Twitter 文本数据构建个人投资者情绪对股票市场的影响（Bollen、Mao 和 Zeng，2011；Leitch 和 Sherif，2017；Behrendt 和 Schmidt，2018）。研究学者也常用 Facebook 文本数据研究投资者情绪与股票市场的关系（Karabulut，2013；Siganos、Vagenas-Nanos 和 Verwijmeren，2014；Danbolt 等，2015）。国内常用的社交网络有新浪微博和微信，用文本数据构建投资者情绪指标，研究对股票市场股价或收益率的影响（胡军和王甄，2015；徐巍和陈冬华，2016；刘海飞等，2017；罗绮等，2021）和对企业价值的影响（孙彤，薛爽和崔庆慧，2021）等。

第四，网络新闻数据。网络新闻数据指财经媒体报道上市公司、行业或市场的新闻内容，包含着乐观与悲观的情绪。国外文献经常使用《华尔街日报》《华盛顿邮报》等文本数据度量媒体情绪（Miller，2006；Tetlock，2007；Tetlock 等，2008；Garcia，2013；Zhang 等，2016）。国内文献经常使用的新闻媒体数据包括三类。第一类是综合性报纸，例如《人民日报》等，通常报道与整体经济形势和国家大政方针相关的新闻，影响整个金融市场。第二类是专业性财经类报纸，例如《中国证券报》《证券日报》等，通常报道与经济金融直接相关的新闻。第三类是财经类网站，例如东方财富、新浪财经等，通常是投资者接触金融市场信息的主要渠道。基于网络新闻构建的投资者情绪指标研究股票市场的相关活动（游家兴和吴静，2012；汪昌云和武佳薇，2015；姜富伟，孟令超和唐国豪，2021），或研究与网络借贷之间关系等（王靖一和黄益平，2018；张皓星和黄益平，2018；黄益平和黄卓，2018）。

相较于基于金融市场交易数据或者调查数据构建的投资者情绪指标，基于网络大数据构建的投资者情绪指标，具有独特的优势：

（1）规模性。网络大数据的规模巨大，能够为学术研究提供理想的计量样本，确保结果的准确性。

（2）多样性。网络数据涉及投资者的方方面面，包括政治、经济、文化多方面，这些数据可以多角度地反映投资者的情绪和行为。

（3）高速性。大数据、计算机算力以及机器学习等方面在近些年的飞速发展，使我们能够更快更全面地掌握投资者情绪的相关信息。

三、投资者关注对资产定价的影响

（一）基于市场的指标

基于市场的指标，如交易量、封闭式基金折价（Neal 和 Wheatley，1998）、IPO 数量（Barber 和 Wurgler，2006）、期权隐含波动率或共同基金流量，散户交易量。Scheinkman 和 Xiong（2003）表示，交易量揭示了潜在的意见分歧，而这些分歧又与卖空困难时的估值水平相关。Baker 和 Wurgler（2006）利用 IPO 数量、IPO 首日回报率、股票新发行量、股票周转率、封闭式基金折价、股利溢价几个变量构建了一个综合的情绪指标，发现投资者情绪可以影响股票收益率。胡昌生和池阳春（2013）研究了在不同估值水平下投资者情绪对于股票市场波动性影响的差异。王美今和孙建军（2004）利用"央视看盘"数据构造了投资者情绪，发现投资者情绪的变化不仅影响沪深两市收益，而且显著地反向修正沪深两市收益波动。

（二）基于调查的指数

Brown 和 Cliff（2004）利用美国个人投资者协会 AAII 的直接调查数据（考察投资者对未来 6 个月内市场涨跌幅的预期）构建了投资者情绪指标，考察投资者情绪与市场回报率的关系。他们的文章发现，许多常用的间接情绪测量与投资者情绪的直接调查相关，而且市场情绪对近期股市回报的预测能力很低，最终的文章不支持情绪主要影响个人投资者和小型股的传统观点。Brown 和 Cliff（2005）同样利用他们在 Brown 和 Cliff（2004）文章中构建的投资者情绪，研究了资产估值与投资者情绪之间的联系。如果过度的乐观情绪导致价格高于内在价值，那么在高情绪期后就应该出现低回报，因为市场价格会回归基本价值。利用投资者情绪的调查数据，文章提供了情绪影响资产估值的证据，独立估值模型所隐含的市场定价错误与市场情绪呈正相关，多年期的未来回报与市场人气呈负相关。

（三）基于搜索的数据

在有效市场假说的推动下，早期的金融文献认为，所有资产价格都能充分反映市场信息。然而，有效市场假说后来遭到了一些研究者的批评。罗伯特·席勒（Shiller，1981）对有效市场假说进行了开创性研究，他发现股息，作为隐含在股票价格中的主要信息，不能充分解释资产价格变化。同时，有效市场假说的基础理论假设也遭到了 Odean（1998）和 Daniel 等（1998）等心理学研究的挑战。这两项研究认为，投资者基于信息获取和处理过程的决策行为不可避免地会受到心理偏见的影响，即过度自信、过度乐观和信念偏执。随后的大量研究（De Long 等，1990；Shiller，2000；Baker 和 Wurgler，2006）证明，乐观或悲观的投资者可以推动资产价值远远高于或低于传统估值模型预测的基本面价值。本部分将分别从股票市场、IPO 市场、债券市场、衍生品市场和加密货币市场等多个市场对投资者情绪（只讨论基于网络大数据构建的投资者情绪）与资产定价之间关系的文献进行梳理。

1. 投资者情绪与股票市场资产定价

第一，搜索引擎数据与股票市场资产定价。当投资者在百度或者 Google 等搜索某只股票或行业时，毫无疑问，投资者对这只股票或行业产生了关注和兴趣。因此，搜索引擎数据可以直接反映大众的关注和情绪，影响着股票市场的活动，包括收益率、波动率和交易量等。

Da、Engelberg 和 Gao（2011）基于股票代码的 Google 搜索量构建的投资者关注指标，发现投资者关注的增加可以引起股票收益率在未来一到两周上涨，随后则出现反转。Gao、Ren 和 Zhang（2019）基于 38 个国家与经济相关的、积极和消极词语的 Google 搜索指数构建的投资者情绪，发现投资者情绪与下周的市场回报率呈负相关关系，并且证明了当期情绪与市场回报率存在同步性。Google 搜索构建的投资者情绪对股票市场的波动率和交易量也有着显著的影响（Aouadi 等，2013；Heyman 等，2019）。Da、Engelberg 和 Gao（2015）发现了基于 118 个词汇的 Google 搜索数据构建的投资者情绪指数能够预测股票市场的波动，与收益率存在同期正相关。Andrei 和 Hasler（2015）采用 Google 搜索数据研究了投资者关注和股价波动率的关系，发现股票波动性和风险溢价都随着投资者关注的增加而增加，并且两者呈现二次性的关系。Kim 等（2019）发现，Google 搜索与股票波动率和交易量正相关，并且这个关系更多存在于未来而不是当期的交易活动。

国内文献基于百度指数构建的投资者情绪的研究与国外研究类似，同样影响着股票市场的表现。俞庆进和张兵（2012）使用百度指数构建投资者关注指标，发现非交易日的投资者关注将影响下一个交易日股票集合竞价时的价格。刘峰、叶强和李一军（2014）基于百度指数构建的投资者关注指标，发现投资者关注度与当期的股票收益具有正向关系。然而，赵龙凯、陆子昱和王致远（2013）发现，基于百度的投资者关注不会系统地影响收益率。在股票波动率方面，瞿慧和沈微（2020）将基于百度的投资者关注指标引入已实现波动的自回归类模型，发现投资者关注的非线性引入对波动率预测有显著贡献。

第二，网络论坛数据与股票市场资产定价。网络论坛主要指具备论坛功能的财经类网站，如雅虎财经论坛、TheLion、东方财富股吧或雪球论坛。个人投资者可以在网站上发表自己对股票市场、个股和行业的看法，也可以对别人发表意见进行评论或讨论。基于网络论坛的数据有一些明显优势：①专业性，财经类网络论坛的发帖者和阅读者都有一定的金融市场知识，这样可以排除一部分网络噪声。②网络论坛的发帖内容还包含一些非公开信息，这有利于预测股票收益率。

Antweiler 和 Frank（2004）采用雅虎财经数据，发现情绪指标对同期股票收益率有正向影响，但与未来收益率不相关。但 Kim 和 Kim（2014）用不同时期的雅虎财经数据却发现，投资者情绪不能预测收益率、波动率和交易量。Leung 和 Ton（2015）研究了澳大利亚最大的股票留言板 HotCopper 超过 250 万条帖子，发现留言板信息的数量和情绪与高增长潜力的小盘股的收益率正相关，看涨的小盘股在当天和几个月内的表现都明显好于看跌的小盘股，在随后的时间段里，市值股票的表现没有逆转到消息板发布前的水平。Sabherwal、Sarkar 和 Zhang（2011）利用 The Lion 股票留言板信息构建了看涨情绪，发现在线交易员的情绪指数（而非发帖数量）与同期股票回报率呈正相关，与第二天和两天之后的回报率呈负相关。

国内的文献早期主要集中于论坛发帖数构建的投资者关注指标对股票收益率的影响（董大勇和肖作平，2011；施荣盛和陈工孟，2012），但近些年开始研究股吧文本数据构建的投资者情绪指标与股票收益率的影响。金雪军、祝宇和杨晓兰（2013），杨晓兰、沈翰彬和祝宇（2016）利用东方财富网股吧的帖子构建了投资者情绪指标，研究了投资者情绪和股票收益率之间的关系。段江娇、刘红忠和曾剑平（2017）发现，东方财富股吧论坛情绪影响当日和未来两日的股票收益率及波动率，且当日情绪分歧越大，未来两日的交易量越大。孙书娜和孙谦（2018）利用雪球数据构建的投资者关注指标，发现投资者关注会在短期内对市场价格形成压力并导致交易量剧增。除此之外，也有一些国外文献研究基于东方财富股吧数据构建的投资者情绪与中国股票市场表现（Huang 等，2016；Li 等，2019；Fan、Wang 和 Wang，2021）。Yin、Wu 和 Kong（2020）基于东方财富网股吧数据构建的投资者情绪，发现投资者情绪与股票流动性呈正相关关系，且这种正相关在熊市比牛市更强。

第三，社交网络数据与股票市场资产定价。常见的社交网络包括 Facebook、Twitter 和 StockTwits 等，国内的社交网络是微博和微信等。社交媒体是人们传递信息的交流平台，许多人每天花大量时间阅读和撰写关于股票的网络推文（Kearney 和 Liu，2014），这可以为研究提供丰富的数据样本（Salhin、Sherif 和 Jones，2016；Pikulina、Renneboog 和 Tobler，2017）。

基于 Twitter 数据构建的投资者情绪与股票市场有高度的联动性。Bollen、Mao 和 Zeng（2011）发现，Twitter 推文对股市的预测准确率为 86.7%，与道琼斯指数显著相关。Liu 等（2015）发现，Twitter 情绪与纽交所和纳斯达克两个指数有高度的联动性。另外社交媒体 StockTwits 也发现了投资者情绪对股票指数的影响（Renault，2017）。同时，Twitter 情绪可以预测股票收益率（Ranco 等，2015；Zhang 等，2016；Mcgurk 等，2019）。Leitch 和 Sherif（2017）发现，基于 Twitter 构建的投资者情绪与同期股票收益率负相关。Behrendt 和 Schmidt（2018）发现，个股的 Twitter 情绪与股票日内波动率存在反馈效应。Facebook 情绪对股票市场的表现也存在着重要的影响。Siganos、Vagenas-Nanos 和 Verwijmeren（2014）使用 Facebook 数据，发现情绪与股票回报显著呈正相关关系，但是与波动率和交易量之间存在负相关关系，这与 Bijl 等（2016）发现情绪与股票价格负相关不同。此外，Sun 等（2016）使用 Facebook 数据构建各国金融市场情绪，发现滞后半小时的投资者情绪能够预测日内标普 500 指数的回报率。

基于中国的社交网络——微博和博客数据，很多学者也研究了投资者情绪对股票市场的影响。朱南丽等（2015）基于新浪博客和微博数据构建了投资者情绪，发现微博可以及时反映投资者对股票市场的关注度。胡军和王甄（2015）和刘海飞等（2017）则用上市公司微博号的博文数量和粉丝数量构建了投资者情绪指标，证明上市公司的微博情绪能显著影响股价。徐巍和陈冬华（2016）发现，微博披露会增加股票当日的超额回报和超额交易量。

第四，基于网络新闻数据与股票市场资产定价。网络新闻主要指财经媒体在互联网上发布新闻，包括上市公司信息或者股票分析等。媒体可能扮演多种角色，包括广泛传播信息、包装信息、创造新信息（Bushee 等，2010），那么新闻媒体是诱导、放大还是仅仅反映了投资者对股市的解读，目前都尚且没有一致的答案（Tetlock，2007）。即便是相同的事件，不同的网络新闻也有可能会发布观点完全不同的报道，这必将会向大众传播不同的情绪——积极的或者消极的。

Fang 和 Peress（2009）发现，媒体覆盖量会影响股票收益率和交易量。Tetlock（2007）基于《华尔街日报》有关股票的新闻报道，发现悲观情绪会导致股价下跌。Garcia（2103）使用《纽约时报》的金融新闻发现，媒体情绪的正负语调能预测股票收益率，而 Zhang 等（2016）发现，正负语调对股票市场活动（收益率、波动率和交易量）的影响是非对称的。Heston 和 Sinha（2015）基于路透社新闻数据研究发现，积极的新闻报道会导致公司在一周内的股票收益较高，然而消极的新闻报道将给公司带来较低的股票收益。Qiao 和 Su（2020）基于百度媒体新闻指数，发现新闻覆盖量与市场波动率是 U 形的关系，但对异质波动率的影响为负。除此之外，Ben-Rephael、Da 和 Israelsen（2017）基于彭博新闻搜索和新闻阅读行为构建了机构投资者情绪指标，发现机构投资者对重大新闻事件的反应更快，并促进永久性的股票价格调整，这与 Gao、Gu 和 Koedijk（2020）的观点一致。

与国外文献类似，国内文献也用国内的主流财经媒体数据构建投资者情绪指标，包括《中国证券报》《经济日报》和新浪财经等。游家兴和吴静（2012）发现，新闻报道的情绪会使得股票价格偏离基本价值，并且投资者情绪对股价存在不对称性，乐观情绪更容易推动股价上涨。黄俊和郭照蕊（2014）发现，新闻媒体报道与股价同步性显著负相关。财经媒体构建的投资者情绪还可以预测股票的回报率（王晓丹，尚维和汪寿阳，2021）。姜富伟、孟令超和唐国豪（2021）构建了一个全新的财经媒体文本情绪指标，发现文本情绪对我国股票回报率有显著的样本内和样本外预测能力。

2. 投资者情绪与 IPO 市场定价

大量研究已证实投资者情绪是影响 IPO 估值的重要因素（韩立岩和伍燕然，2007；Derrien，2005；Cornelli、Goldreich 和 Ljungqvist，2006）。Ljungqvist、Nanda 和 Singh（2006）用理论模型证明，如果发行人将 IPO 股票分配给常规（机构）投资者，并逐步出售给随着时间推移进入市场的情绪投资者，那么发行人的价值就会最大化。他们的文章推测个人投资者的过度热情会导致高的抑价率和长期表现不佳。

实证分析也证实，投资者情绪可以影响 IPO 估值，包括 IPO 抑价率、发行价和首日回报率等。

（1）基于网络新闻数据，Bajo 和 Raimondo（2017）发现，媒体的乐观情绪对 IPO 抑价率有正的影响，而且越接近上市日期影响越大，新闻媒体声誉越高影响越大。然而，Carey、Fang 和 Zhang（2016）基于澳大利亚的上市公司发现，新闻的乐观情绪与 IPO 抑价率呈负相关关系，这与基于美国市场的结论并不一致，因为澳大利亚没有限制 IPO 上市前媒体信息传播的静默期规定。同样，国内的文献也利用网络新闻数据研究 IPO 抑价率和发行价等。汪昌云和武佳薇（2015）发现，上市前新闻媒体报道的语调会对 IPO 抑价率产生影响。赵泽润等（2021）发现，新闻媒体传播的不同信息对 IPO 抑价率的影响程度存在非常明显的不对称性。黄俊和陈信元（2013）基于创业板公司，发现媒体报道数与 IPO 抑价率的正相关关系。牛枫、叶勇和陈效东（2017）发现，媒体报道可以显著提高 IPO 的发行价。邵新建等（2015）发现，媒体的乐观情绪导致发行价格上调，但长期回报却下降，与陈鹏程和周孝华（2016）的结论一致。

（2）基于网络论坛数据，Tsukioka 等（2018）使用雅虎财经日本板块上 654 家公司的帖子数据度量投资者关注度，发现投资者关注可以解释日本上市公司的 IPO 抑价现象。龚霄和张国良（2021）发现，东方财富股吧的发帖数量和回帖数量都与 IPO 抑价率呈正相关关系。

（3）基于搜索引擎数据，宋双杰、曹晖和杨坤（2011）用 Google 搜索量构建投资者关注指标，发现上市前个股网络搜索量对首日超额收益和长期表现有更好的解释力。王旭光（2015）用百度指数衡量投资者关注，验证了投资者关注能够在一定程度上解释我国 IPO 超额收益的观点。张维等（2016）用百度指数构建的投资者关注指标研究了 IPO 破发的问题。

（4）基于社交媒体数据，石善冲、康凯立和赵志刚（2019）基于微信数据研究 IPO 抑价问题，发现机构投资者积极情绪对 IPO 抑价会产生显著的正向影响，个体投资者积极情绪对其影响不显著。

3. 投资者情绪与其他市场资产定价

第一，商品和期货市场。商品和期货市场资产价格的预测同样引起了研究学者的极大关注。然而，准确地预测商品价格是非常具有挑战性的，因为它们受到许多复杂因素的影响，如经济增长、库存、利率和美元汇率等（Benhmad，2012；Carfi 和 Musolino，2014；Ding 等，2014）。除了传统的方法之外，学者发现投资者情绪已经是影响商品和期货价格波动的一个重要因素（Vlastakis 和 Markellos，2012）。

基于 Google 搜索数据构建的投资者关注可以影响商品价格，包括黄金（Jain 和 Biswal，2019），原油走势（Aromi 和 Clements，2019），能源和商品市场（Ji 和 Guo，2015；Afkhami 等，2017；Fu 和 Miller，2022）等。至于期货市场，Wei 等（2021）探讨了基于 Google 搜索的投资者关注对金属期货的影响。Prange（2021）发现，基于 Google 数据构建的投资者关注可以促进股票市场、商品市场和能源市场的联动。基于 Twitter 构建的不确定指数，Lang 等（2021）发现 Twitter 指数能够很好地预测石油期货的波动率。

第二，债券市场。Nayak（2010）使用 Baker 和 Wulgler（2006）构建的投资者情绪指标，研究了投资者情绪对公司债的收益率差的影响，发现债券市场与股票市场的结论非常相似，即也有投资者情绪导致错误定价和反转趋势。Fang、Yu 和 Huang（2018）同样使用 Baker 和 Wulgler（2006）构建的投资者情绪指标，研究情绪对美国股市和债券市场长期关系的影响，发现投资者情绪对两者之间的关系有正向影响。

在基于大数据构建的投资者情绪方面，Broadstock 和 Cheng（2019）采用基于新闻数据构建的情绪，研究了绿色债与投资者情绪的关联。Pineiro-Chousa 等（2021）基于 Twitter 的投资者情绪研究了绿色债市场，发现投资者情绪与绿色债的收益率呈正相关关系。同样是基于 Twitter 数据，Pineiro-Chous、Lopez-Cabarcos 和 Sevic（2022）研究了绿色债的转换行为，文章没有找到证据证明标准普尔 500 指数和波动率指数在支持这种转换行为方面是相关的。Chen（2021）研究了股票市场的投资者情绪对债券市场的资本流动影响，发现了两者的负相关关系性。同样，Aslam（2021）研究了股票市场的投资者情绪对债券市场收益率的影响，也发现两者之间的负相关关系。

第三，加密货币市场。目前有关加密货币市场资产定价的研究并不多，主要集中于国外的研究，国内少有关注。与传统市场的资产定价研究不同，加密货币市场的资产定价主要集中于比特币的定价。Urquhart（2018）是最早将加密货币的市场关注与 Google 趋势联系起来的研究者之一，文章发现已实现波动率、交易量和回报率影响了比特币的未来 Google 搜索量。Aslanidis 等（2022）发现，加密货币回报率和 Google 趋势衡量的投资者关注之间的双向信息流长达 6 天，而且加密货币回报率和谷歌趋势之间存在显著的尾部依赖关系。Shen、Urquhart 和 Wang（2019）利用 Twitter 推文数据，发现推文的数量是比特币交易量和实现波动的重要驱动因素。

四、对国内外已有研究的分析与评述

第一，既有文献缺乏投资者情绪影响风险投资领域资产定价的研究。投资者情绪对资产定价影响的研究，涉及股票市场、IPO 市场、现货与期货市场、债券市场，甚至加密货币市场。然而，在风险投资市场，鲜有文献研究投资者情绪对资产定价（即初创企业估值）的影响。本书将立足于风险投资市场，深入研究投资者情绪对初创企业估值的影响机制和作用效果。

第二，既有文献缺乏投资者情绪对初创企业估值影响的研究。对于初创企业估值，以往研究主要从影响风险投资和初创企业双方谈判能力的角度展开，所以集中于初创企业的质量和风险投资的特征等内生性影响因素。然而，在实际谈判过程中，投资者情绪会影响风险投资的预期回报，也会对初创企业估值产生重要影响。本书将投资者情绪指标纳入初创企业估值模型中，探讨投资者情绪对初创企业估值的影响。

第三章　上市前增长与企业 IPO 长期表现：来自风险投资的作用

　　现有文献研究不同影响因素与企业长期表现主要集中于首次公开发行，股权再融资或私募股权领域（Carter、Dark 和 Singh，1998；Teoh、Welch 和 Wong，1998；Dechow 和 Skinner，2000；Brav、Geczy 和 Gompers，2000；Fan，Wong 和 Zhang，2007；Chen、Shi 和 Xu，2013）。例如，Brav、Geczy 和 Gompers（2000）发现，账面市值与首次公开上市后的长期业绩存在着密切关系。Chou、Gombola 和 Liu（2009）发现，私募股权发行公司的后期表现与增长机会（Tobin'q）密切相关。然而截至目前，没有学者研究在风险投资行业企业 IPO 长期表现的决定因素，以及风险投资如何影响企业 IPO 长期表现。

　　风险投资作为外部股权融资，通过提供监管和增值服务，对企业业绩起到积极作用（Mäkelä 和 Maula，2005；Fernhaber 和 Mcdougal – Covin，2009）。与此同时，一些投机的风险投资者有强烈的愿望在存续期内快速退出以获得超额收益（Gompers，1996；Hsu，2013），这可能促使企业操纵收益或进行欺诈，以尽快达到上市标准（Chen 等，2016）。本书将利用中国 A 股市场中风险投资背景的上市公司，研究上市前增长（总资产增长）与上市后长期业绩之间的关系，并探讨风险投资如何影响这个关系。

第一节　理论机制与研究假设

　　近年来，上市公司频频发生业绩"变脸"的现象，经常是上市前业绩良好，但上市后却大幅下滑，典型案例如华锐风电。2011 年，华锐风电在 A 股上市创下了 90 元的最高发行价，但短短一年的时间股价就降到 6 元左右。上市当年年底华锐风电出现业绩"变脸"，2011 年净利润下降 79.03%，2012 年和 2013 年公司营收连续下降接近 60%。与此对应的是 2013 年底，华锐风电自爆"会计差错"家丑，承认存在涉嫌虚增收入、虚转成本、虚增利润等行为。与此对应的是，华锐风电背后的众多私募股权 / 风险投资轻松地获得数百倍的收益，赚得盆满钵满。从这个例子可以看出，华锐风电从高成长神话的兴起到跌落只差一个 IPO，而收益最大的是众多风险投资机构。因此，本书推测风险投资对企业长期表现有决定性的影响，甚至是业绩反转的罪魁祸首。

本书将以中国 A 股上市企业为样本，研究风险投资是如何影响上市前增长与上市后 IPO 业绩之间的关系。聚焦中国市场主要有三个方面的考虑。

第一，中国是最大的新兴经济体之一。在新兴经济体中，企业以爆炸式的速度扩张，展现出很大的潜力，例如中国许多知名的高科技公司，包括百度、阿里巴巴、腾讯、京东、搜狐等。新兴市场的成功吸引了全球的风险投资者，他们期待被投资企业能够保持快速增长，尽早成功退出，以获得丰厚的经济回报（Ferrary，2010；Wang 和 Wang，2011）。

第二，中国的股票上市制度不同于美国等成熟经济体。与成熟市场中 IPO 由发行人决定（Kao、Wu 和 Yang，2009）不一样，公司在中国上市需要满足更高的财务指标，并且获得中国证监会的批准（Chen 等，2016）。例如，在主板市场上市或在中小企业板上市的企业需要在上市前连续 3 年净利润均为正数，且累计净利润在 3000 万元以上。在创业板上市的企业需要在上市前连续两年实现盈利，且 IPO 前两年累计净利润不低于 1000 万元。因此，与成熟市场的企业相比，中国的企业有更强的动力快速增长，甚至进行盈余管理，以满足上市所需的财务标准。

第三，新兴经济体和发达经济体的风险投资机构之间存在很大差异，如选择公司（Baum 和 Silverman，2004），监控过程和退出策略（Bruton 和 Ahlstrom，2003）。Pukthuanthong 和 Walker（2007）研究表明，中国风险投资市场在文化规范、公司治理结构、退出策略和政府干预等方面与成熟市场不同。因此，在中国市场上，风险投资对企业业绩的影响可能与发达国家截然不同。这三个特征将导致风险投资背景的企业在上市前的增长与上市后的长期业绩之间存在独特的关系。

事实上，企业上市前增长与上市后长期业绩之间的关系正负与否并无定论。一般的直觉是公司增长越快，业绩越好。Broussard、Michayluk 和 Neely（2005）证明，高增长意味着盈利的机会，并发现五年持有期的收益与过去五年的销售增长呈正相关关系。然而，上市前过快的增长可能会对上市后的长期业绩产生负面影响。以往的研究已经证明，激进的超额应计项目或较高的可自由支配应计项目的公司在 IPO 后，股票业绩都表现出长期弱势（Ahmad-Zaluki、Campbell 和 Goodacre，2011；Chen、Lin 和 Zhou，2005；Ducharme、Malatesta 和 Sefcik，2001，2004；Teoh、Welch 和 Wong，1998）。

对于中国市场，Kao、Wu 和 Yang（2009）发现了相同的结论，即会计业绩越好的公司在上市后的盈利能力下降幅度越大，上市后的股票长期表现也越差。因此，上市前增长和上市后业绩之间的关系到底如何，需要进一步的实证研究。

另外，风险投资对上市前业绩增长与 IPO 长期业绩之间的关系中也扮演着重要的角色，因为它不仅提供资金支持，还提供管理建议、人力资源和社会关系等增值服务（Hellmann 和 Puri，2000；Bottazzi、Rin 和 Hellmann，2008）。风险投资者积极监控投资组合公司，并发挥有价值的指导作用（Gorman 和 Sahlman，1989；Sapienza、Manigart 和 Vermeir，1996；Kaplan 和 Stromberg，2003）。同时，风险投资自身会带来促进增长的声誉效应，是被投资公司质量的"信号"。风险投资背景的公司也受益于风险投资的商业联系网络与经验丰富的提供商（如会计师事务所、律师事务所和猎头公司）。可见，风险投资可以从多方面为被投资企业提供增值服务和外部资源。现有文献表明，与无风险投资背景的企业相比，风险投资背景的企业实现了更高的就业增长率（Bertoni、Colombo 和 Grilli，2011；Davila、Foster 和 Gupta，2003）、更高的生产率增长（Croce、Marti 和 Murtinu，2013）、更高的利润率和更多的研发投入（Guo 和 Jiang，2013）以及更好的营业业绩（Jain 和 Kini，1995）。

然而，目前中国市场制度和法律体系并不完善，有市场信息不对称情况，"声誉机制"在中国风险投资市场占据重要地位（Allen、Qian 和 Qian，2005）。因此，一些年轻的风险投资不仅不能有效发挥增值作用，还可能在"声誉机制"的刺激下发生异化，形成"逐名"动机。Gompers（1996）发现，很多风险投资者为了建立声誉和改善他们未来的融资压力而促使被投资企业过早地上市，以获取高额回报。Hsu（2013）也发现，募集未来资本的动机会促使风险投资缩短孵化期，使投资组合公司提前上市。可见，风险投资家有强烈动机缩短投资周期，帮助企业公司成功上市后快速退出。然而，企业能否上市成功依赖较高的财务成长要求，包括上市前较快的资产增长率。另外，当公司上市时，风险投资家期望获得更多的财务收益。公司的高增长会增加公司估值，并向新的潜在投资者发出积极的信号，这可能会为风险投资在公开市场上出售股份时带来更多的回报（Wan，2013）。因此，风险投资机构有强烈的动机使被投资企业在上市前保持总资产高速增长。

高增长的动机可能驱使风险投资利用参与企业治理和提高增值服务的方式对企业施加影响，甚至包括操纵被投资企业的会计项目和增长决策（Gompers 和 Lerner，2002），而盈余管理或财务造假势必会导致企业业绩表现的长期弱势。Teoh、Welch 和 Wong（1998）发现，企业如果在上市前应计利润异常高，那么上市后三年内的股票回报将长期表现不佳，且经理盈余管理激进程度处于前 25% 分组的企业，其上市后三年的股票回报率比处于后 25% 分组的企业低约 20%。Ducharme，Malatesta 和 Sefcik（2001）发现，上市前的超额应计利润与上市后股票业绩表现呈负向相关。陈祥有和万寿义（2009）指出，我国 A 股发行公司的 IPO 后市场表现与 IPO 前盈余管理水平之间具有显著的负相关关系，即 IPO 前正向盈余管理程度越大，其 IPO 后市场表现越差。

因此本书预测，企业在上市前增长会对上市后长期业绩有积极的影响，但过快的增长却会引起长期业绩的反转，这可能是由于一些投机的风险投资为了使企业尽早上市而迫使企业盈余管理的结果。

第二节　研究设计

一、匹配样本下的模型

本书首先评估在匹配样本下（由风险投资背景的企业和匹配的非风险投资背景的企业组成），企业上市前增长对上市后长期业绩的影响。模型还控制了行业和年份固定效应，具体如下：

$$Performance_i = \beta_0 + \beta_1 VC\ dummy_i + \beta_2 Growth_i + \beta_3 Growth_i \times VC\ dummy_i + Controls + \varepsilon_i \quad (3.1)$$

式中，Performance 是上市后长期业绩，用下列指标之一衡量：累计超额收益（Cumulative abnormal returns）和 CAPM alpha，VC dummy 是企业是否有风险投资背景的哑变量，Growth 是上市前增长率，Controls 为其他控制变量。

二、风险投资背景企业的模型

集中于风险投资背景企业，本书研究在上市前增长和上市后长期业绩之前的关系，检验与匹配样本相比是否发生了变化，模型如下：

$$Performance_i = \beta_0 + \beta_1 Growth_i + \beta_2 (Growth)\ sq_i + Controls + \varepsilon_i \quad (3.2)$$

式中，Performance 是上市后长期业绩，用下列指标之一衡量：累计超额收益（Cumulative abnormal returns），买入并持有收益（Buy-and-hold returns），CAPM alpha 和 Fama-French alpha。Growth 是上市前增长率，（Growth）sq 是 Growth 的二次项，Controls 为其他控制变量。

三、风险投资与财务造假

利用手动收集的财务造假的数据，本书将考察风险投资是不是为了促使企业提前上市而进行盈余管理引起的结果。首先，考察匹配样本下的模型：

$$Fraud_i = \beta_0 + \beta_1 VC\ dummy_i + \beta_2 Growth_i + \beta_3 Growth_i \times VC\ dummy_i +$$
$$Controls + \varepsilon_i \tag{3.3}$$

如果匹配样本下企业上市前增长和财务造假并不存在显著的关系，但风险投资背景企业在过度增长时，上市前增长和财务造假却存在显著的正向关系，则说明企业的财务造假来自风险投资，检验模型如下：

$$Fraud_i = \beta_0 + \beta_1 Growth_i + \beta_2 (Growth) sq_i + Controls + \varepsilon_i \tag{3.4}$$

式中，Fraud 是企业是否存在财务造假的哑变量。Growth 是上市前增长率，（Growth）sq 是 Growth 的二次项，Controls 为其他控制变量。

第三节　样本说明和变量定义

一、数据来源

本书的样本来自 1996~2014 年的上市公司。数据来源：① CSMAR 数据库，提供上市公司的财务数据；② CVSource 数据库，提供风险投资的特征数据，包括机构总部位置、资本来源、融资时间、投资轮数等。本书将样本限制在 IPO 前接受风险投资融资的上市公司。

二、上市前增长的测度

企业上市前资产增长率的测度如下：

$$Growth = \frac{IPO\ 当年总资产 - 首次融资总资产}{首次融资总资产\ \times\ 这期间的年份} \tag{3.5}$$

式中，Growth 是从接受第一次融资到上市当年之间总资产的差值除以第一次融资时的总资产，再除以这段时间的年份。Ln（1+Growth）是 1 加上 Growth 的自然对数。

总资产的财务数据主要来自 CSMAR 数据库，但由于 CSMAR 仅提供公司上市前 3 年的财务信息，所以一些公司在第一轮融资年的总资产可能无法获得。因此，使用中国工业企业数据库补充 CSMAR 数据库缺失的财务信息。中国工业企业数据库由中国国家统计局（NBS）发布，由年销售额超过 500 万元人民币（约 65 万美元）的国有企业和非国有企业组成。中国工业企业数据库主要包括两个部分：企业层面的特征和年度财务信息。

三、IPO 长期表现的测度

根据 Ritter（1991）以及 Gompers 和 Lerner（2003）的研究，本书用四种超额回报率来衡量企业 IPO 长期业绩，包括累计异常回报率（Cumulative abnormal returns），买入并持有异常回报率（Buy-and-hold returns），CAPM 模型计算的超额收益率 alpha（CAPM alpha），Fama-French 模型计算的超额收益率 alpha（Fama-French alpha）。

累计异常回报率（CAR）的计算公式如下：

$$CAR_i = \sum_{t=1}^{T} (R_{i,t} - MR_t) \tag{3.6}$$

式中，$R_{i,t}$ 是股票 i 在月份 t 的月回报率，MR_t 是月份 t 的市场基准回报率，T 是持有期。

买入并持有异常回报率（BHAR）的计算公式如下：

$$BHAR_i = \prod_{t=1}^{T} (1 + R_{i,t}) - \prod_{t=1}^{T} (1 + MR_t) \tag{3.7}$$

式中，$R_{i,t}$ 是股票 i 在月份 t 的月回报率，MR_t 是月份 t 的市场基准回报率，T 是持有期。

本书用资本资产定价模型（CAPM）得到 CAPM alpha，模型如下：

$$R_{i,t} - R_{f,t} = \alpha_i + \beta_i (R_{m,t} - R_{f,t}) + \varepsilon_{i,t} \tag{3.8}$$

式中，$R_{i,t}$ 是股票 i 在月份 t 的月回报率，$R_{m,t}$ 是 A 股流通市场加权的市场组合月收益率，$R_{f,t}$ 是 t 月的无风险利率。

本文用 Fama 和 French 的三因素模型得到 Fama-French alpha，模型如下：

$$R_{i,t} - R_{f,t} = \alpha_i + \beta_i (R_{m,t} - R_{f,t}) + s_i SMB_t + h_i HML_t + \varepsilon_{i,t} \tag{3.9}$$

式中，$R_{i,t}$ 是股票 i 在月份 t 的月回报率，$R_{m,t}$ 是 A 股流通市场加权的市场组合月收益率，$R_{f,t}$ 是 t 月的无风险利率。SMB_t 是小市值规模投资组合与大市值规模投资组合的市值加权收益率之差。HML_t 是 A 股市场上高账面市值投资组合与低账面市值投资组合的市值加权收益率之差。

四、样本的匹配方法

本书以风险投资背景的上市公司为基准，与非风险投资背景的上市公司进行匹配获得样本。分为三个步骤：

第一，对每个风险投资背景的上市公司，寻找在同一年上市并且属于同一个行业（基于申银万国一级行业分类）的非风险投资背景的上市公司。

第二，只保留满足条件的非风险投资背景的上市公司，条件是与之匹配的风险投资背景的公司在获得首轮融资那一年有财务数据，并且非风险投资背景的公司在同一年也有财务数据。

第三，如果同时有多个风险投资背景的上市公司在当年获得了首轮融资，并且与同一个非风险投资背景的公司相匹配，那么本书只保留一个非风险投资背景公司的观测值，否则保留全部非风险投资背景公司的观测值。如果没有合适的非风险投资背景的公司与风险投资背景的公司匹配，那么这个风险投资背景的公司将被排除在样本之外。最终，匹配样本由 936 家上市公司组成，其中 350 家是风险投资背景的上市公司，586 家是非风险投资背景的上市公司。

五、控制变量的定义

Ln（Age at IPO）是从上市公司成立到上市期间年份的自然对数；*Size* 表示总资产的自然对数，用来衡量企业规模；ROA 等于净利润 / 总资产，衡量了企业的盈利能力；Leverage 等于总负债 / 总资产，衡量了企业的负债能力；State ownership 衡量了企业国有股份的比例，如果公司的控制股东是国有资产管理局，或者是由中央政府或地方政府控股的其他国有企业，则 State ownership 等于控制股东的股权，否则取 0；VC dummy 表示如果企业接受了风险投资则取 1，否则取 0；VC ownership 衡量了风险投资所占股权比例，等于在第一轮融资中投资最多的风险投资的股权；VC reputation 衡量了风险投资的声誉，等于在第一轮融资中投资最多的风险投资从成立到被投资企业上市期间年份的自然对数；*FVC* 衡量了企业是否接受了国外风险投资，如果企业接受了国外风险投资则取 1，否则取 0；Round2、Round3 和 Round4 分别测量了企业是否存在第二轮、第三轮和第四轮投资，如果存在则取 1，否则取 0。详细定义如表 3-1 所示。

表 3-1　变量定义

变量类型	变量符号	变量定义
解释变量 （数据来源： CVSource）	Growth	上市当年的总资产与第一轮融资时的总资产之差，除以第一轮融资时的总资产，再除以这期间的年份
	Ln（Growth）	Growth 加 1 后的自然对数
	Ln（Growth）sq	Ln（Growth）的平方
控制变量 （数据来源： CSMAR）	VC dummy	如果企业接受了风险投资则取 1，否则取 0

续表

变量类型	变量符号	变量定义
控制变量 （数据来源： CSMAR）	Ln（Age at IPO）	等于从上市公司成立到上市期间年份的自然对数
	Size	等于总资产的自然对数
	ROA	等于净利润 / 总资产
	Leverage	等于总负债 / 总资产
	State ownership	如果公司的控制股东是国有资产管理局，或者是由中央政府或地方政府控股的其他国有企业，则取控制股东的股权，否则为 0
	VC ownership	等于在第一轮融资中投资最多的风险投资的股权
	VC reputation	等于在第一轮融资中投资最多的风险投资从成立到被投资企业上市期间年份的自然对数
	FVC	如果企业接受了国外风险投资的融资则取 1，否则取 0
	Round2	如果企业接受了第二轮融资，则取 1，否则取 0
	Round3	如果企业接受了第三轮融资，则取 1，否则取 0
	Round4	如果企业接受了第四轮融资，则取 1，否则取 0

第四节　描述性统计

表 3-2　企业 IPO 长期业绩和控制变量的描述性统计

Panel A：匹配样本下的描述性统计						
	Obs.	Min	Median	Mean	Max	StdDev
CAR（equal-weighted）	936	−1.546	−0.050	0.044	2.824	0.645
CAR（value-weighted）	936	−1.281	0.242	0.348	3.664	0.696
CAPM alpha %（equal-weighted）	936	−5.023	−0.245	−0.019	9.290	1.714
CAPM alpha %（value-weighted）	936	−3.144	0.681	0.941	10.805	1.850
Growth	936	−0.001	0.946	1.366	15.904	1.795
Ln（Age at IPO）	936	0.000	4.615	4.382	6.413	0.815
Size	936	19.345	20.844	21.015	26.796	0.891
ROA（%）	936	0.892	6.345	6.816	22.764	2.861
Leverage（%）	936	1.103	19.476	23.341	82.991	15.701
State ownership（%）	936	0.000	0.000	5.817	81.850	16.073

续表

Panel B：风险投资背景企业的描述性统计						
	Obs.	Min	Median	Mean	Max	StdDev
CAR（equal-weighted）	476	-1.429	-0.024	0.084	3.361	0.681
CAR（value-weighted）	476	-1.076	0.278	0.422	3.840	0.735
BHR（equal-weighted）	476	-2.983	-0.259	-0.087	3.968	1.017
BHR（value-weighted）	476	-1.307	0.022	0.398	4.772	1.048
CAPM alpha %（equal-weighted）	476	-5.023	-0.173	0.048	9.290	1.794
CAPM alpha %（value-weighted）	476	-3.093	0.808	1.119	10.805	1.951
F-F alpha %（equal-weighted）	476	-5.435	-0.644	-0.352	9.601	2.135
F-F alpha %（value-weighted）	476	-4.519	-0.832	-0.552	9.650	1.937
Growth	476	-0.286	1.000	1.375	14.624	1.473
Ln（Age at IPO）	476	1.386	4.644	4.360	6.413	0.895
Size	476	19.345	20.864	21.002	25.297	0.791
ROA（%）	476	-1.115	6.362	6.816	22.764	2.786
Leverage（%）	476	1.273	18.793	22.236	82.991	14.701
State ownership（%）	476	0.000	0.000	4.327	74.450	13.709
VC ownership（%）	476	0.070	6.860	9.070	65.860	7.974
VC reputation	476	1.000	3.000	3.592	13.000	1.511
FVC	476	0.000	0.000	0.061	1.000	0.239
Round	476	1.000	1.000	1.342	4.000	0.682

　　表 3-2 中的 Panel A 报告了匹配样本下长期业绩和控制变量的描述性统计。长期业绩包括等权或加权的累计异常回报率 CAR 和 CAPM alpha，持有期是 36 个月。其中，等权（加权）的 CAR 均值为 4.4%（34.8%），等权（加权）的 CAPM alpha 均值为 -0.019%（0.941%）。上市公司拥有的平均增长率 Growth 为 1.272，平均年龄 Ln（Age at IPO）为 4.366，企业规模 Size 为 20.993，资产收益率 ROA 为 6.795%，负债率 Leverage 为 23.37%，国有企业股份 SOE 为 5.866%。

　　Panel B 报告了风险投资背景的上市公司长期业绩和控制变量的描述性统计。长期业绩包括等权或加权的累计异常回报率 CAR，买入持有超额回报率 BHR、CAPM alpha 和 Fama-French alpha，持有期是 36 个月。其中，等权（加权）的 CAR 均值为 8.4%（42.2%），等权（加权）的 BHR 均值为 -8.7%（39.8%），等权（加权）的 CAPM alpha 均值为 0.048%（1.119%），等权（加权）的 Fama-French alpha 均值为 -0.352%（-0.552%）。除此之外，控制变量的描述性统计如下，增长率 Growth 为 1.375，平均年龄 Ln（Age at IPO）为 4.360，企业规模 Size 为 21.002，*ROA* 为 6.816%，负债率 *Leverage* 为 22.236%，国有企业股份 SOE 为 4.327%，风险投资股权 VC ownership 为 9.070%，风险投资声誉 VC reputation 为 3.592，国外风险投资 FVC 为 0.061，投资轮数 Round 为 1.342。

表 3-3 是风险投资背景的企业 IPO 长期业绩按照 Growth 分组下的描述性统计。基于 Growth 的第 30 和 70 分位数，本书将样本分为三组。小于等于第 30 分位数的分组记为"最低组合"（Bottom），大于第 30 分位数同时小于等于第 70 分位数的分组记为"中间组合"（Middle），大于第 70 分位数的记为"最高组合"（Top）。从表 3-3 中可以看出，当长期业绩用加权测度时，累计异常回报率 CAR，买入持有超额回报率 BHR，CAPM alpha 和 Fama-French alpha 都是"中间组合"的值为最大值，"最小组合"和"最大组合"的值都低于"中间组合"，说明当增长率过高或者过低时长期业绩都表现不好，只有当增长率处于合理的范围时企业长期业绩才表现最好。

表 3-3　Growth 分组的 IPO 长期表现

	Split parts	Obs.	Cumulative abnormal returns	Buy-and-hold return	CAPM alpha（%）	Fama-French alpha（%）
Equal-weighted	Bottom	142	-0.056	-0.397	-0.279	-0.375
	Middle	192	0.157	0.046	0.137	-0.362
	Top	142	0.125	0.098	0.256	-0.315
Value-weighted	Bottom	142	0.350	0.222	0.880	-0.646
	Middle	192	0.485	0.531	1.243	-0.494
	Top	142	0.408	0.446	1.191	-0.534

第五节　实证研究结果

一、匹配样本下的 IPO 长期表现

表 3-4　匹配样本下的 CAR 和 CAPM alpha 回归分析

	Panel A：Cumulative abnormal returns				Panel B：CAPM alpha（%）			
	Equal-weighted		Value-weighted		Equal-weighted		Value-weighted	
	（1）	（2）	（3）	（4）	（5）	（6）	（7）	（8）
VC dummy	0.133	0.157*	0.163*	0.203**	0.479**	0.389*	0.520**	0.406*
	(1.61)	(1.86)	(1.94)	(2.25)	(2.18)	(1.76)	(2.29)	(1.82)
Ln（1+Growth）	0.196***	0.224***	0.199***	0.163**	0.628***	0.514***	0.632***	0.503***
	(3.03)	(3.37)	(3.03)	(2.29)	(3.64)	(2.65)	(3.56)	(2.74)
Ln（1+Growth）× VC	−0.205**	−0.208**	−0.225**	−0.219**	−0.708***	−0.561**	−0.720***	−0.540**
	(−2.18)	(−2.16)	(−2.36)	(−2.13)	(−2.82)	(−2.10)	(−2.79)	(−2.11)
Ln（Age at IPO）		0.044*		0.059**		0.044		0.033
		(1.75)		(2.20)		(0.68)		(0.47)
Size		−0.200***		−0.234***		−0.464***		−0.552***
		(−7.59)		(−8.33)		(−5.36)		(−6.82)
ROA		2.290***		4.629***		6.964***		6.274***
		(3.04)		(5.75)		(2.76)		(2.78)
Leverage		0.389**		0.782***		1.562***		1.785***
		(2.37)		(4.47)		(3.23)		(3.44)
State ownership		0.046		0.020		0.151		0.083
		(0.34)		(0.14)		(0.45)		(0.21)
Constant	−0.294	3.638***	−0.094	4.381***	−0.372	7.735***	0.023	9.958***
	(−1.11)	(6.67)	(−0.35)	(7.52)	(−0.52)	(4.20)	(0.03)	(5.76)
Observations	936	936	936	936	936	936	936	936
R-squared	0.181	0.090	0.273	0.107	0.173	0.210	0.248	0.290
Year fixed effect	Yes	Yes	Yes	Yes	Yes	Yes	Yes	Yes
Industry fixed effect	Yes	Yes	Yes	Yes	Yes	Yes	Yes	Yes

注：*、**、*** 分别代表 10%、5%、1% 时的水平显著。

表 3-4 的 Panel A 展示了在匹配样本下累计异常回报率 CAR 的回归分析，包括等权和加权调整的测度。VC dummy 的系数显著为正，说明风险投资背景的公司比无风险投资背景公司 CAR 的表现更好，这与 Brav 和 Gompers（1997）文中的结论一致。Ln（1+Growth）的系数显著为正，说明上市前增长对 IPO 长期业绩有正向的影响。检查 VC dummy 和 Ln（1+Growth）交叉项，回归系数显著为负，这个结论说明风险投资的加入会减弱增长率对 IPO 长期业绩的正向影响。

表 3-4 的 Panel B 展示了在匹配样本下 CAPM alpha 的回归分析。与累计异常回报率 CAR 回归分析中的结论一致，本书发现，风险投资背景的企业业绩比无风险投资背景的企业表现更好，而且上市前增长对 IPO 长期业绩的影响为正，但是却因风险投资的加入而减弱。表 3-4 中，本书控制了一组可能影响企业 IPO 长期业绩的特征变量。回归结果发现，具有较小规模 Size、较高盈利能力 ROA 和较高负债率的企业 IPO 长期业绩表现更好，企业年龄 Ln（Age at IPO）只对累计异常回报率 CAR 有正向影响，但对 CAPM alpha 无显著影响，而国有股份对 IPO 长期业绩都没有显著影响。

二、风险投资背景企业的 IPO 长期表现

上述分析可知风险投资的加入会减弱企业上市前增长对 IPO 长期业绩的正向影响。下一步本书将集中于风险投资背景的企业，检验上市前增长如何影响 IPO 长期业绩表现。表 3-5 和表 3-6 检验了累计异常回报率 CAR，买入持有超额回报率 BHR，CAPM alpha 和 Fama-French alpha 这四种长期业绩表现的回归分析。

表 3-5　风险投资背景企业的 CAR 和 BHR 回归分析

	Panel A: Cumulative abnormal returns				Panel B: Buy-and-hold returns			
	Equal-weighted		Value-weighted		Equal-weighted		Value-weighted	
	（1）	（2）	（3）	（4）	（5）	（6）	（7）	（8）
Ln（1+Growth）	−0.030	0.549**	−0.037	0.549**	0.005	0.723**	0.005	0.789**
	（−0.39）	（2.58）	（−0.48）	（2.56）	（0.04）	（2.05）	（0.04）	（2.27）
Ln（1+Growth）sq		−0.236***		−0.240***		−0.293**		−0.320**
		（−2.91）		（−2.93）		（−2.18）		（−2.41）
Ln（Age at IPO）	0.044	0.047	0.045	0.049	0.034	0.038	0.037	0.042
	（0.83）	（0.91）	（0.85）	（0.93）	（0.39）	（0.45）	（0.44）	（0.50）

续表

	Panel A: Cumulative abnormal returns				Panel B: Buy-and-hold returns			
	Equal-weighted		Value-weighted		Equal-weighted		Value-weighted	
	(1)	(2)	(3)	(4)	(5)	(6)	(7)	(8)
Size	−0.297***	−0.279***	−0.297***	−0.278***	−0.400***	−0.377***	−0.381***	−0.356***
	(−5.80)	(−5.45)	(−5.74)	(−5.38)	(−4.72)	(−4.43)	(−4.56)	(−4.25)
ROA	0.660	0.262	0.868	0.464	2.975	2.481	2.793	2.253
	(0.52)	(0.21)	(0.68)	(0.37)	(1.43)	(1.19)	(1.36)	(1.10)
Leverage	0.662**	0.745***	0.683**	0.767***	1.177**	1.279***	1.155**	1.267***
	(2.36)	(2.67)	(2.42)	(2.72)	(2.54)	(2.76)	(2.53)	(2.77)
State ownership	−0.102	−0.040	−0.160	−0.097	−0.026	0.051	−0.174	−0.090
	(−0.41)	(−0.16)	(−0.64)	(−0.39)	(−0.06)	(0.12)	(−0.43)	(−0.22)
VC ownership	−0.298	−0.235	−0.241	−0.178	−0.817	−0.740	−0.660	−0.575
	(−0.75)	(−0.60)	(−0.60)	(−0.45)	(−1.25)	(−1.13)	(−1.02)	(−0.89)
VC reputation	0.013	0.017	0.012	0.016	0.016	0.021	0.015	0.021
	(0.58)	(0.78)	(0.54)	(0.73)	(0.43)	(0.58)	(0.41)	(0.57)
FVC	−0.011	0.000	0.024	0.035	0.164	0.178	0.248	0.264
	(−0.08)	(0.00)	(0.17)	(0.26)	(0.74)	(0.81)	(1.13)	(1.21)
Round2	0.016	0.008	0.026	0.019	0.093	0.084	0.121	0.111
	(0.20)	(0.11)	(0.33)	(0.24)	(0.72)	(0.65)	(0.95)	(0.87)
Round3	0.119	0.067	0.123	0.070	0.078	0.014	0.091	0.021
	(0.86)	(0.48)	(0.87)	(0.50)	(0.34)	(0.06)	(0.40)	(0.09)
Round4	−0.037	−0.075	−0.074	−0.112	−0.048	−0.095	−0.116	−0.167
	(−0.19)	(−0.39)	(−0.38)	(−0.58)	(−0.15)	(−0.30)	(−0.37)	(−0.53)
Constant	6.924***	6.214***	7.063***	6.343***	9.883***	9.002***	9.788***	8.826***
	(5.89)	(5.22)	(5.96)	(5.29)	(5.09)	(4.56)	(5.11)	(4.53)
Observations	476	476	476	476	476	476	476	476
R-squared	0.320	0.333	0.406	0.418	0.279	0.287	0.344	0.352
Year fixed effect	Yes	Yes	Yes	Yes	Yes	Yes	Yes	Yes
Industry fixed effect	Yes	Yes	Yes	Yes	Yes	Yes	Yes	Yes

注：*、**、*** 分别代表 10%、5%、1% 时的水平显著。

表 3–6　风险投资背景企业的 CAPM alpha 和 Fama–French alpha 回归分析

	Panel A: CAPM alpha（%）				Panel B: Fama–French alpha（%）			
	Equal-weighted		Value-weighted		Equal-weighted		Value-weighted	
	（1）	（2）	（3）	（4）	（5）	（6）	（7）	（8）
Ln（1+Growth）	−0.095	1.359**	−0.113	1.533***	−0.344	1.437**	−0.321	1.115*
	（−0.45）	（2.33）	（−0.54）	（2.61）	（−1.39）	（2.08）	（−1.42）	（1.77）
Ln（1+Growth）sq		−0.595***		−0.673***		−0.728***		−0.587**
		（−2.67）		（−3.00）		（−2.76）		（−2.44）
Ln（Age at IPO）	0.127	0.137	0.124	0.134	0.163	0.174	0.102	0.111
	（0.89）	（0.96）	（0.85）	（0.93）	（0.96）	（1.04）	（0.66）	（0.72）
Size	−0.713***	−0.666***	−0.847***	−0.794***	−0.461***	−0.403**	−0.552***	−0.506***
	（−5.08）	（−4.75）	（−5.98）	（−5.62）	（−2.78）	（−2.43）	（−3.65）	（−3.33）
ROA	3.194	2.193	3.564	2.430	12.362***	11.136***	11.045***	10.056***
	（0.93）	（0.64）	（1.02）	（0.70）	（3.03）	（2.73）	（2.97）	（2.70）
Leverage	1.905**	2.112***	2.081***	2.315***	1.141	1.395	0.959	1.164
	（2.49）	（2.76）	（2.69）	（3.00）	（1.26）	（1.54）	（1.16）	（1.41）
State ownership	−0.078	0.078	−0.232	−0.055	−0.278	−0.087	0.111	0.265
	（−0.12）	（0.12）	（−0.34）	（−0.08）	（−0.35）	（−0.11）	（0.15）	（0.36）
VC ownership	−0.759	−0.603	−1.003	−0.827	−0.106	0.085	−0.003	0.151
	（−0.70）	（−0.56）	（−0.92）	（−0.76）	（−0.08）	（0.07）	（−0.00）	（0.13）
VC reputation	0.041	0.051	0.043	0.054	−0.075	−0.062	−0.037	−0.026
	（0.68）	（0.86）	（0.70）	（0.90）	（−1.04）	（−0.87）	（−0.56）	（−0.40）
FVC	−0.241	−0.212	0.053	0.086	0.003	0.038	0.012	0.041
	（−0.66）	（−0.58）	（0.14）	（0.23）	（0.01）	（0.09）	（0.03）	（0.10）
Round2	0.028	0.010	0.097	0.076	0.053	0.030	−0.006	−0.024
	（0.13）	（0.04）	（0.45）	（0.35）	（0.21）	（0.12）	（−0.02）	（−0.10）
Round3	0.335	0.204	0.405	0.258	0.814*	0.654	0.581	0.452
	（0.88）	（0.54）	（1.06）	（0.67）	（1.81）	（1.45）	（1.41）	（1.10）
Round4	0.006	−0.090	0.036	−0.072	0.324	0.207	0.141	0.047
	（0.01）	（−0.17）	（0.07）	（−0.14）	（0.52）	（0.33）	（0.25）	（0.08）
Constant	15.730***	13.945***	19.177***	17.156***	14.756***	12.570***	15.588***	13.824***
	（4.90）	（4.28）	（5.91）	（5.22）	（3.88）	（3.26）	（4.49）	（3.92）

续表

	Panel A：CAPM alpha（%）				Panel B：Fama-French alpha（%）			
	Equal-weighted		Value-weighted		Equal-weighted		Value-weighted	
	（1）	（2）	（3）	（4）	（5）	（6）	（7）	（8）
Observations	476	476	476	476	476	476	476	476
R-squared	0.268	0.280	0.368	0.381	0.274	0.287	0.267	0.277
Year fixed effect	Yes	Yes	Yes	Yes	Yes	Yes	Yes	Yes
Industry fixed effect	Yes	Yes	Yes	Yes	Yes	Yes	Yes	Yes

注：*、**、***分别代表10%、5%、1%时的水平显著。

表3-5中Panel A展示了累计异常回报率CAR的回归结果，包括等权和加权调整后的测度，持有期为36个月。从列（1）和列（3）可以看出，当只加入Growth的一次项时，回归系数并不显著，说明上市前增长与企业IPO业绩之间并无线性关系，这一点与匹配样本不同。然而，当模型中加入Growth二次项时［列（2）和列（4）］，二次项的系数显著为负，即呈现出一种倒U形的关系。这个结果说明上市前的资产增长率只能提高IPO长期业绩到某一个饱和点，一旦超过这个点，上市前增长对IPO长期业绩的影响就会变为负向。换句话说，过低或者过高的上市前增长都不会使得企业IPO长期业绩表现变好，只有中等水平增长率的企业才能够取得最好的IPO业绩表现。

表3-5中Panel B展示了买入持有超额收益率BHR的回归分析，表3-6中Panel A检验了CAPM alpha的表现，Panel B检验了Fama-French alpha的表现。从Growth的一次项和二次项的系数显著性可知，这三种长期业绩与累计异常收益率CAR的结论一致，即上市前增长和IPO长期业绩存在一种倒U形的关系，即IPO业绩会随着上市前资产的增长而增长，但当到达某个饱和点时则会出现业绩反转。当检查控制变量时，本书发现具有较小规模Size和较高负债率Leverage的企业IPO长期业绩表现更好，而盈利能力ROA，国有背景State ownership，风险投资股份VC ownership，风险投资声誉VC reputation和是否具有国外风险投资背景FVC对企业的IPO长期业绩都无显著影响。

上述分析可以得出，对于风险投资背景的企业，上市前增长和IPO长期业绩之间呈现一种倒U形关系，那么这个倒U形的关系在匹配样本中是否同样存在呢？因此，本书在匹配样本中加入Growth的二次项，结果如表3-7所示。这里以累计异常收益率CAR和CAPM alpha两种测度为例，检查Growth

二次项与企业 IPO 长期表现之间的关系。从表 3-7 的回归分析可见，Growth 二次项的系数并不显著，这个结论说明只有风险投资背景的企业才会出现上市前增长和 IPO 长期业绩之间的倒 U 形关系。换句话说，只有风险投资背景企业的 IPO 长期表现会随着上市前资产的增长而增长，达到一个饱和点时会出现业绩反转，非风险投资背景企业并不会出现业绩反转的现象。

表 3-7　匹配样本下增加 Growth 的二次项

	Panel A：Cumulative abnormal returns		Panel B：CAPM alpha（%）	
	Equal-weighted	Value-weighted	Equal-weighted	Value-weighted
	（1）	（2）	（3）	（4）
Ln（1+Growth）	0.262*	0.262*	0.613	0.704*
	（1.83）	（1.81）	（1.60）	（1.80）
Ln（1+Growth）sq	−0.074	−0.077	−0.150	−0.187
	（−1.31）	（−1.35）	（−0.99）	（−1.21）
Ln（Age at IPO）	0.007	0.002	0.025	0.014
	（0.26）	（0.08）	（0.36）	（0.20）
Size	−0.191***	−0.200***	−0.470***	−0.554***
	（−6.44）	（−6.63）	（−5.90）	（−6.80）
ROA	1.899**	1.930**	6.934***	6.165***
	（2.30）	（2.30）	（3.12）	（2.72）
Leverage	0.636***	0.640***	1.633***	1.863***
	（3.35）	（3.32）	（3.20）	（3.57）
State ownership	0.053	0.051	0.170	0.105
	（0.37）	（0.35）	（0.45）	（0.27）
Constant	3.162***	3.554***	7.945***	10.041***
	（4.95）	（5.49）	（4.64）	（5.73）
Observations	936	936	936	936
R-squared	0.222	0.312	0.206	0.288
Year fixed effect	Yes	Yes	Yes	Yes
Industry fixed effect	Yes	Yes	Yes	Yes

注：*、**、*** 分别代表 10%、5%、1% 时的水平显著。

三、稳健性检验

（一）不同持有期的 IPO 长期业绩

风险投资背景的企业在持有期为 24 个月时 IPO 长期业绩的回归分析如表 3-8 所示。Panel A，B，C 和 D 的因变量分别为累计异常回报率 CAR，买入持有超额回报率 BHR，CAPM alpha 和 Fama-French alpha。Growth 二次项的系数显著为负，说明上市前增长与 24 个月持有期的长期业绩的关系呈现一种倒 U 形的关系，与持有期为 36 个月的结论一致。同样地，风险投资背景的企业在持有期为 60 个月时 IPO 长期业绩的回归分析如表 3-9 所示，结论与 24 个月和 36 个月持有期时的情况一致。这个证据说明本书的结论是稳健的，不会随着持有期的变化而不同。

表 3-8   持有期为 24 个月的 IPO 长期表现

	Panel A: Cumulative abnormal returns		Panel B: Buy-and-hold returns		Panel C: CAPM alpha（%）		Panel D: Fama-French alpha（%）	
	Equal-weighted	Value-weighted	Equal-weighted	Value-weighted	Equal-weighted	Value-weighted	Equal-weighted	Value-weighted
	（1）	（2）	（3）	（4）	（5）	（6）	（7）	（8）
Ln（1+Growth）	0.431**	0.394**	0.510**	0.521**	1.912***	1.886***	2.102**	1.375
	（2.57）	（2.35）	（2.41）	（2.41）	（2.76）	（2.64）	（2.32）	（1.59）
Ln（1+Growth）sq	-0.193***	-0.178***	-0.234***	-0.234***	-0.867***	-0.855***	-1.005***	-0.705**
	（-3.01）	（-2.77）	（-2.95）	（-2.85）	（-3.28）	（-3.14）	（-2.90）	（-2.13）
Ln（Age at IPO）	0.034	0.022	0.037	0.030	0.117	0.075	0.177	0.032
	（0.84）	（0.55）	（0.67）	（0.55）	（0.69）	（0.43）	（0.80）	（0.15）
Size	-0.163***	-0.171***	-0.207***	-0.214***	-0.656***	-0.780***	-0.103	-0.415**
	（-4.03）	（-4.24）	（-4.22）	（-4.42）	（-3.93）	（-4.54）	（-0.47）	（-1.99）
ROA	2.247**	2.736***	4.205**	4.715***	10.528**	11.974***	12.002**	10.292**
	（2.27）	（2.76）	（2.49）	（2.83）	（2.57）	（2.84）	（2.24）	（2.01）
Leverage	0.789***	0.834***	1.032***	1.089***	3.384***	3.717***	1.859	1.427
	（3.59）	（3.79）	（3.33）	（3.52）	（3.72）	（3.97）	（1.56）	（1.26）
State ownership	-0.053	-0.037	0.006	0.011	-0.337	-0.226	-1.292	-0.449
	（-0.27）	（-0.19）	（0.03）	（0.05）	（-0.42）	（-0.27）	（-1.23）	（-0.45）
VC ownership	-0.354	-0.278	-0.559	-0.501	-1.750	-1.669	-0.822	-0.390
	（-1.14）	（-0.90）	（-1.38）	（-1.23）	（-1.37）	（-1.26）	（-0.49）	（-0.24）

续表

	Panel A: Cumulative abnormal returns		Panel B: Buy-and-hold returns		Panel C: CAPM alpha（%）		Panel D: Fama-French alpha（%）	
	Equal-weighted	Value-weighted	Equal-weighted	Value-weighted	Equal-weighted	Value-weighted	Equal-weighted	Value-weighted
	（1）	（2）	（3）	（4）	（5）	（6）	（7）	（8）
VC reputation	−0.001	−0.002	0.004	0.007	0.009	−0.004	−0.051	−0.080
	（−0.04）	（−0.11）	（0.18）	（0.29）	（0.13）	（−0.06）	（−0.54）	（−0.90）
FVC	0.022	0.007	0.098	0.082	0.254	0.261	0.342	0.555
	（0.21）	（0.07）	（0.70）	（0.56）	（0.58）	（0.58）	（0.60）	（1.02）
Round2	−0.013	−0.015	−0.005	−0.001	−0.075	−0.115	−0.384	−0.431
	（−0.22）	（−0.25）	（−0.05）	（−0.01）	（−0.30）	（−0.44）	（−1.16）	（−1.36）
Round3	−0.072	−0.083	−0.176	−0.185	−0.303	−0.281	0.321	0.174
	（−0.65）	（−0.76）	（−1.18）	（−1.26）	（−0.67）	（−0.60）	（0.54）	（0.31）
Round4	−0.009	−0.025	0.076	0.042	−0.007	−0.104	0.517	0.001
	（−0.06）	（−0.17）	（0.65）	（0.37）	（−0.01）	（−0.16）	（0.63）	（0.00）
Constant	3.570***	3.894***	5.006***	5.307***	13.779***	17.084***	8.235	14.627***
	（3.81）	（4.15）	（5.11）	（5.48）	（3.56）	（4.28）	（1.62）	（3.02）
Observations	476	476	476	476	476	476	476	476
R-squared	0.327	0.474	0.328	0.429	0.294	0.445	0.255	0.209
Year fixed effect	Yes	Yes	Yes	Yes	Yes	Yes	Yes	Yes
Industry fixed effect	Yes	Yes	Yes	Yes	Yes	Yes	Yes	Yes

注：*、**、*** 分别代表 10%、5%、1% 时的水平显著。

表 3-9　持有期为 60 个月的 IPO 长期表现

	Panel A: Cumulative abnormal returns		Panel B: Buy-and-hold returns		Panel C: CAPM alpha（%）		Panel D: Fama-French alpha（%）	
	Equal-weighted	Value-weighted	Equal-weighted	Value-weighted	Equal-weighted	Value-weighted	Equal-weighted	Value-weighted
	（1）	（2）	（3）	（4）	（5）	（6）	（7）	（8）
Ln（1+Growth）	0.778***	0.820***	1.673***	1.677***	1.015**	1.302***	1.662**	1.525**
	（3.11）	（3.29）	（2.82）	（2.79）	（2.35）	（2.99）	（2.46）	（2.54）

续表

	Panel A: Cumulative abnormal returns		Panel B: Buy-and-hold returns		Panel C: CAPM alpha（%）		Panel D: Fama-French alpha（%）	
	Equal-weighted	Value-weighted	Equal-weighted	Value-weighted	Equal-weighted	Value-weighted	Equal-weighted	Value-weighted
	（1）	（2）	（3）	（4）	（5）	（6）	（7）	（8）
Ln（1+Growth）sq	−0.300***	−0.320***	−0.708***	−0.707***	−0.435***	−0.521***	−0.770***	−0.691***
	（−3.15）	（−3.37）	（−3.31）	（−3.31）	（−2.64）	（−3.14）	（−2.98）	（−3.02）
Ln（Age at IPO）	0.094	0.097*	0.222	0.238	0.203**	0.205**	0.301*	0.243*
	（1.62）	（1.68）	（1.32）	（1.40）	（2.01）	（2.03）	（1.91）	（1.74）
Size	−0.487***	−0.460***	−0.716***	−0.719***	−0.624***	−0.779***	−0.211	−0.374**
	（−8.04）	（−7.62）	（−4.35）	（−4.38）	（−5.96）	（−7.40）	（−1.29）	（−2.57）
ROA	−0.218	0.187	4.242	6.038	2.070	0.575	11.289***	9.368**
	（−0.14）	（0.12）	（1.08）	（1.51）	（0.76）	（0.21）	（2.65）	（2.48）
Leverage	0.718**	0.744**	2.196**	2.496***	1.167**	1.346**	1.188	1.228
	（2.11）	（2.19）	（2.55）	（2.90）	（1.98）	（2.27）	（1.29）	（1.50）
State ownership	−0.193	−0.274	−0.700	−0.730	−0.491	−0.606	−1.247	−0.418
	（−0.64）	（−0.91）	（−0.77）	（−0.84）	（−0.94）	（−1.16）	（−1.53）	（−0.58）
VC ownership	0.077	−0.007	0.300	0.138	0.580	0.073	2.109	1.751
	（0.16）	（−0.01）	（0.26）	（0.12）	（0.69）	（0.09）	（1.59）	（1.49）
VC reputation	−0.036	−0.036	−0.052	−0.074	−0.064	−0.081*	−0.096	−0.115*
	（−1.43）	（−1.45）	（−0.79）	（−1.12）	（−1.46）	（−1.84）	（−1.41）	（−1.91）
FVC	−0.043	−0.004	0.049	−0.024	−0.231	−0.057	−0.572	−0.423
	（−0.28）	（−0.02）	（0.12）	（−0.06）	（−0.85）	（−0.21）	（−1.34）	（−1.12）
Round2	−0.037	−0.043	−0.226	−0.189	−0.151	−0.066	−0.064	−0.098
	（−0.42）	（−0.48）	（−0.78）	（−0.64）	（−0.99）	（−0.43）	（−0.27）	（−0.46）
Round3	0.085	0.078	−0.079	−0.100	0.172	0.227	0.501	0.353
	（0.52）	（0.48）	（−0.25）	（−0.32）	（0.61）	（0.80）	（1.14）	（0.90）
Round4	−0.052	−0.139	0.455	0.299	0.114	−0.043	−0.070	−0.188
	（−0.25）	（−0.66）	（1.02）	（0.60）	（0.31）	（−0.12）	（−0.12）	（−0.37）
Constant	9.688***	9.454***	12.481***	12.852***	11.330***	15.103***	5.408	8.627***
	（7.07）	（6.93）	（4.11）	（4.23）	（4.78）	（6.33）	（1.46）	（2.63）

续表

	Panel A：Cumulative abnormal returns		Panel B：Buy-and-hold returns		Panel C：CAPM alpha（%）		Panel D：Fama-French alpha（%）	
	Equal-weighted	Value-weighted	Equal-weighted	Value-weighted	Equal-weighted	Value-weighted	Equal-weighted	Value-weighted
	（1）	（2）	（3）	（4）	（5）	（6）	（7）	（8）
Observations	419	419	419	419	419	419	419	419
R-squared	0.427	0.468	0.236	0.249	0.332	0.443	0.310	0.290
Year fixed effect	Yes	Yes	Yes	Yes	Yes	Yes	Yes	Yes
Industry fixed effect	Yes	Yes	Yes	Yes	Yes	Yes	Yes	Yes

注：*、**、*** 分别代表 10%、5%、1% 时的水平显著。

（二）盈利表现衡量的长期业绩

风险投资背景的企业上市前增长对上市后盈利表现的影响如表 3-10 所示。本书用上市后的盈利水平作为另一种衡量长期业绩表现的测度。表 3-10 的因变量为上市后 36 个月内的资产收益率 ROA 的均值。列（1）中只加入 Growth 的一次项，可以看出它的系数并不显著，但当在列（2）中加入 Growth 的二次项时，发现上市前增长 Growth 与上市后盈利之间也呈现出一种倒 U 形的关系。这个结果说明，上市后的盈利水平并不会持续地随着上市前增长率的上升而上升，相反，当增长率达到一个饱和点时，盈利水平反而会下降。可见，上市前增长与上市后盈利水平的关系跟它与上市后 IPO 长期业绩的表现是一致的。

表 3-10　风险投资背景企业的财务业绩表现

	The post-IPO profitability performance for VC-backed IPOs	
	（1）	（2）
Ln（1+Growth）	1.736	9.886***
	（1.60）	（3.30）
Ln（1+Growth）sq		-3.346***
		（-2.91）
Ln（Age at IPO）	0.034	0.103
	（0.05）	（0.14）
Size	2.540***	2.753***
	（3.57）	（3.88）

续表

	The post-IPO profitability performance for VC-backed IPOs	
	（1）	（2）
Leverage	−24.333***	−22.668***
	（−6.65）	（−6.17）
State ownership	1.051	1.955
	（0.30）	（0.56）
VC ownership	−4.248	−3.431
	（−0.75）	（−0.61）
VC reputation	−0.127	−0.064
	（−0.41）	（−0.20）
FVC	0.108	0.299
	（0.06）	（0.16）
Round2	−2.244**	−2.330**
	（−2.02）	（−2.11）
Round3	−3.450*	−4.116**
	（−1.75）	（−2.10）
Round4	−1.518	−2.008
	（−0.55）	（−0.73）
Constant	−2.358	−12.144
	（−0.14）	（−0.72）
Observations	476	476
R-squared	0.285	0.299
Year fixed effect	Yes	Yes
Industry fixed effect	Yes	Yes

注：*、**、*** 分别代表 10%、5%、1% 时的水平显著。

（三）股灾前后的 IPO 业绩表现比较

表 3-11 和表 3-12 分别是风险投资背景的企业在 2008 年股灾前后上市前增长对上市后业绩表现的影响。众所周知，2008 年中国股市发生了严重的下跌，下跌前后企业上市前增长与 IPO 业绩之间的关系可能会有所不同。表 3-11 和表 3-12 中的 Panel A，B，C 和 D 的因变量分别为累计异常回报率 CAR，买入持有超额回报率 BHR、CAPM alpha 和 Fama-French alpha，持有

期为 36 个月。从两表的回归分析可知，无论股灾前还是股灾后，无论何种测度的长期表现，Growth 二次项的系数都显著为负，说明上市前增长与长期业绩的关系呈现一种倒 U 形的关系，这与基准回归的结论一致。

表 3-11　风险投资背景企业在 2008 年股灾前的 IPO 业绩表现

	Panel A: Cumulative abnormal returns		Panel B: Buy-and-hold returns		Panel C: CAPM alpha（%）		Panel D: Fama-French alpha（%）	
	Equal-weighted	Value-weighted	Equal-weighted	Value-weighted	Equal-weighted	Value-weighted	Equal-weighted	Value-weighted
	（1）	（2）	（3）	（4）	（5）	（6）	（7）	（8）
Ln（1+Growth）	5.492**	5.529**	9.970**	11.221**	8.199	10.530*	6.867	5.135
	（2.51）	（2.50）	（2.34）	（2.82）	（1.43）	（1.81）	（1.02）	（0.72）
Ln（1+Growth）sq	−3.990**	−3.980**	−7.483**	−8.262***	−7.708*	−8.779**	−8.043*	−5.458
	（−2.73）	（−2.70）	（−2.76）	（−3.31）	（−2.01）	（−2.26）	（−1.79）	（−1.15）
Ln（Age at IPO）	−0.183	−0.168	−0.479*	−0.442*	−0.559	−0.497	−1.025**	−0.507
	（−1.46）	（−1.33）	（−1.88）	（−1.81）	（−1.70）	（−1.49）	（−2.66）	（−1.24）
Size	−0.064	−0.106	0.022	0.087	−0.331	−0.381	0.671	−0.320
	（−0.29）	（−0.48）	（0.05）	（0.20）	（−0.57）	（−0.65）	（0.99）	（−0.45）
ROA	−0.840	0.021	2.672	1.095	11.220	4.202	1.683	15.592
	（−0.18）	（0.00）	（0.27）	（0.11）	（0.92）	（0.34）	（0.12）	（1.03）
Leverage	−0.575	−0.438	−0.796	−0.920	−0.868	−1.530	−6.654**	−3.116
	（−0.61）	（−0.46）	（−0.43）	（−0.55）	（−0.35）	（−0.61）	（−2.30）	（−1.02）
State ownership	−0.130	−0.247	0.333	0.287	0.555	−0.350	0.391	−0.913
	（−0.32）	（−0.60）	（0.39）	（0.33）	（0.52）	（−0.33）	（0.31）	（−0.70）
VC ownership	1.824	1.694	2.327	2.318	6.127*	4.592	6.463	6.687
	（1.46）	（1.34）	（1.05）	（1.09）	（1.87）	（1.38）	（1.68）	（1.65）
VC reputation	0.057	0.058	0.165	0.159	0.047	0.052	0.022	−0.004
	（0.83）	（0.85）	（1.51）	（1.49）	（0.26）	（0.29）	（0.10）	（−0.02）
FVC	−1.436***	−1.391***	−1.617*	−1.754*	−3.322**	−3.534***	−3.718**	−2.921*
	（−3.27）	（−3.13）	（−1.96）	（−2.13）	（−2.87）	（−3.03）	（−2.75）	（−2.04）
Round2	−0.669**	−0.648**	−1.347**	−1.265**	−1.487*	−1.215	−0.709	−0.734
	（−2.26）	（−2.16）	（−2.38）	（−2.35）	（−1.91）	（−1.54）	（−0.78）	（−0.76）

续表

	Panel A: Cumulative abnormal returns		Panel B: Buy-and-hold returns		Panel C: CAPM alpha（%）		Panel D: Fama-French alpha（%）	
	Equal-weighted	Value-weighted	Equal-weighted	Value-weighted	Equal-weighted	Value-weighted	Equal-weighted	Value-weighted
	（1）	（2）	（3）	（4）	（5）	（6）	（7）	（8）
Round3	−0.697	−0.612	−1.676*	−1.771**	−1.168	−0.520	−1.124	−0.047
	（−1.72）	（−1.49）	（−2.04）	（−2.23）	（−1.09）	（−0.48）	（−0.90）	（−0.04）
Round4	2.772**	2.728**	5.535***	5.852***	6.778**	7.275**	8.548**	5.221
	（2.44）	（2.38）	（3.31）	（3.93）	（2.27）	（2.41）	（2.44）	（1.41）
Constant	2.444	3.248	1.911	0.304	10.521	12.160	0.122	13.642
	（0.63）	（0.82）	（0.24）	（0.04）	（1.03）	（1.17）	（0.01）	（1.08）
Observations	50	50	50	50	50	50	50	50
R-squared	0.873	0.882	0.883	0.891	0.855	0.879	0.885	0.858
Year fixed effect	Yes	Yes	Yes	Yes	Yes	Yes	Yes	Yes
Industry fixed effect	Yes	Yes	Yes	Yes	Yes	Yes	Yes	Yes

注：*、**、*** 分别代表10%、5%、1% 时的水平显著。

表 3-12　风险投资背景企业在 2008 年股灾后的 IPO 业绩表现

	Panel A: Cumulative abnormal returns		Panel B: Buy-and-hold returns		Panel C: CAPM alpha（%）		Panel D: Fama-French alpha（%）	
	Equal-weighted	Value-weighted	Equal-weighted	Value-weighted	Equal-weighted	Value-weighted	Equal-weighted	Value-weighted
	（1）	（2）	（3）	（4）	（5）	（6）	（7）	（8）
Ln（1+Growth）	0.487**	0.488**	0.721**	0.786**	1.316**	1.438**	1.468**	1.106*
	（2.19）	（2.18）	（2.17）	（2.34）	（2.14）	（2.33）	（2.02）	（1.67）
Ln（1+Growth）sq	−0.214**	−0.217**	−0.285**	−0.310**	−0.573**	−0.634***	−0.733***	−0.577**
	（−2.55）	（−2.57）	（−2.14）	（−2.22）	（−2.48）	（−2.73）	（−2.68）	（−2.31）
Ln（Age at IPO）	0.075	0.077	0.098	0.094	0.231	0.208	0.309*	0.214
	（1.33）	（1.35）	（1.28）	（1.28）	（1.47）	（1.33）	（1.67）	（1.27）
Size	−0.295***	−0.294***	−0.377***	−0.358***	−0.703***	−0.844***	−0.457**	−0.590***
	（−5.31）	（−5.25）	（−4.87）	（−4.87）	（−4.59）	（−5.49）	（−2.52）	（−3.57）

续表

	Panel A：Cumulative abnormal returns		Panel B：Buy-and-hold returns		Panel C：CAPM alpha（%）		Panel D：Fama-French alpha（%）	
	Equal-weighted	Value-weighted	Equal-weighted	Value-weighted	Equal-weighted	Value-weighted	Equal-weighted	Value-weighted
	（1）	（2）	（3）	（4）	（5）	（6）	（7）	（8）
ROA	−0.210	−0.042	1.710	1.430	0.462	1.398	11.887***	9.763**
	（−0.15）	（−0.03）	（0.70）	（0.67）	（0.12）	（0.37）	（2.67）	（2.40）
Leverage	0.701**	0.721**	1.233***	1.230***	1.961**	2.250***	1.492	1.202
	（2.37）	（2.42）	（2.82）	（2.89）	（2.40）	（2.74）	（1.54）	（1.36）
State ownership	0.240	0.196	0.387	0.235	0.847	0.776	0.686	1.359
	（0.81）	（0.65）	（0.78）	（0.50）	（1.03）	（0.94）	（0.71）	（1.53）
VC ownership	−0.402	−0.337	−0.858	−0.712	−1.020	−1.250	−0.319	−0.365
	（−0.97）	（−0.80）	（−0.99）	（−0.85）	（−0.89）	（−1.09）	（−0.24）	（−0.29）
VC reputation	0.010	0.008	0.008	0.006	0.032	0.037	−0.067	−0.034
	（0.41）	（0.35）	（0.33）	（0.24）	（0.50）	（0.58）	（−0.89）	（−0.49）
FVC	0.108	0.147	0.298	0.397*	0.067	0.391	0.354	0.387
	（0.77）	（1.04）	（1.39）	（1.87）	（0.17）	（1.01）	（0.77）	（0.93）
Round2	0.030	0.040	0.118	0.140	0.058	0.127	−0.063	−0.088
	（0.37）	（0.49）	（0.67）	（0.79）	（0.26）	（0.56）	（−0.24）	（−0.36）
Round3	0.107	0.103	0.059	0.079	0.297	0.258	0.610	0.399
	（0.71）	（0.69）	（0.22）	（0.29）	（0.72）	（0.62）	（1.25）	（0.90）
Round4	−0.079	−0.119	−0.086	−0.145	−0.067	−0.071	0.213	0.089
	（−0.39）	（−0.58）	（−0.33）	（−0.65）	（−0.12）	（−0.13）	（0.32）	（0.15）
Constant	5.025***	5.181***	6.249***	6.008***	11.504***	14.896***	6.009	9.104**
	（4.16）	（4.26）	（3.82）	（3.84）	（3.45）	（4.45）	（1.52）	（2.53）
Observations	426	426	426	426	426	426	426	426
R-squared	0.336	0.424	0.272	0.352	0.276	0.383	0.255	0.256
Year fixed effect	Yes	Yes	Yes	Yes	Yes	Yes	Yes	Yes
Industry fixed effect	Yes	Yes	Yes	Yes	Yes	Yes	Yes	Yes

注：*、**、*** 分别代表 10%、5%、1% 时的水平显著。

（四）风险投资股权分组

风险投资背景的企业在不同股权下上市前增长对上市后业绩表现的影响如表 3–13 所示。按照风险投资股权的中位数，本书将样本分为"高股权组合"和"低股权组合"。这里风险投资股权指第一轮投资中投资额度最大的风险投资所占的股权比例。本部分将以累计异常回报率 CAR 为例，通过检验不同风险投资水平下的子样本来研究风险投资的重要性。表 3–13 中 Panel A 和 Panel B 分别报告了"高股权分组"和"低股权分组"的长期业绩表现。从回归分析可知，在"高股权分组"中 Growth 二次项的系数显著为负，但在"低股权分组"中 Growth 二次项的系数却并不显著。这个证据说明，企业在上市前增长和 IPO 长期业绩之间的倒 U 形关系只存在于"高股权分组"中。"高股权分组"和"低股权分组"的不同表现说明风险投资在上市前增长和 IPO 长期业绩的关系中发挥着重要的作用，只有高的股权才能给风险投资提供足够的影响力去左右企业的表现。

表 3–13　风险投资股权分组下的 IPO 业绩表现

	Panel A: High-ownership VC-backed IPOs				Panel B: Low-ownership VC-backed IPOs			
	Equal-weighted		Value-weighted		Equal-weighted		Value-weighted	
	（1）	（2）	（3）	（4）	（5）	（6）	（7）	（8）
Ln（1+Growth）	0.021	0.995***	0.019	0.955***	−0.061	−0.172	−0.078	−0.080
	（0.20）	（3.32）	（0.18）	（3.17）	（−0.48）	（−0.45）	（−0.61）	（−0.21）
Ln（1+Growth）sq		−0.367***		−0.352***		0.053		0.001
		（−3.45）		（−3.30）		（0.31）		（0.01）
Ln（Age at IPO）	0.105	0.099	0.103	0.098	−0.018	−0.018	−0.014	−0.014
	（1.14）	（1.10）	（1.12）	（1.09）	（−0.26）	（−0.26）	（−0.21）	（−0.21）
Size	−0.362***	−0.296***	−0.375***	−0.312***	−0.225***	−0.224***	−0.220***	−0.220***
	（−4.37）	（−3.58）	（−4.51）	（−3.75）	（−3.01）	（−2.99）	（−2.88）	（−2.87）
ROA	1.596	0.505	2.161	1.112	−0.392	−0.286	−0.443	−0.441
	（0.80）	（0.26）	（1.08）	（0.57）	（−0.23）	（−0.16）	（−0.25）	（−0.25）
Leverage	1.195***	1.213***	1.275***	1.292***	0.148	0.123	0.150	0.150
	（2.78）	（2.90）	（2.96）	（3.07）	（0.38）	（0.31）	（0.38）	（0.37）
State ownership	0.005	0.003	−0.040	−0.043	−0.236	−0.258	−0.337	−0.338
	（0.01）	（0.01）	（−0.11）	（−0.12）	（−0.60）	（−0.64）	（−0.84）	（−0.82）

续表

	Panel A: High-ownership VC-backed IPOs				Panel B: Low-ownership VC-backed IPOs			
	Equal-weighted		Value-weighted		Equal-weighted		Value-weighted	
	（1）	（2）	（3）	（4）	（5）	（6）	（7）	（8）
VC ownership	0.194	0.266	0.236	0.306	−0.676	−0.681	−0.756	−0.757
	（0.35）	（0.49）	（0.42）	（0.56）	（−0.28）	（−0.28）	（−0.30）	（−0.30）
VC reputation	0.009	0.018	0.013	0.021	0.007	0.007	−0.001	−0.001
	（0.31）	（0.59）	（0.42）	（0.69）	（0.17）	（0.18）	（−0.02）	（−0.02）
FVC	0.010	0.008	0.052	0.050	0.282	0.286	0.337	0.337
	（0.06）	（0.05）	（0.31）	（0.30）	（0.91）	（0.92）	（1.06）	（1.06）
Round2	0.071	0.061	0.080	0.070	−0.033	−0.034	−0.010	−0.010
	（0.58）	（0.52）	（0.66）	（0.59）	（−0.28）	（−0.30）	（−0.08）	（−0.08）
Round3	0.113	0.049	0.132	0.071	0.223	0.238	0.167	0.167
	（0.64）	（0.29）	（0.75）	（0.41）	（0.81）	（0.85）	（0.60）	（0.59）
Round4	0.181	0.085	0.116	0.024	−0.155	−0.155	−0.185	−0.185
	（0.65）	（0.31）	（0.41）	（0.09）	（−0.53）	（−0.53）	（−0.62）	（−0.62）
Constant	7.529***	5.776***	7.910***	6.224***	3.836**	3.855**	3.906**	3.906**
	（4.27）	（3.23）	（4.47）	（3.46）	（2.39）	（2.40）	（2.39）	（2.38）
Observations	239	239	239	239	237	237	237	237
R-squared	0.345	0.384	0.424	0.455	0.452	0.452	0.519	0.519
Year fixed effect	Yes	Yes	Yes	Yes	Yes	Yes	Yes	Yes
Industry fixed effect	Yes	Yes	Yes	Yes	Yes	Yes	Yes	Yes

注：*、**、*** 分别代表 10%、5%、1% 时的水平显著。

四、财务造假

这一部分将探讨为什么企业 IPO 长期业绩只能随着上市前资产增长上升到一个饱和点，过度的增长反而会引起业绩反转？目前的文献（Kao、Wu 和 Yang，2009；Aharony、Lin 和 Loeb，1993）发现，从事盈余管理（用超额应计利润测度）或者财务造假的企业 IPO 业绩长期表现弱势。因此，本书将检查风险投资背景的企业上市前激进的资产增长是不是盈余管理造成的，这可能是企业业绩出现反转的原因。

事实上，风险投资机构有巨大的动力帮助企业公司成功上市，用以赢得声誉或筹集未来的资金（Gompers，1996；Hsu，2013），并在成功退出时获得高额收益（Wan，2013）。然而，企业能否上市成功依赖较高的财务标准，其中包括上市前较快的资产增长率。来自监管的压力和高标准的财务要求可能促使企业进行盈余管理，甚至财务造假（Szwajkowski，1985；Chen等，2016），进而导致企业长期的表现弱势（Teoh、Welch 和 Wong，1998；Ducharme、Malatesta 和 Sefcik，2001）。本书上市前增长率和财务造假之间的关系结果如表 3-14 所示。

表 3-14　企业财务造假

	Panel A：Matched sample	Panel B：VC-backed IPOs	
	（1）	（2）	（3）
VC dummy	−0.208		
	（−0.36）		
Ln（1+Growth）× VC	−1.029		
	（−1.40）		
Ln（1+Growth）	0.870	0.601	−4.296**
	（1.05）	（0.69）	（−2.10）
Ln（1+Growth）sq			2.270***
			（2.77）
Ln（Age at IPO）	−0.360**	−0.205	−0.126
	（−2.08）	（−0.59）	（−0.37）
Size	0.129	−0.020	0.040
	（0.59）	（−0.04）	（0.07）
ROA	−23.550***	−29.951*	−27.611*
	（−2.70）	（−1.94）	（−1.73）
Leverage	−0.387	−0.614	−1.260
	（−0.31）	（−0.29）	（−0.52）
State ownership	−2.531**		−55.012***
	（−2.24）		（−13.93）
VC ownership		1.054	−0.941
		（0.26）	（−0.26）
VC reputation		−0.128	−0.247
		（−0.84）	（−1.37）

续表

	Panel A：Matched sample	Panel B：VC-backed IPOs	
	（1）	（2）	（3）
FVC		−16.274***	−15.593***
		（−13.34）	（−15.10）
Round2		−1.169*	−1.217*
		（−1.81）	（−1.83）
Round3		0.201	0.584
		（0.27）	（0.74）
Round4		−17.599	−16.769***
		（−0.00）	（−14.48）
Constant	0.538	−12.674	−10.417
	（0.11）	（−0.00）	（−0.00）
Observations	936	476	476
R−squared	0.156	0.268	0.310
Year fixed effect	Yes	Yes	Yes
Industry fixed effect	Yes	Yes	Yes

注：*、**、*** 分别代表 10%、5%、1% 时的水平显著。

　　表 3-14 中的因变量为 Fraud，如果企业被中国证监会指控在上市前有财务造假，则记 Fraud 为 1，否则记为 0。表 3-14 的列（1）报告了匹配样本下的回归分析，结果表明上市前增长和财务造假之间并不存在显著的关系。列（2）~（3）检查了风险投资背景的企业上市前增长和财务造假之间的关系。Growth 的二次项系数显著为正，即呈现出一种正 U 形的关系，这个结果说明当企业的增长率大于某个值时，增长越快的企业越有可能涉嫌财务造假。考虑到这个关系只发生在风险投资背景的公司中，由此可以认定是风险投资促使企业财务造假。

　　下一个问题是如何将企业长期业绩的反转归咎于财务造假。目前，本书已得到两个结论：①当增长率高（高于某个饱和点 A）时，上市后的长期业绩表现不好；②当增长率高（高于某个饱和点 B）时，财务造假的概率变高。因此，如果能证明饱和点 A 和饱和点 B 是同一个点，那么就可以将长期业绩的反转归咎于财务造假。然而，回归分析的结果是拟合的，所以准确的点并不能获取。本书将通过图 3-1 说明这两个点是否重合。如图 3-1 所示，长期业绩包括四种：累计异常回报率 CAR（饱和点为 A1），买入持有超额回报率 BHR（饱和点为 A2），CAPM alpha（饱和点为 A3）和 Fama-French alpha（饱和点为 A4）。财务造假的饱和点记为 B。可见，A1、A2、A3、A4 和 B 五个点几乎是在一条垂直线上，说明当增长率大于饱和点时，财务造假与长期业绩的表现负相关。由此可以得出，企业长期业绩的反转确实是由财务造假引起的。

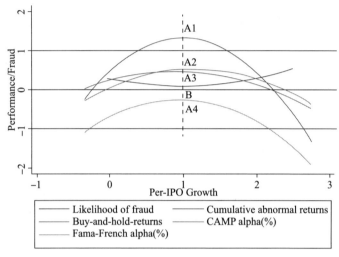

图 3-1　财务造假

结合表 3-14 和图 3-1 的结论可见，风险投资的存在增加了盈余管理的概率，导致风险投资背景的企业在上市前展现出过高的资产增长率。然而，虚假的收益不能持续，这将导致企业在上市后股票表现长期弱势。因此，风险投资背景的企业上市后长期业绩出现反转可能是由于一些投机的风险投资驱使企业进行盈余管理的结果。

第六节　本章小结

本书通过对中国 A 股风险投资背景的上市公司进行分析，检查了上市前增长对 IPO 长期业绩表现的影响。本书发现在匹配样本中，上市前增长对 IPO 长期业绩表现为正向关系，但风险投资减弱了这个关系。当集中于风险投资背景的企业时，本书发现上市前增长和 IPO 长期业绩表现之间呈现一种倒 U 形的关系，即 IPO 业绩会随着上市前资产的增长而增长，但当到达某个饱和点时则会出现业绩反转。究其原因，是一些善于投机的风险投资为了快速退出而迫使企业进行盈余管理的结果。

第四章　风险投资对企业创新能力的影响：基于风险投资国内外背景的比较研究

风险投资，作为初创企业融资的唯一有效途径（Sahlman，1990），对企业技术创新有明显的促进作用。Kortum 和 Lerner（2000）发现，有风险投资支持的企业，产生的专利个数更多而且专利被引用的次数也更多。Helhnann，Puri（2000），Tang，Chyi（2008）认为，风险投资的参与能够刺激被投资企业的技术创新。付雷鸣、万迪昉和张雅慧（2012）以及 Guo 和 Jiang（2013）证实，风险投资可以显著提高企业的研发投入。以中国企业作为样本，张学勇和张叶青（2016）发现，风险投资可以帮助企业提高创新能力。

尽管关于风险投资促进企业创新的研究很多。然而，比较国外风险投资（FVC）和国内风险投资（DVC）对企业创新影响的差异研究尚不多见。国外风险投资提供进入新兴市场的综合知识、国际关系和管理技能（Mäkelä 和 Maula，2005；Fernhaber 和 Mcdougal-Covin，2009）。与此同时，国内风险投资凭借地理位置接近投资企业的优势，对当地市场条件和文化有更好的了解，能够更便捷地获得当地资源（Mäkelä 和 Maula，2006；Pukthuanthong 和 Walker，2007）。可见，两种风险投资对企业的影响各有千秋，优势互补。那么，他们对企业创新的不同影响又如何体现？

本书将探索在创新方面，国外风险投资背景的企业和国内风险投资背景的企业之间是否存在系统性的差异，以及哪种背景的风险投资更有利于孵化企业创新。回答这些问题非常重要，因为确定潜在的机制将帮助企业正确选择能够更好地激励和促进企业创新的风险投资类型。

第一节　理论机制与研究假设

2016 年 5 月，中共中央、国务院印发《国家创新驱动发展战略纲要》，强调科技创新是提高社会生产力和综合国力的战略支撑，必须摆在国家发展全局的核心位置。科技创新是政府、人才、资本、市场共同作用的结果，资本越活跃，创新就越活跃，资本正日益成为驱动创新的关键要素。在国家相关政策的扶持之下，近些年风险投资行业蓬勃发展。据统计数据显示，新募集资金从1999年的6.75亿美元增加到2015年的1042.62亿美元，基金数量从1999年的87只增加到2015年的7665只。随着2019年科创板的正式上线，风险投资也拓宽了助推企业科技创新的渠道。

事实上，风险投资对企业创新的积极作用得到了国内外学者的广泛认可。Helhnann和Puri（2000）研究了风险投资、企业创新和产品市场三者之间的关系，发现风险投资机构的参与显著减少了企业产品从研发到进入市场的时间。Kortum和Lerner（2000）发现，风险投资背景的企业产生的专利更多，专利被引用的次数也更多，同时指出，有风险投资背景的企业比同期企业有更高的投入（R&D研发资金）—产出（专利个数）比。Tang和Chyi（2008）认为，台湾之所以在过去二十年间全要素生产率能够增长，是因为风险投资的参与促进了企业技术创新，从而提高了生产要素转换率。同样，Chemmanur等（2011）发现，由于风险投资的存在，使得企业的全要素生产率比无风险投资背景的企业增长得更快，特别是被声誉较好的风险投资所投资的企业。

在国内，陈思、何文龙和张然（2017）基于A股上市公司，运用DID模型研究了风险投资对企业创新能力的影响，文章发现，风险投资的投入促进了被投资企业的研发创新，具体表现为专利申请数量的显著增长。早在之前，武巧珍（2009），万平和朱江（2009）发现，风险投资可以给科创企业提供各种增值服务，这些服务促进了企业的创新能力。王玉荣等（2009）研究表明，有风险投资支持的企业比无风险投资支持的企业的申请专利数量和R&D支出比高，而且风险投资的股东持股比例高的企业，其技术创新资本也更强。宫宇（2018）指出，联合风险投资支持的企业比单独风险投资支持的企业创新水平更高，民营背景的风险投资比国有背景的风险投资更能促进企业创新。

尽管国内外的文献已经证实风险投资对企业创新具有促进作用，但却没有文献比较国内风险投资和国外风险投资对企业创新的不同影响。现有文献有关国内外风险投资的比较主要体现在以下几个方面：控制和激励机制（Tan等，2008）、投资组合公司的成长性（Devigne等，2017）、公司的长期投资（Bena等，2017）、所有权结构（Douma等，2006）、产品市场策略（Hellmann和Puri，2000）、公司资本结构（Anwar和Sun，2015）、有效监控（Bernstein等，2016）和交易成本（Fritsch和Schilder，2008）等。本书将基于中国企业的数据研究国内外风险投资对企业创新的不同影响。

　　中国的市场非常适合研究这个问题，因为中国作为最大的新兴经济体之一，科创类企业快速发展，吸引着大量来自国外风险资本的投资。与其他新兴经济体一样，中国的企业近些年以爆炸式的速度扩张，具有巨大的市场潜力和光明的前景，为投资者提供了良好的经济回报。这些特征可能会吸引大量来自国外风险资本的投资，特别是考虑到在新兴市场中，国外风险投资对于成长型和高风险的新企业是必不可少的，而国内的风险投资个数又是有限的（Dossani 和 Kenney，2002）。许多中国知名的高科技公司，如百度、阿里巴巴和腾讯，在其种子期或早期就获得了国外风险投资的融资（Ferrary，2010）。此外，风险投资在新兴经济体和发达经济体的运作方式存在很大的差异，比如选择公司（Baum 和 Silverman，2004），监控过程和退出策略等（Bruton 和 Ahlstrom，2003）。当选择公司时，风险投资在发达经济体中依赖财务信息评估方案和投资风险（Mcgrath，1997），而在中国等新兴经济体中主要投资那些地理位置接近的初创企业，这样可以更好地理解地方法规（Bruton 和 Ahlstrom，2003）。在监控过程中，发达经济体中的风险投资者通过风险资本在董事会中的成员身份来监控他们的投资（Fried，Bruton 和 Hisrich，1998），而在新兴经济体，他们通过投资协议中大量的保护条款来监控投资（Bruton 和 Ahlstrom，2003）。

　　许多中国知名的高科技公司，如百度、阿里巴巴和腾讯，在其种子期或早期就获得了国外风险投资的融资（Ferrary，2010）。此外，风险投资在新兴经济体和发达经济体的运作方式存在很大的差异，比如选择公司（Baum 和 Silverman，2004），监控过程和退出策略等（Bruton 和 Ahlstrom，2003）。当选择公司时，风险投资在发达经济体中依赖财务信息评估方案和投资风险（Mcgrath，1997），而在中国等新兴经济体中主要投资那些地理位置接近的初创企业，这样可以更好地理解地方法规（Bruton 和 Ahlstrom，2003）。在监控过程中，发达经济体中的风险投资者通过风险资本在董事会中的成员身份来监控他们的投资（Fried、Bruton 和 Hisrich，1998），而在新兴经济体，他们通过投资协议中大量的保护条款来监控投资（Bruton 和 Ahlstrom，2003）。

　　一直以来，风险投资行业都是一个本地行业（Cumming 和 Dai，2010），凭借地理位置上接近投资目标的优势，能够很好地定位和评估投资目标（Sorenson 和 Stuart，2001），并及时有效地提供投资后监测和增值服务（Mäkelä 和 Maula，2006；Sapienza、Manigart 和 Vermeir，1996），例如参与公司治理、提供人力资源和当地社会关系。然而，在过去20多年中，全球风险投资的国际间流动出现了强劲增长（Meuleman 和 Wright，2011）。因此，在日趋成熟的行业竞争加剧的推动下，风险投资机构更加迫切地寻求本土以外的投资机会。

在以往的研究中，学者们主要关注宏观或行业层面上的风险投资国际化进程的驱动因素（Guler 和 Guillen，2010；Madhavan 和 Iriyama，2009），以及风险投资为克服距离因素和外来文化因素而采用的策略（Fritsch 和 Schilder，2008；Guler 和 Guillen，2010；Lu 和 Hwang，2010）。尽管人们对风险资本国际化进程越来越感兴趣，但关于跨境风险投资者对投资组合公司成长和创新影响的研究却很少。从接受风险投资的中国企业的角度，跨境风险投资者即国外风险投资者，本书将其定义为总部位于海外或者资本来自海外的风险投资机构。

事实上，国外风险投资和国内风险投资因其各自的优势，使得对企业创新展现出不同的影响。国外风险投资可能在促进企业创新方面是优于国内风险投资的。

第一，国外风险投资可以提供他们自己所在国家的资源，这对只从国内风险投资者那里融资的公司来说，通常是不可能的。例如，国外风险投资者能够向他们的投资组合公司提供有关外国法律和商业问题的知识及信息（Mäkelä 和 Maula，2005）。这些不同技能和国际视野的国外风险投资可以为国内企业提供有用的资源，以抓住新的机遇，促进创新活动。

第二，国外风险投资者可以提供进入国际网络的途径，使国内公司能够与相关的外国供应商、客户、金融家、主要高管和其他潜在的利益相关者联系（Mäkelä 和 Maula，2005；Sapienza、Manigart 和 Vermeir，1996）。外国市场的网络也可能提高投资组合公司发现新机会的能力，预计将进一步促进公司的增长（Mäkelä 和 Maula，2005）。这些跨境活动可以促进知识溢出（Branstetter，2006；Tu，Tan 和 Zhao，2012），进一步促进国内企业的创新（Guadalupe、Kuzmina 和 Thomas，2012）。

第三，国外风险投资比国内风险投资在激励机制上表现较好。Tan、Zhang 和 Xia（2008）发现，与国内风险投资相比，国外风险投资在监管方面的积极性更高，保留否决权的可能性更高，向目标公司和全体员工引入股票期权的可能性也更高。给予关键技术人员股票期权，可以让企业吸引更多的研发人才支持创新。

综上所述，这三个优势可以使国外风险投资在促进创新方面比国内风险投资更有效。因此，本书提出以下假设：

假设 1：在企业创新能力方面，国外风险投资比国内风险投资表现更好。

与国内风险投资相比，国外风险投资对企业创新也有负面影响。

第一，对于国外风险投资来说，地理距离造成了信息劣势，使得更难以密切地监控企业（Dai、Jo 和 Kassicieh，2012）。相比之下，国内风险投资由于地理邻近的优势，可以更容易地评估和监控它们（Sorenson 和 Stuart，2001），并进一步提供后续服务来增加价值（Mäkelä 和 Maula，2006；Sapienza、Manigart 和 Vermeir，1996）。

第二，交易成本是监控被融资公司所必需的（Sorensen 和 Stuart，2001），地理距离会影响交易成本。由于一项相对高的交易成本的远距离投资对投资者产生的回报要比一项在空间上接近的投资要少，因此监测和监督投资组合公司的预期成本可能会对投资决策产生影响。Fritsch 和 Schilder（2008）发现，更高的交易成本会导致国外风险投资在投资目标上投入的时间更少。

第三，当企业前景下降时，国外风险投资比国内风险投资更迅速地停止对其投资目标的投资（Mäkelä 和 Maula，2006）。如果企业在关键时期得不到资金，可能被迫推迟甚至停止创新活动。

第四，国外风险投资对文化规范、制度环境、政府干预和公司治理结构的理解不够细致（Pukthuanthong 和 Walker，2007；Barkema 和 Vermeulen，1997）。与国内风险投资相比，国外风险投资在创新活动中对投资目标的建议价值较低。

总体而言，地理距离越远，投入的时间越少，停止投资的速度越快，对当地环境的了解越差，这些因素都可能使国外风险投资在培育创新方面不如国内风险投资。因此，本书提出如下假设：

假设 2：在企业创新能力方面，国外风险投资比国内风险投资表现更差。

然而，风险投资支持的企业的创新能力可能源于两个方面：一是企业在接受风险投资之前就有更好的创新能力；二是在风险投资的促进下创新能力才得到提升。前者体现了风险投资的选择作用，即通过对目标公司的多种考察，挑选出更有研发潜力的初创企业，而目标公司的创新能力和技术优势是选择的重要标准之一（Baum 和 Silverman，2004）。后者体现的是风险投资孵化企业的创新能力，作用途径主要是通过"增值服务"功能展开。例如，风险投资可以进入董事会进行监督管理，避免因逆向选择和道德风险而导致创新效率低。同时，风险投资家可以通过参与企业战略决策、技术人员聘用、相关专业化指导，帮助企业将更丰富的资源配置到创新活动中（唐曼萍、彭馨怡和王运陈，2019）。所以，国外（或国内）风险投资背景企业的创新能力比国内（或国外）风险投资背景的企业表现更差，可能是因为筛选作用（选择效应），也可能是因为促进作用（孵化效应）。因此，本书提出如下假设：

假设 3a：国外（或国内）风险投资背景企业的创新能力比国内（或国外）风险投资背景的企业表现更差是因为选择效应。

假设 3b：国外（或国内）风险投资背景企业的创新能力比国内（或国外）风险投资背景的企业表现更差是因为孵化效应。

第二节　研究设计

一、国内外风险投资对创新能力影响的模型

为了考察国外风险投资和国内风险投资对创新产出的影响，本书通过以下模型进行测试。模型中的控制变量是用上市当年来衡量的，包括行业和年度固定效应。具体模型如下：

$$Innovation_i = \alpha_0 + \alpha_1 FVC_i + \alpha_2 FVCratio_i + Controls + \epsilon_i \qquad (4.1)$$

式中，Innovation 表示研发数据，定义为从第一次融资（最大融资）到上市后一年之间的专利个数的自然对数。FVC 和 FVC ratio 是用来衡量国外风险投资的指标。Controls 是影响创新能力的控制变量。

二、选择效益 vs. 孵化效益

本书的研究结果可能用两种不同的原因解释，一种是国外 / 国内风险投资具有较差的培育创新的能力（处理效应），另一种是国外 / 国内风险投资具有较差的选择能力（选择效应），即他们不能够选择出那些具有较强创新潜力的企业。换句话说，国外 / 国内风险投资在培育创新方面的劣势可能是因为国外 / 国内风险投资对基于特定融资模式的企业创新产生了额外的负面影响，或者是因为国外 / 国内风险投资对具有高创新潜力的企业的筛选不够细致。为了区分这两个效应，一个理想的实验是评估创业公司在国外和国内风险投资随机分配下的创新产出，但这样的实验是不可行的。本书使用 PSM 倾向匹配得分法来解决这个问题，它可以将这两种类型公司之间的显著特征的差异最小化，从而在一定程度上分离处理效应和选择效应。

第一步，对总样本执行 Probit 回归，计算每一个公司接受国外风险投资概率是多少，即得分：

$$FVC = \alpha_0 + \alpha_1 Controls_i + \epsilon_i \qquad (4.2)$$

式中，FVC 和 Controls 与 3.2.1 中的变量定义一致。

第二步，根据第一步计算的倾向匹配得分，按照最近邻匹配的方法找出最接近的 n 个（本书选取 $n=1$, 3, 5）国内风险投资背景的企业。

第三步，进行敏感性分析，检查匹配后的两组变量是否还存在显著性差异。

第四步，按照 PSM 匹配后的样本，执行基准回归，检查结果是否仍然成立。

三、地理接近与创新能力

本书探讨什么原因导致国外 / 国内风险投资背景的公司有较低的创新水平。投资者和被投资对象之间的空间距离对创业型企业来说非常重要。地理邻近可以减少投资者和被投资对象之间的信息不对称（Lutz 等，2013；Shane 和 Cable，2002），并通过降低机构的通信和运输成本，增加机构积极监控的动机（Huang 和 Kang，2017）。Mäkelä 和 Maula（2006）认为，地理上接近投资目标的国内风险投资可以更有效地评估投资目标，并提供投资后监测和增值服务。同样，Dai、Jo 和 Kassicieh（2012）研究表明，由于地理距离引起的摩擦，全球风险投资者更有可能投资于信息透明的公司和非技术行业。因此，本书将检验地理距离对不同背景风险投资在研发中的作用。第一，验证是否地理距离的接近有利于研发。第二，如果第一步的结论是肯定的，那么比较国外风险投资（在国内的分支机构）和国内风险投资的地理接近程度。

根据 Mäkelä 和 Maula（2006）将地理距离定义为是否在国外的哑变量，本书将地理邻近定义为是否在同一省份。如果风险投资机构的总部或当地分支机构与其支持的创业公司位于同一省份，则记地理邻近 Geographic proximity 为 1，否则为 0。对于国外风险投资机构，本书只考虑总部或分支机构设在中国的机构。

第三节　样本说明和变量定义

一、数据来源

本书使用的样本是 1992~2015 年的上市公司。数据源于三部分：① CSMAR 数据库，提供上市公司的财务数据；② CVSource 数据库，提供风险投资的特征数据，包括机构总部位置、资本来源、融资时间等；③ 专利的数据，来自国家知识产权局授权的网站 www.baiten.cn 爬虫获取，包括受让人姓名、申请号、申请日期、专利授予日期、专利分类（发明专利、实用新型专利、外观设计专利）。本书将样本限制在 IPO 前接受风险投资融资的上市公司，总共有 778 家风险投资背景的上市公司。

二、创新能力的测度

根据之前的研究（Lu 和 Wang，2018；Jia 和 Tian，2018），本书使用专利数量衡量企业的创新能力。本书通过数据挖掘从国家知识产权局认证的机构网站 www.baiten.cn 获取专利信息。

创新能力指标的定义是，从第一轮 / 最大轮融资的年份到上市后一年之间的专利总数除以这段时间内的年份，然后取对数。本书使用专利申请而不是研发支出或授权专利来衡量创新，原因有三。首先，许多上市公司的财务报告中没有包含研发支出，这并不一定意味着公司没有参与创新活动。其次，并非所有的研发支出都会导致专利申请，因为只有成功且重要的创新才能获得专利授权。最后，由于专利申请和专利授予之间存在滞后期，所以专利申请年在捕捉创新的实际时间方面要优于授予年。

本书还构建了两个替代变量，即由研发人员所衡量的专利数量 Ln（Patents/personnel）和由研发支出所衡量的专利数量 Ln（Patents/expenditure）。虽然研发人员和研发支出不能用来衡量创新产出，但它们是专利在创新过程投入的重要组成部分（Baum 和 Silverman，2004），并且可以用来检查上市公司的平均创新产出。本书手工从公司年报中收集上市当年的研发人员和研发支出数据。Patents/personnel，被定义为 IPO 后第一轮 / 最大轮融资年度至 IPO 后一年的专利总数除以此期间的年份和 IPO 当年研发人员的数量。Ln（Patents/personnel）是 1 加上 Patents/personnel 的自然对数。另一项衡量创新效率的指标——Patents/expenditure，被定义为从第一轮 / 最大轮融资年度到 IPO 后一年的专利总数除以此期间的年数和 IPO 当年的研发支出。Ln（Patents/expenditure）是 1 加上 Patents/expenditure 的自然对数。

本书选择"IPO 后一年"作为计量期末，考虑到《中华人民共和国公司法》，规定在 IPO 前持有股份的投资者在 IPO 后有一年的锁定期。在锁定期，禁止出售股票，这意味着风险投资家在锁定期结束之前不能出售股票（Liao、Liu 和 Wang，2011）。因此，风险资本对创新的影响从融资年持续到 IPO 后一年。为了解决分布的正确偏度，避免零专利观测值的丢失，本书对第 99 百分位的变量进行了删失处理，并在取自然对数时将专利个数加 1。

三、风险投资背景的识别

本书将样本中的风险投资划分为国外风险投资和国内风险投资。如果一个风险投资机构的总部位于海外或者他的资本来自海外，那么将此风险投资定义为国外风险投资，否则被定义为国内风险投资。本书使用了两个指标衡量国外风险投资的参与程度：FVC 和 FVC_ratio。如果第一轮融资（或所有轮融资）中总投资额度最大的风险投资机构为国外风险投资，则定义 FVC 为 1，如果是国内风险投资则定义 FVC 为 0。FVC_ratio 是一家公司从第一轮（或最大一轮）融资到 IPO 所获得的国外风险投资数量与所有风险投资数量之比。

四、控制变量的定义

VC reputation 用来衡量风险投资的声誉，等于在第一轮融资（或所有轮融资）中投资额度最大的风险投资从成立到投资企业 *IPO* 之间的年份，然后取自然对数；*SOE* 用以衡量企业的国有背景，如果企业的控制股东是国有资产管理局或是由中央政府或地方政府控制的国有企业则取 1，否则取 0；R&D in total assets（R&D 支出 / 总资产）用来衡量企业的研发支出；Location 用来衡量企业的位置信息，如果企业位于北京、上海、广东、浙江和江苏等风险投资机构集中的省份，则取 1，否则取 0；Size（Ln（总资产））是企业规模，用来控制企业扩大投资的动机；ROA（净利润 / 总资产）用来衡量企业的盈利能力；PPE in total assets（固定资产 / 总资产）用来衡量企业的固定资产；Leverage（总负债 / 总资产）用来衡量企业的偿债能力和财务风险；CE in total assets（资本支出 / 总资产）用来衡量企业的资本支出；Ln（Age at IPO）用来衡量企业的年龄，等于公司成立到 IPO 之间年份的自然对数；Tobin's q 用来控制企业的投资机会。具体定义如表 4-1 所示。

表 4-1　变量定义

变量类型	变量符号	变量定义
被解释变量（数据来源：中国专利局）	Patents/years	等于从第一轮（或最大轮）融资到上市后一年内期间的专利总数 / 这段时间的年数
	Patents/personnel	等于从第一轮（或最大轮）融资到上市后一年内期间的专利总数 / 这段时间的年数 / 上市当年研发人员的个数
	Patents/expenditure	等于从第一轮（或最大轮）融资到上市后一年内期间的专利总数 / 这段时间的年数 / 上市当年研发支出

续表

变量类型	变量符号	变量定义
解释变量 （数据来源： CVSource）	FVC	如果在第一轮（或者所有轮）融资中投资最多的风险投资是国外背景则取 1，否则取 0
	FVC ratio	从第一轮（或最大轮）融资到上市期间一个公司接受的有国外背景的风险投资个数除以所有风险投资的个数的比值
	VC reputation	等于在第一轮（或者所有轮）融资中投资最多的风险投资从成立到被投资公司上市期间年份的自然对数
控制变量 （数据来源： CSMAR）	SOE	如果公司的控制股东是国有资产管理局，或者是由中央政府或地方政府控股的其他国有企业则取 1，否则取 0
	R&D in total assets	等于研发支出 / 总资产
	Location	如果企业位于北京、上海、广东、浙江和江苏这些风险投资机构集中的省份则取 1，否则为 0
	Size	等于总资产的自然对数
	ROA	等于净利润 / 总资产
	PPE in total assets	等于固定资产 / 总资产
	Leverage	等于总负债 / 总资产
	CE in total assets	等于资本性支出 / 总资产
	Ln（Age at IPO）	等于从上市公司成立到上市期间年份的自然对数
	Tobin's q	等于（市值 + 负债的账面价值）/ 资产的账面价值

第四节　描述性统计

表 4-2　研发变量和控制变量的描述性统计

Panel A：研发产出 – 第一轮融资						
	Obs.	Min	Median	Mean	Max	StdDev
Patents/years						
Full sample	778	0	4.558	11.416	113.300	19.192
FVC-backed	68	0	1.000	7.455	47.500	12.533
DVC-backed	710	0	4.708	11.796	113.300	19.677

续表

Panel A：研发产出 – 第一轮融资						
Patents/personnel						
Full sample	703	0	0.034	0.088	2.320	0.172
FVC-backed	57	0	0.009	0.040	0.339	0.067
DVC-backed	646	0	0.036	0.092	2.320	0.177
Patents/expenditure						
Full sample	641	0	0.104	0.300	14.612	1.060
FVC-backed	47	0	0.070	0.295	5.824	0.894
DVC-backed	594	0	0.109	0.300	14.612	1.073
Panel B：研发产出 – 最大轮融资						
	Obs.	Min	Median	Mean	Max	StdDev
Patents/years						
Full sample	778	0	4.667	12.020	113.300	20.191
FVC-backed	70	0	0.623	6.205	47.500	10.718
DVC-backed	708	0	5.000	12.595	113.300	20.812
Patents/personnel						
Full sample	703	0	0.035	0.094	2.320	0.184
FVC-backed	58	0	0.006	0.035	0.339	0.065
DVC-backed	645	0	0.037	0.099	2.320	0.190
Patents/expenditure						
Full sample	641	0	0.104	0.294	14.612	1.057
FVC-backed	46	0	0.051	0.277	5.824	0.902
DVC-backed	595	0	0.109	0.295	14.612	1.068
Panel C：控制变量						
	Obs.	Min	Median	Mean	Max	StdDev
VC reputation（first）	778	0	1.946	2.016	5.081	0.637
VC reputation（maximal）	778	0	1.946	2.016	5.081	0.638
SOE	778	0	0.000	0.120	1.000	0.325
R&D in total assets	778	0	1.593	1.932	16.047	2.071
Location	778	0	1.000	0.629	1.000	0.484
Size	778	19.261	20.834	20.986	25.734	0.844

续表

Panel C：控制变量					
ROA（%）	778	−2.654	5.999	6.449	21.511	3.088
PPE in total assets（%）	778	0.016	9.516	12.510	93.707	11.422
Leverage（%）	778	0.791	20.762	24.021	96.517	16.417
CE in total assets（%）	778	0.004	3.871	5.489	77.410	5.694
Age at IPO	778	1.000	9.000	9.449	34.000	5.326
Tobin's q	778	0.353	3.047	3.700	29.169	2.812

　　表 4-2 中的 Panel A 和 Panel B 报告了风险投资背景的上市公司创新产出的描述性统计。样本涵盖从第一轮/最大轮融资年到公司上市后一年期间。以第一轮融资为例：一家风险投资背景的上市公司平均每年产生 11.416 项专利。然后本书将上市公司分为由国外风险投资支持的上市公司和由国内风险投资支持的上市公司，发现由国外风险投资支持的上市公司每年产生的专利数更少。具体来说，一家由国外风险投资支持的公司每年平均拥有 7.455 项专利，而一家由国内风险投资支持的公司每年平均产生 11.796 项专利。此外，国外风险投资支持的公司中，一名研发人员平均每年培育 0.040 项专利，而国内风险投资支持的公司每年培育 0.092 项专利。具体到研发支出，国外风险投资支持的公司中每 100 万研发支出每年培育出 0.295 项专利，而国内风险投资支持的公司每年培育出 0.300 项专利。当考虑最大轮融资时，本书得到了相似的结论。

　　表 4-2 中的 Panel C 总结了控制变量的描述性统计。在第一轮融资和最大轮融资中，风险投资声誉的均值都为 2.016。除此之外，一个上市公司拥有国有股份（SOE）为 12%，研发/总资产（R&D in total assets）为 1.932，位置 Location 为 0.629，总规模（Size）为 20.986，ROA 测量了企业的利润率，均值为 6.449%，负债率（Leverage）为 24.021%，固定资产/总资产（PPE in total assets）为 12.510%，资本性支出/总资产（CE in total assets）为 5.489%，上市公司的平均年龄（Age at IPO）为 9.449，Tobin's q 测量了增长机会，均值为 3.700。

第五节　实证研究结果

一、国内外风险投资对企业创新能力的影响

（一）国内外风险投资对企业创新能力的影响

表 4-3　国内外风险投资对企业创新能力的影响

	Panel A：The first round financing		Panel B：The maximal round financing	
	（1）	（2）	（3）	（4）
FVC	−0.429**		−0.516***	
	（−2.31）		（−2.95）	
FVC ratio		−0.597***		−0.684***
		（−2.77）		（−3.37）
VC reputation	−0.077	−0.036	−0.001	0.012
	（−0.96）	（−0.48）	（−0.01）	（0.17）
SOE	−0.195	−0.017	−0.041	−0.033
	（−1.24）	（−0.11）	（−0.27）	（−0.22）
R&D in total assets	0.125***	0.100***	0.109***	0.106***
	（5.05）	（4.06）	（4.38）	（4.26）
Location	0.035	0.061	0.074	0.071
	（0.36）	（0.64）	（0.77）	（0.74）
Size	0.214***	0.307***	0.320***	0.332***
	（2.79）	（4.19）	（4.33）	（4.47）
ROA	4.525**	2.801	2.610	2.471
	（2.37）	（1.53）	（1.41）	（1.34）
PPE in total assets	−0.835*	−0.663	−0.613	−0.618
	（−1.74）	（−1.41）	（−1.29）	（−1.30）
Leverage	−0.425	−0.825**	−0.851**	−0.894**
	（−1.04）	（−2.10）	（−2.14）	（−2.25）
CE in total assets	0.993	0.424	0.409	0.368
	（1.12）	（0.51）	（0.49）	（0.44）

	Panel A：The first round financing		Panel B：The maximal round financing	
	（1）	（2）	（3）	（4）
Ln（age at IPO）	−0.006	−0.059	−0.040	−0.057
	（−0.08）	（−0.83）	（−0.55）	（−0.79）
Tobin's q	−0.097***	−0.042*	−0.040*	−0.038
	（−4.00）	（−1.76）	（−1.66）	（−1.57）
Constant	−3.672*	−6.061***	−6.605***	−6.658***
	（−1.84）	（−3.17）	（−3.40）	（−3.44）
Observations	778	778	778	778
R−squared	0.140	0.298	0.301	0.303
Year fixed effects	Yes	Yes	Yes	Yes
Industry fixed effects	Yes	Yes	Yes	Yes

注：*、**、*** 分别代表 10%、5%、1% 时的水平显著。

表 4-3 的列（1）~（2）展示了从第一轮融资到 IPO 后一年期间企业研发产出的回归分析。因变量是从第一轮融资到 IPO 后一年期间专利数量除以这段时间的年数，然后取自然对数。回归结果显示，FVC 和 FVC_ratio 的系数估计均显著为负，表明国外风险投资背景的企业与国内风险投资背景的企业相比创新能力较差。具体而言，根据第（1）列国外风险投资的系数可以看出，从第一轮融资到 IPO 后的一年，国外风险投资背景的企业每年申请的专利比国内风险投资背景的企业少 42.9%。此外，国外风险投资比率 FVC_ratio 的系数表明，每增加一个百分比的国外风险投资，从第一轮融资到 IPO 后一年的专利数量减少 0.6%。

表 4-3 的列（3）~（4）展示了从最大轮融资到 IPO 后一年期间企业研发产出的回归分析。因变量是从最大轮融资到 IPO 后一年的专利数量除以这段时间的年数，然后取自然对数。与模型（1）~（2）的结论一致，国外风险投资背景的企业比国内风险投资背景的企业拥有更少的专利。在表 4-3 中，本书还控制了一组可能影响企业创新产出的特性。研究结果发现，具有较高研发支出（R&D in total assets）、较大规模（Size）、较高盈利能力（ROA）和较低负债率（Leverage）的企业更具创新性，而风险投资声誉（VC reputation）、国有背景（SOE）、位置（Location）、企业的固定资产（PPE in total assets）和资本支出（CE in total assets）对创新产出没有显著影响。

（二）国内外风险投资对企业不同创新分类的影响

为了进一步探讨国外风险投资和国内风险投资在企业创新方面的潜在差异，本书将研究不同专利分类下国内外风险投资的表现。中国授予专利三种分类：发明专利、实用新型专利和外观设计专利。发明专利授予那些与生产或过程有关的新技术解决方案。实用新型专利授予那些与产品形状、结构有关的技术解决方案。外观设计专利授予与形状、图案或颜色相关的新的美学设计，即使产品具有可识别性的外观。

表4-4的Panel A、Panel B、Panel C分别展示了第一轮融资时国内外风险投资对发明专利、实用新型专利和外观设计专利数量的不同影响。回归分析发现，无论是FVC还是FVC_ratio的系数都在置信水平为1%时，显著为负。这个结果表明，与国内风险投资背景的公司相比，国外风险投资背景的公司在三种专利类别的创新培育能力方面都表现较差。具体来说，以FVC的系数为例，从第一轮融资到IPO之后的一年，国外风险投资背景的企业每年申请的发明专利、实用新型专利和外观设计专利数量比国内风险投资背景的企业少29.7%、29.7%和33.9%。检查控制变量发现，规模（Size）在三种专利分类下都显著为正，而研发支出（R&D in total assets）只对发明专利和实用新型专利有显著的正向影响，但对外观设计专利却并无影响。同时，负债率（Leverage）只对发明专利有显著的负向影响，但却对实用新型专利和外观设计专利无影响。与此相反，盈利能力（ROA）只对发明专利无显著影响，但却对实用新型专利和外观设计专利有显著的正向影响。

表4-4　国内外风险投资对企业不同研发分类的影响：第一轮融资

	Panel A: Invention patents		Panel B: Utility model patents		Panel C: Design patents	
	（1）	（2）	（3）	（4）	（5）	（6）
FVC	−0.297**		−0.297**		−0.339***	
	（−2.22）		（−2.05）		（−2.71）	
FVC ratio		−0.392**		−0.492**		−0.490***
		（−2.32）		（−2.50）		（−3.20）
VC reputation	−0.058	−0.070	0.017	−0.045	0.006	0.014
	（−1.00）	（−1.19）	（0.28）	（−0.65）	（0.11）	（0.26）
SOE	−0.077	−0.028	0.032	−0.137	−0.050	−0.049
	（−0.69）	（−0.24）	（0.27）	（−1.01）	（−0.48）	（−0.47）

续表

	Panel A: Invention patents		Panel B: Utility model patents		Panel C: Design patents	
	（1）	（2）	（3）	（4）	（5）	（6）
R&D in total assets	0.138***	0.128***	0.043**	0.052**	0.018	0.016
	（7.84）	（6.95）	（2.11）	（2.43）	（1.04）	（0.94）
Location	0.012	0.006	0.027	0.020	0.037	0.034
	（0.16）	（0.08）	（0.34）	（0.24）	（0.55）	（0.51）
Size	0.196***	0.190***	0.217***	0.147**	0.139***	0.149***
	（4.02）	（3.33）	（3.61）	（2.21）	（2.69）	（2.86）
ROA	0.944	1.085	2.934*	4.352***	2.443*	2.360*
	（0.75）	（0.77）	（1.94）	（2.64）	（1.88）	（1.82）
PPE in total assets	−0.154	−0.482	−0.424	−0.696*	−0.301	−0.297
	（−0.46）	（−1.36）	（−1.09）	（−1.68）	（−0.90）	（−0.89）
Leverage	−0.443*	−0.583*	−0.328	0.204	−0.109	−0.126
	（−1.76）	（−1.92）	（−1.01）	（0.58）	（−0.39）	（−0.45）
CE in total assets	0.260	0.574	0.560	0.880	−0.131	−0.148
	（0.40）	（0.87）	（0.82）	（1.14）	（−0.22）	（−0.25）
Ln（age at IPO）	0.048	−0.027	−0.023	−0.011	0.004	−0.002
	（1.00）	（−0.49）	（−0.40）	（−0.17）	（0.07）	（−0.04）
Tobin's q	−0.013	−0.035*	−0.056***	−0.102***	−0.024	−0.022
	（−0.94）	（−1.95）	（−2.87）	（−4.87）	（−1.41）	（−1.32）
Constant	−3.184***	−2.951**	−5.294***	−2.668	−3.139**	−3.187**
	（−3.16）	（−2.00）	（−3.35）	（−1.55）	（−2.31）	（−2.35）
Observations	778	778	778	778	778	778
R−squared	0.101	0.144	0.342	0.114	0.185	0.188
Year fixed effects	Yes	Yes	Yes	Yes	Yes	Yes
Industry fixed effects	Yes	Yes	Yes	Yes	Yes	Yes

注：*、**、*** 分别代表10%、5%、1% 时的水平显著。

同样，表 4–5 的 Panel A、Panel B、Panel C 分别展示了最大融资轮水平下国内外风险投资对发明专利、实用新型专利和外观设计专利数量的不同影响。与表 4–4 的结论一致，表 4–5 的实证结果表明，无论是发明专利、实用新型专利还是外观设计专利，国外风险投资背景的企业比国内风险投资背景的企业专利数量都显著较少，其中，发明专利、实用新型专利和外观设计专利数量分别少 32%、39.3% 和 48.6%。控制变量方面，规模（Size）在三种专利分类下都显著为正，负债率（Leverage）仅影响发明专利，盈利能力（ROA）只影响实用新型专利和外观设计专利。其余控制变量对三种专利分类无显著影响。

表 4–5 国内外风险投资对企业不同研发分类的影响：最大轮融资

	Panel A: Invention patents		Panel B: Utility model patents		Panel C: Design patents	
	（1）	（2）	（3）	（4）	（5）	（6）
FVC	−0.320**		−0.393***		−0.486***	
	（−2.31）		（−2.71）		（−3.88）	
FVC ratio		−0.383**		−0.453***		−0.527***
		（−2.44）		（−2.69）		（−3.62）
VC reputation	−0.044	−0.027	0.046	0.048	0.034	0.034
	（−0.74）	（−0.47）	（0.74）	（0.78）	（0.64）	（0.63）
SOE	−0.040	0.030	0.004	0.016	−0.084	−0.066
	（−0.34）	（0.26）	（0.03）	（0.13）	（−0.78）	（−0.62）
R&D in total assets	0.136***	0.104***	0.048**	0.046**	0.021	0.019
	（7.26）	（5.42）	（2.35）	（2.24）	（1.21）	（1.06）
Location	0.018	0.062	0.023	0.021	0.038	0.036
	（0.25）	（0.84）	（0.29）	（0.26）	（0.55）	（0.52）
Size	0.200***	0.272***	0.237***	0.240***	0.158***	0.159***
	（3.44）	（4.74）	（3.87）	（3.90）	（3.00）	（3.00）
ROA	0.886	0.345	2.879*	2.775*	2.457*	2.329*
	（0.61）	（0.24）	（1.88）	（1.81）	（1.86）	（1.76）
PPE in total assets	−0.434	−0.412	−0.397	−0.401	−0.281	−0.286
	（−1.20）	（−1.12）	（−1.01）	（−1.02）	（−0.83）	（−0.84）

	Panel A：Invention patents		Panel B：Utility model patents		Panel C：Design patents	
	（1）	（2）	（3）	（4）	（5）	（6）
Leverage	−0.601*	−0.831***	−0.359	−0.391	−0.082	−0.121
	（−1.94）	（−2.71）	（−1.09）	（−1.19）	（−0.29）	（−0.43）
CE in total assets	0.596	0.328	0.535	0.522	−0.208	−0.214
	（0.88）	（0.50）	（0.77）	（0.75）	（−0.35）	（−0.36）
Ln（age at IPO）	−0.010	−0.062	−0.013	−0.024	0.010	−0.003
	（−0.17）	（−1.11）	（−0.22）	（−0.41）	（0.20）	（−0.05）
Tobin's q	−0.033*	−0.010	−0.055***	−0.054***	−0.024	−0.022
	（−1.81）	（−0.56）	（−2.78）	（−2.70）	（−1.38）	（−1.28）
Constant	−3.354**	−4.887***	−5.739***	−5.705***	−3.537**	−3.459**
	（−2.22）	（−3.27）	（−3.58）	（−3.56）	（−2.55）	（−2.50）
Observations	778	778	778	778	778	778
R−squared	0.144	0.256	0.345	0.345	0.195	0.193
Year fixed effects	Yes	Yes	Yes	Yes	Yes	Yes
Industry fixed effects	Yes	Yes	Yes	Yes	Yes	Yes

注：*、**、*** 分别代表 10%、5%、1% 时的水平显著。

结合表 4-3、表 4-4 和表 4-5 的结论说明，无论企业的创新能力用专利总数衡量，还是用不同专利分类衡量，都发现国外风险投资背景企业的创新能力比国内风险投资背景企业表现较差。

二、选择效应 vs. 孵化效应

上述分析发现，国外风险投资背景的公司比国内风险投资背景的公司的创新能力较差，这可能来自两种不同的原因。第一，与国内风险投资相比，国外风险投资确实在孵化企业创新方面的能力较差，可能没有给予足够的增值服务（孵化效应）。第二，在投资前筛选阶段，国外风险投资由于对国内企业的了解较少（Dai、Jo 和 Kassicieh，2012），不能挑选出更有研发潜力的企业（选择效应）。分离这两种效应，一个理想的实验是评估企业在国外风险投资和国内风险投资随机分配下的企业研发产出，但这样的实验在实际中是行不通的。本书将使用倾向得分匹配法（PSM）分离两种效应。倾向得分匹配法可以最小化这两种背景公司的特征变量的差异，从而在一定程度上分离选择效应和处理效应（即孵化效应）。

在倾向得分匹配分析中，处理组和对照组是根据企业不同特征计算出的相似倾向得分而构建的。为了计算倾向得分，本书在分析中控制了可能影响企业创新的多种因素。

首先，本书控制国有背景 SOE 来解决一个内生问题。根据 Linton（2008）的研究，国有企业（SOEs）拥有获得资本的特权，这可能导致国内风险投资优先获得与之有紧密联系的公司，进而导致专利数量的增加。

其次，本书通过控制位置 Location 排除风险投资的本地效应。据本书统计，大约 86% 的风险投资机构集中在中国的 5 个省份，包括北京、上海、广东、浙江和江苏。由于地理位置的优势，这 5 个省份的企业可能比其他省份的企业更容易获得风险投资。

再次，本书将 R&D 支出（R&D in total assets）包括在内，以控制选择标准，由于不确定性，国外风险投资可能会选择投资于 R&D 支出较少的企业。

最后，本书控制其他变量，包括公司规模（size）、盈利能力（ROA）、资本支出（CE in total assets）、负债水平（Leverage）、固定资产（PPE in total assets）、公司年龄（Ln（age at IPO））、增长机会（Tobin's q）。本书还将控制年度和行业的固定效应。

本书将国外风险投资背景的公司作为处理组，将国内风险投资背景的公司认定为对照组，倾向得分匹配方法使用 Probit 模型计算，即因变量为哑变量，本书将处理组记为 1，将对照组记为 0。如果以第一轮融资衡量，该 Probit 模型包含不缺失的 742 家公司；如果以最大轮融资衡量，该模型包含 762 家公司。

（一）倾向得分匹配前后的公司特征检验

第一轮融资水平下，倾向得分匹配前后的公司特征检验结果如表 4-6 所示。第（1）列展示了倾向得分匹配前的 Probit 回归。本书记国外风险投资背景的公司为 1（处理组），记国内风险投资背景的公司为 0（对照组）。加入控制变量和年份与行业的固定效应，利用 Probit 回归估计出样本为国外风险投资企业的倾向得分（Propensity score）。回归结果发现 pseudo-r^2 为 17.6%，卡方检验的 p 值小于 0.01，可见选择变量之间存在着显著的差异。利用表 4-6 第（1）列计算的倾向得分，将同一行业和同一上市年份的国内风险投资背景的公司与国外风险投资背景的公司进行最近邻匹配得到 395 个匹配样本。再一次进行 Probit 回归，报告结果如表 4-6 的第（2）列所示。回归分析发现，pseudo-r^2 从 17.6% 下降到 2.9%，卡方检验 p 值为 0.977，表明不能拒绝原假设，说明经过倾向得分匹配程序后，国外风险投资背景的公司与国内风险投资背景的公司之间企业特征无显著差异。

表 4-6 倾向得分匹配前后的公司特征检验：第一轮融资

	Panel A：probit regression		Panel B：Comparing sample characteristics for the first round financing				
			Prematch			Postmatch	
	Prematch	Postmatch	FVC-backed	DVC-backed	t-value	DVC-backed	t-value
	（1）	（2）	（3）	（4）	（5）	（6）	（7）
SOE	−1.264***	−0.721	0.088	0.123	0.83	0.085	−0.16
	（−3.54）	（−1.04）					
R&D in total assets	0.019	0.083	1.468	1.977	1.94*	1.514	0.01
	（0.48）	（1.09）					
Location	−0.069	−0.135	0.618	0.630	0.19	0.630	0.37
	（−0.46）	（−0.43）					
Size	0.596***	0.081	21.714	20.917	−7.72***	21.707	−0.07
	（5.21）	（0.43）					
ROA	3.054	−0.223	0.066	0.064	−0.48	0.066	0.18
	（1.05）	（−0.04）					
PPE in total assets	0.598	0.931	0.141	0.124	−1.21	0.119	−1.40
	（0.75）	（0.61）					
Leverage	0.292	0.385	0.304	0.234	−3.39***	0.284	−0.86
	（0.47）	（0.32）					
CE in total assets	−2.614	3.137	0.048	0.056	1.03	0.043	−0.84
	（−1.43）	（0.77）					
Ln（age at IPO）	−0.043	−0.030	1.882	2.044	1.73*	1.982	0.78
	（−0.37）	（−0.12）					
Tobin's q	0.014	−0.026	3.231	3.745	1.44	3.580	0.91
	（0.34）	（−0.30）					
Year fixed effects	Yes	Yes					
Industry fixed effects	Yes	Yes					

续表

	Panel A: probit regression		Panel B: Comparing sample characteristics for the first round financing				
			Prematch			Postmatch	
	Prematch	Postmatch	FVC-backed	DVC-backed	t-value	DVC-backed	t-value
	（1）	（2）	（3）	（4）	（5）	（6）	（7）
Observations	742	395					
Pseudo R-squared	0.176	0.029					
p-value for Chi-square	<0.001	0.977					

注：*、**、***分别代表10%、5%、1%时的水平显著。

　　表4-6的Panel B报告了倾向得分匹配前后国内外风险投资背景公司不同特征的差异。列（3）~（5）展示了倾向得分匹配前公司不同特征的差异，可以明显看出，研发支持（R&D in total assets）、企业规模（Size）、负债率（Leverage）和企业年龄（Ln（age at IPO））在不同背景的风险投资企业之间存在显著差异。列（6）~（7）展示了匹配后公司特征的差异，所有t值都不显著，说明在倾向得分匹配后，国内外风险投资背景公司的特征变量间无显著差异。

　　同样地，本书也检查了倾向得分匹配前后国内外风险投资背景公司的不同特征的差异，报告结果如表4-7所示。与表4-6的结论一致，发现在倾向得分匹配PSM后，国外风险投资背景的公司与国内风险投资背景的公司特征之间无显著差异。至此，本书得到了两组企业特征非常相似的实验组，即处理组和对照组。下一步将检查处理组和对照组的创新能力，如果两组之间存在显著差异，说明并不是因为国外风险投资不能选择出更有创新潜力的企业（选择效应），而是因为没有更好的孵化创新的能力（孵化效应）。

（二）倾向得分匹配后的创新能力检验

　　倾向得分匹配后国外风险投资背景的公司与国内风险投资背景的公司之间研发水平的差异如表4-8所示。第一列是近邻匹配的不同水平（本书选择1∶1，1∶3，1∶5），第二列是国外风险投资背景的公司的专利均值，第三列是PSM匹配后的国内风险投资背景的公司的专利均值，第四列是t值。Panel A和Panel B分别展示了第一轮融资水平和最大轮融资水平下国内外风险投资背景企业研发能力的差异。从表4-8可以看出，在1%的置信水平下，在不同的近邻水平下，t值都是显著为正的。这个结论说明，国内风险投资背景的公司的专利个数显著大于国外风险投资背景的公司的专利个数，也即说明国外风险投资孵化企业创新的能力更低。

表 4-7 倾向得分匹配前后的公司特征检验：最大轮融资

	Panel A：probit regression		Panel B：Comparing sample characteristics for the maximal round financing				
	Prematch	Postmatch		Prematch		Postmatch	
			FVC- backed	DVC- backed	t-value	DVC- backed	t-value
	（1）	（2）	（3）	（4）	（5）	（6）	（7）
SOE	−2.616***	−0.602	0.086	0.123	0.91	0.091	0.08
	（−3.68）	（−0.83）					
R&D in total assets	0.035	−0.002	1.410	1.984	2.22**	1.543	0.32
	（0.44）	（−0.03）					
Location	−0.168	0.278	0.614	0.630	0.26	0.559	−0.67
	（−0.57）	（0.92）					
Size	1.169***	−0.040	21.686	20.917	−7.52***	21.727	0.24
	（5.26）	（−0.21）					
ROA	3.634	3.788	0.066	0.064	−0.38	0.063	−0.38
	（0.67）	（0.81）					
PPE in total assets	1.359	1.402	0.142	0.123	−1.31	0.124	−1.18
	（0.89）	（0.95）					
Leverage	1.160	0.794	0.313	0.233	−3.91***	0.299	−0.59
	（0.98）	（0.71）					
CE in total assets	−5.607	−1.922	0.048	0.056	1.03	0.043	−1.1
	（−1.52）	（−0.48）					
Ln（age at IPO）	0.075	0.051	1.899	2.043	1.56	1.989	0.67
	（0.32）	（0.21）					
Tobin's q	0.072	0.008	3.365	3.733	1.05	3.692	0.76
	（1.01）	（0.12）					
Year fixed effects	Yes	Yes					
Industry fixed effects	Yes	Yes					

续表

	Panel A: probit regression		Panel B: Comparing sample characteristics for the maximal round financing				
	Prematch	Postmatch		Prematch		Postmatch	
			FVC-backed	DVC-backed	t-value	DVC-backed	t-value
	（1）	（2）	（3）	（4）	（5）	（6）	（7）
Observations	762	405					
Pseudo R-squared	0.188	0.022					
p-value for Chi-square	<0.001	0.998					

注：*、**、*** 分别代表10%、5%、1% 时的水平显著。

表 4-8　倾向得分匹配后的企业创新检验

Nearest neighbors	FVC-backed firms	Matched DVC-backed firms	t-value
Panel A：The first round financing			
One	1.246	1.892	2.74***
Three	1.246	1.770	2.60***
Five	1.246	1.725	2.52**
Panel B：The maximal round financing			
One	1.117	1.533	3.85***
Three	1.117	1.533	2.19**
Five	1.117	1.688	2.93***

注：*、**、*** 分别代表10%、5%、1% 时的水平显著。

（三）倾向得分匹配后的回归结果

第一轮融资水平和最大轮融资水平下，用倾向得分匹配后的样本（处理组和对照组），检查国内外风险投资对企业创新能力的不同影响如表4-9和表4-10所示。列（1）～（2）、列（3）～（4）和列（5）～（6）分别选取的最近邻匹配的个数为1、3和5。回归结果表明，FVC 和 FVC_ratio 的系数都显著为负，说明基本结果仍然成立。这一部分分析表明，国外风险投资背景的公司比国内风险投资背景的公司创新能力较弱，是因为孵化效应而不是选择效应。

表 4-9 倾向得分匹配后的基本回归分析：第一轮融资

	Panel A：One nearest neighbor		Panel B：Three nearest neighbor		Panel C：Five nearest neighbor	
	（1）	（2）	（3）	（4）	（5）	（6）
FVC	−0.838***		−0.444**		−0.404**	
	（−2.96）		（−2.18）		（−2.21）	
FVC ratio		−0.984***		−0.822***		−0.722***
		（−2.94）		（−3.27）		（−3.20）
VC reputation	0.202	0.185	0.073	0.131	0.050	0.088
	（1.16）	（1.08）	（0.55）	（1.00）	（0.46）	（0.82）
SOE	−0.146	−0.132	−0.298	−0.282	−0.431	−0.420
	（−0.29）	（−0.26）	（−0.80）	（−0.77）	（−1.41）	（−1.38）
R&D in total assets	0.270***	0.235**	0.100**	0.094**	0.109***	0.107***
	（2.98）	（2.59）	（2.25）	（2.14）	（2.81）	（2.75）
Location	−0.393	−0.421	−0.552***	−0.552***	−0.422**	−0.421***
	（−1.36）	（−1.45）	（−2.69）	（−2.72）	（−2.58）	（−2.59）
Size	0.238	0.282	0.323***	0.346***	0.313***	0.331***
	（1.36）	（1.60）	（2.73）	（2.96）	（3.39）	（3.61）
ROA	4.903	4.646	3.283	2.922	5.206**	5.036**
	（0.97）	（0.92）	（1.10）	（0.99）	（2.11）	（2.05）
PPE in total assets	0.648	0.454	0.460	0.573	−0.305	−0.256
	（0.49）	（0.34）	（0.49）	（0.62）	（−0.41）	（−0.35）
Leverage	−1.489	−1.595	−1.366*	−1.412**	−1.092*	−1.101*
	（−1.50）	（−1.60）	（−1.95）	（−2.04）	（−1.91）	（−1.94）
CE in total assets	1.622	1.915	3.054	3.179	2.031	2.064
	（0.53）	（0.63）	（1.25）	（1.32）	（1.05）	（1.07）
Ln（age at IPO）	0.083	0.067	0.200	0.183	0.142	0.126
	（0.46）	（0.37）	（1.48）	（1.37）	（1.24）	（1.12）
Tobin's q	−0.162*	−0.136	−0.036	−0.027	−0.059	−0.053
	（−1.72）	（−1.43）	（−0.85）	（−0.65）	（−1.65）	（−1.48）
Constant	−3.961	−4.620	−6.760**	−7.029***	−6.692***	−6.880***

续表

	Panel A：One nearest neighbor		Panel B：Three nearest neighbor		Panel C：Five nearest neighbor	
	（1）	（2）	（3）	（4）	（5）	（6）
	（−1.09）	（−1.27）	（−2.56）	（−2.70）	（−3.01）	（−3.12）
Observations	132	132	264	264	396	396
R−squared	0.335	0.334	0.349	0.366	0.345	0.355
Year fixed effects	Yes	Yes	Yes	Yes	Yes	Yes
Industry fixed effects	Yes	Yes	Yes	Yes	Yes	Yes

注：*、**、*** 分别代表10%、5%、1% 时的水平显著。

表 4−10　倾向得分匹配后的基本回归分析：最大轮融资

	Panel A：One nearest neighbor		Panel B：Three nearest neighbor		Panel C：Five nearest neighbor	
	（1）	（2）	（3）	（4）	（5）	（6）
FVC	−0.625**		−0.484**		−0.829***	
	（−2.55）		（−2.49）		（−4.54）	
FVC ratio		−0.747**		−0.524**		−0.976***
		（−2.46）		（−2.22）		（−4.45）
VC reputation	0.262	0.119	0.109	0.106	0.398***	0.404***
	（1.65）	（0.71）	（0.86）	（0.82）	（3.55）	（3.57）
SOE	−1.216*	−1.719***	−0.340	−0.301	−0.008	0.080
	（−1.96）	（−2.64）	（−0.86）	（−0.76）	（−0.03）	（0.26）
R&D in total assets	0.175**	0.183**	0.014	0.007	0.070*	0.062*
	（2.01）	（2.17）	（0.25）	（0.12）	（1.90）	（1.70）
Location	−0.050	−0.049	0.034	0.028	−0.200	−0.214
	（−0.19）	（−0.19）	（0.18）	（0.15）	（−1.29）	（−1.38）
Size	0.126	0.218	0.063	0.068	0.133	0.130
	（0.79）	（1.32）	（0.55）	（0.59）	（1.40）	（1.37）
ROA	4.524	3.286	3.593	3.688	5.807**	5.884**
	（1.13）	（0.76）	（1.33）	（1.36）	（2.43）	（2.46）

续表

	Panel A：One nearest neighbor		Panel B：Three nearest neighbor		Panel C：Five nearest neighbor	
	（1）	（2）	（3）	（4）	（5）	（6）
PPE in total assets	0.567	−0.426	0.544	0.469	−0.355	−0.435
	（0.50）	（−0.37）	（0.63）	（0.54）	（−0.48）	（−0.59）
Leverage	−0.823	−1.397	−0.608	−0.668	−0.746	−0.794
	（−0.80）	（−1.37）	（−0.89）	（−0.98）	（−1.32）	（−1.40）
CE in total assets	−0.907	1.046	−1.100	−0.991	0.668	0.799
	（−0.34）	（0.36）	（−0.50）	（−0.45）	（0.35）	（0.42）
Ln（age at IPO）	−0.203	0.012	0.030	0.020	0.015	0.000
	（−1.06）	（0.07）	（0.24）	（0.16）	（0.14）	（0.00）
Tobin's q	−0.159*	−0.130	−0.061	−0.057	−0.117***	−0.115***
	（−1.97）	（−1.56）	（−1.44）	（−1.35）	（−3.63）	（−3.59）
Constant	−0.069	−3.317	−0.514	−0.527	−2.899	−2.613
	（−0.02）	（−0.97）	（−0.19）	（−0.20）	（−1.23）	（−1.11）
Observations	136	136	272	272	408	408
R−squared	0.448	0.227	0.313	0.309	0.357	0.356
Year fixed effects	Yes	Yes	Yes	Yes	Yes	Yes
Industry fixed effects	Yes	Yes	Yes	Yes	Yes	Yes

注：*、**、*** 分别代表 10%、5%、1% 时的水平显著。

三、稳健性检验

（一）国内外风险投资对制造业企业创新能力的影响

制造业行业的企业在不同背景风险投资下创新能力的差异如表 4-11 所示。本书单独检查制造业是因为制造业是国家的支柱产业，体现了国家创造力和竞争力的水平。在制造业中，创新对企业至关重要，它能够使企业在与同行的竞争力中脱颖而出。同时，制造业公司在所有上市公司中占有很大比重，例如本书样本中制造业公司约占所有风险投资背景的上市公司的 85%。因此，对制造业创新活动的调查是必要的，这也为理论和实践研究提供了重要依据。本书采用申银万国的行业分类（六位行业代码），将样本限制在制造业行业。

表 4-11　稳定性检验：制造业企业创新能力的回归分析

	Panel A：The first round financing		Panel B：The maximal round financing	
	（1）	（2）	（3）	（4）
FVC	−0.501**		−0.582***	
	（−2.37）		（−2.86）	
FVC ratio		−0.848***		−0.902***
		（−3.28）		（−3.77）
VC reputation	−0.089	−0.033	−0.014	0.011
	（−1.02）	（−0.39）	（−0.16）	（0.13）
SOE	0.049	0.112	0.105	0.111
	（0.26）	（0.62）	（0.57）	（0.61）
R&D in total assets	0.087***	0.089***	0.099***	0.095***
	（3.32）	（3.36）	（3.68）	（3.55）
Location	0.103	0.076	0.089	0.084
	（0.97）	（0.72）	（0.83）	（0.78）
Size	0.380***	0.427***	0.421***	0.454***
	（4.23）	（4.80）	（4.71）	（5.06）
ROA	3.344	2.999	2.762	2.506
	（1.51）	（1.37）	（1.24）	（1.13）
PPE in total assets	−0.598	−0.680	−0.621	−0.668
	（−1.00）	（−1.11）	（−1.00）	（−1.08）
Leverage	−0.808*	−1.172**	−1.195***	−1.249***
	（−1.73）	（−2.58）	（−2.59）	（−2.72）
CE in total assets	1.465	1.119	1.195	1.116
	（1.53）	（1.21）	（1.27）	（1.19）
Ln（age at IPO）	−0.102	−0.118	−0.090	−0.117
	（−1.23）	（−1.48）	（−1.12）	（−1.45）
Tobin's q	−0.082***	−0.060**	−0.058*	−0.054*
	（−2.69）	（−1.99）	（−1.89）	（−1.77）

续表

	Panel A：The first round financing		Panel B：The maximal round financing	
	（1）	（2）	（3）	（4）
Constant	−6.719***	−8.068***	−8.362***	−8.713***
	（−3.07）	（−3.78）	（−3.86）	（−4.04）
Observations	628	628	628	628
R−squared	0.159	0.250	0.248	0.256
Year fixed effects	Yes	Yes	Yes	Yes
Industry fixed effects	Yes	Yes	Yes	Yes

注：*、**、*** 分别代表 10%、5%、1% 时的水平显著。

表 4-11 的列（1）~（2）展示了第一轮融资水平下企业研发产出的回归分析。回归结果显示，FVC 和 FVC_ratio 的系数估计均显著为负，表明国外风险投资背景的企业与国内风险投资背景的企业相比创新能力较差。具体而言，从第一轮融资（或最大轮融资）到 IPO 之后的一年，国外风险投资背景的企业每年申请的专利比国内风险投资背景的企业少 50.1%（或 58.2%）。此外，国外风险投资比率 FVC_ratio 的系数表明，每增加一个百分比的国外风险投资，从第一轮融资（或最大轮融资）到 IPO 后一年之间的专利数量减少 0.85%（或 0.90%）。

与上述结论一致，研究结果发现，具有较高研发支出（R&D in total assets）、较大规模（Size）和较低负债率（Leverage）的企业更具创新性，而风险投资声誉（VC reputation）、国有背景（SOE）、位置（Location）、企业的固定资产（PPE in total assets）和资本支出（CE in total assets）对创新产出无显著影响。

（二）备选的创新能力测度

国内和国外风险投资在不同测度下对企业创新能力的差异影响如表 4-12 所示。列（1）~（4）展示了用研发人员衡量的企业创新能力的回归分析。因变量是第一轮（或最大轮）融资到 IPO 一年后之间的专利总数除以在此期间的年份，再除以 IPO 当年的研发人员，加 1 后取自然对数。回归结果发现，在第一轮融资水平下（或最大一轮融资），国外风险投资背景企业的单位研发人员的年化专利数量少于国内风险投资背景企业的 4.1%（或 4.5%）。FVC_ratio 的系数显著为负，反映出国外风险投资额外增加一个百分比，单位研发人员的年化专利数量就会显著减少 0.051%（或 0.053%）。

表 4-12　稳定性检验：备选测度的企业创新能力回归分析

	Panel A: innovation scaled by R&D personnel				Panel B: innovation scaled by R&D expenditure			
	The first round financing		The maximal round financing		The first round financing		The maximal round financing	
	(1)	(2)	(3)	(4)	(5)	(6)	(7)	(8)
FVC	−0.041**		−0.045**		−0.149**		−0.146*	
	(−2.31)		(−2.36)		(−1.98)		(−1.94)	
FVC_ratio		−0.051**		−0.053**		0.007		0.003
		(−2.28)		(−2.38)		(0.08)		(0.03)
VC reputation	−0.001	−0.002	0.004	0.004	0.106***	0.086***	0.104***	0.087***
	(−0.17)	(−0.21)	(0.50)	(0.54)	(3.40)	(2.77)	(3.38)	(2.83)
SOE	−0.027*	−0.025	−0.021	−0.019	−0.043	−0.029	−0.040	−0.025
	(−1.67)	(−1.58)	(−1.24)	(−1.14)	(−0.66)	(−0.44)	(−0.61)	(−0.39)
R&D in total assets	−0.002	−0.003	−0.001	−0.001	−0.030***	−0.030***	−0.029***	−0.029***
	(−1.01)	(−1.12)	(−0.40)	(−0.50)	(−3.09)	(−3.04)	(−3.03)	(−2.99)
Location	−0.009	−0.009	−0.007	−0.007	0.022	0.022	0.020	0.019
	(−0.92)	(−0.96)	(−0.65)	(−0.66)	(0.56)	(0.56)	(0.50)	(0.49)
Size	−0.005	−0.005	−0.000	0.000	−0.005	−0.017	−0.007	−0.018
	(−0.67)	(−0.62)	(−0.03)	(0.03)	(−0.17)	(−0.58)	(−0.24)	(−0.60)
ROA	0.211	0.203	0.151	0.141	−0.240	−0.278	−0.244	−0.259
	(1.14)	(1.10)	(0.76)	(0.71)	(−0.36)	(−0.41)	(−0.36)	(−0.39)
PPE in total assets	−0.056	−0.055	−0.012	−0.012	0.041	0.057	0.023	0.039
	(−1.12)	(−1.10)	(−0.21)	(−0.21)	(0.20)	(0.28)	(0.11)	(0.19)
Leverage	−0.012	−0.015	−0.071	−0.075*	−0.059	−0.069	−0.045	−0.065
	(−0.31)	(−0.37)	(−1.64)	(−1.73)	(−0.40)	(−0.46)	(−0.31)	(−0.44)
CE in total assets	−0.070	−0.067	−0.098	−0.096	−0.084	−0.045	−0.087	−0.043
	(−0.82)	(−0.78)	(−1.08)	(−1.06)	(−0.25)	(−0.13)	(−0.26)	(−0.13)
Ln (age at IPO)	−0.013*	−0.014*	−0.013*	−0.014*	−0.043	−0.039	−0.043	−0.040
	(−1.85)	(−1.91)	(−1.65)	(−1.82)	(−1.62)	(−1.46)	(−1.62)	(−1.49)
Tobin's q	−0.006***	−0.006***	−0.003	−0.003	−0.003	−0.003	−0.003	−0.003
	(−2.75)	(−2.66)	(−1.30)	(−1.23)	(−0.45)	(−0.42)	(−0.44)	(−0.42)

续表

	Panel A: innovation scaled by R&D personnel				Panel B: innovation scaled by R&D expenditure			
	The first round financing		The maximal round financing		The first round financing		The maximal round financing	
	（1）	（2）	（3）	（4）	（5）	（6）	（7）	（8）
Constant	0.216	0.196	0.026	0.005	0.295	0.553	0.338	0.566
	（1.08）	（0.98）	（0.12）	（0.02）	（0.47）	（0.88）	（0.54）	（0.90）
Observations	703	703	703	703	641	641	641	641
R-squared	0.052	0.052	0.140	0.141	0.090	0.085	0.089	0.084
Year fixed effects	Yes	Yes	Yes	Yes	Yes	Yes	Yes	Yes
Industry fixed effects	Yes	Yes	Yes	Yes	Yes	Yes	Yes	Yes

注：*、**、*** 分别代表 10%、5%、1% 时的水平显著。

表 4-12 中列（5）~（8）展示了用研发支出衡量的企业创新能力的回归结果。因变量是第一轮（或最大轮）融资到 IPO 一年后之间的专利总数除以在此期间的年份，再除以 IPO 当年的研发支出，加 1 后取自然对数。在第一轮融资水平下（或最大一轮融资），国外风险投资背景企业的单位研发支出的年化专利数量少于国内风险投资背景企业的 14.9%（或 14.6%）。FVC_ratio 的系数显著为负，同样表明国外风险投资背景企业的单位研发支出的年化专利数量显著低于国内风险投资背景的企业。其他控制变量对企业创新无显著影响。表 4-11 和表 4-12 中的回归分析表明，本书的结论是稳健的，即国外风险投资孵化企业创新的能力低于国内风险投资。

四、机制探索：地理接近与创新能力

本部分将研究国外风险投资在孵化企业创新方面弱于国内风险投资的原因。地理邻近可以减少风险投资和被投资企业之间的信息不对称（Lutz 等，2013；Shane 和 Cable，2002），并通过降低机构的通信和交通成本，增加机构积极监控企业的动力（Huang 和 Kang，2017）。Mäkelä 和 Maula（2006）认为，地理位置接近投资目标的国内风险投资可以更有效地对其进行评估，并提供投资后监测和增值服务。同样，Dai 等（2012）研究表明，由于与地理距离导致的摩擦，国外风险投资更有可能投资那些信息透明的企业和非技术产业。由此可以推断，地理位置接近投资目标的风险投资机构在促进创新方面可能具有更多的优势。因此，本部分将探讨风险投资与投资目标之间的地理邻近是不是造成国外风险投资在孵化企业创新能力方面表现较差的原因。

本部分首先检查地理邻近性是否促进企业创新，然后比较国内外风险投资机构地理邻近程度的差异。借鉴 Mäkelä 和 Maula（2006）将风险投资位于国外定义为一种距离的测度，本书将位于（中国的）同一个省份定义为地理接近。具体来说，如果风险投资机构的总部或当地分支机构与其投资的企业位于同一省份，则认为有地理邻近，记 Geographic proximity 为 1，否则认为无地理邻近，记 Geographic proximity 为 0。对于外国的风险投资机构，本书只考虑总部或分支机构设在中国的机构。

地理邻近对企业创新的影响（以专利总数／年份来衡量）如表 4-13 所示。为了去除选择效应，本书使用倾向得分法 PSM，将有地理邻近和无地理邻近的公司匹配，组成本章节的样本（处理组和对照组）用以检查两组企业的研发水平的差异。表 4-13 中 Panel A 分别报告了在全样本、仅国外风险投资和仅国内风险投资样本下，有地理邻近和无地理邻近的公司研发水平的差异。从 Panel A 可以看出，所有的 t 值都显著为负，地理位置接近风险投资机构的企业的创新产出要优于地理位置不接近风险投资机构的企业。Panel A 的研究结果表明，地理位置的接近确实促进了企业的创新。

Panel B 比较了国外风险投资和国内风险投资与投资目标之间的地理接近程度。具体来说，国外风险投资的地理接近程度指有地理邻近的国外风险投资背景企业占所有国外风险投资背景企业的比值（国外风险投资背景企业的地理邻近 Geographic proximity 的均值），国内风险投资的地理接近程度指有地理邻近的国内风险投资背景企业占所有国内风险投资背景企业的比值（国内风险投资背景企业的地理邻近 Geographic proximity 的均值）。Panel B 中显著的 t 值表明，国外风险投资的地理接近程度确实小于国内风险投资。总之，表 4-13 的证据表明，地理接近可以解释国外风险投资在孵化企业创新方面弱于国内风险投资。

表 4-13　机制探索—地理接近程度

	Panel A：Univariate analysis of innovation with propensity score matched pairs								
	All VC-backed firms			FVC-backed firms			DVC-backed firms		
	Treatment	Control	t-value	Treatment	Control	t-value	Treatment	Control	t-value
First round financing	13.308	10.183	−1.98**	8.223	4.027	−2.09**	13.591	10.295	−1.96*
Maximal round financing	14.280	11.213	−1.75*	8.588	3.802	−2.32**	14.608	11.509	−1.66*

续表

Panel B: Univariate analysis of geographic proximity			
	FVCs	DVCs	t-value
First round financing	36.36%	50.42%	2.01**
Maximal round financing	33.90%	48.80%	2.21**

注：*、**、***分别代表 10%、5%、1% 时的水平显著。

第六节　本章小结

　　本书通过对中国 A 股上市公司的分析，检查了国外风险投资与国内风险投资在培育企业创新方面的差异。研究结果发现，与国内风险投资支持的上市公司相比，国外风险投资支持的上市公司创新能力表现较差。此外，采用倾向得分匹配法来解决内生性问题，得到了稳定性的证据。本书的分析揭示了国外风险投资支持的公司创新能力较差的可能机制：国外风险投资与其支持的上市公司地理位置较远。

第五章 个人投资者关注对风险投资估值的影响：来自百度行业关注度的证据

　　投资者关注，既可以通过基于市场交易客观数据或者管理人员/分析师的情绪来度量，也可以通过基于大数据的网络新闻、搜索引擎、社交网络和网络论坛来度量，近年已经吸引了很多学者对此进行研究。但之前的研究主要集中于二级市场，尤其是股票的资产定价。例如通过市场交易数据预测股票市场（Baker 和 Wurgler，2006），通过 Google 或百度等搜索引擎研究股价走向和股票波动列率（Da、Engelberg 和 Gao，2011；Ying，Kong 和 Luo，2015），通过新浪微博、Facebook 或 Twitter 等社交网络研究股票收益率（Siganos、Vagenas-Nanos 和 Verwijmeren，2014；Leitch 和 Sherif，2017），通过雅虎财经或者股吧的发帖量等网络论坛研究股票收益和波动的变化（杨晓兰，沈翰彬和祝宇，2016；Antweiler 和 Frank，2004）。尽管也有文献研究一级市场 IPO 的定价（Derrien，2005；Alimov 和 Mikkelson，2012；Clarke 等，2016），但现有文献却没有研究投资者关注或情绪在风险投资行业的资产定价。

　　目前的研究关于风险投资行业的定价通常集中于风险投资和企业特征、市场条件。Gompers 和 Lerner（2000）发现，风险投资的价值被市场条件（市场资本的流入）所影响。Hsu（2007）认为，企业创始人的特征（创业经历、学术背景和社会关系等）是风险投资价值的重要决定因素。Cumming 和 Dai（2011）发现，企业估值和风险投资的规模成 U 形关系，并且与有限关注（当风险投资机构同时运营两个以上基金时由于人力资源的缺乏而可能产生关注不够的情况）正相关。然而，投资者情绪或投资者关注反映了股票市场的投资者需求，可以影响风险投资的预期回报，进而影响企业估值。本章利用百度指数搜索量构建的个人投资者关注指标，除了研究市场条件、企业特征和风险投资特征，对于个人投资者关注度如何影响初创企业估值的问题，将从一个全新的角度完善风险投资行业的定价问题。

第一节　理论机制与研究假设

企业的估值对风险投资和初创企业来说至关重要。对风险投资来说，他们最终的盈利与退出时（上市或者并购）获得回报和最初投资金额的差值正相关。对初创企业来说，他们在融资时的估值决定了他们必须放弃多少股权，这将直接影响初创企业的控制结构。尽管重要，但有关风险投资行业企业估值的研究多集中于内生因素，例如风险投资特征和企业特征，缺乏外生因素的研究。本书将采用百度指数构建第三方的影响因素——投资者关注——探讨企业估值问题。

在研究投资者关注对企业估值影响之前，本书先回答三个重要的问题：

一、为什么使用百度指数衡量投资者关注

首先，百度搜索能够更全面地反映行业热度。一个行业的热度可能来自多个方面，如个人投资者、机构投资者、经销商、消费者等。例如，当消费者在百度中大量搜索公司或产品时，这意味着公司的产品拥有大量的用户，这使得风险投资家愿意为该行业的所有相关公司提供更高的估值。如果采用金融机构的研究报告构建投资者关注，则只能片面地反映出机构这一主体的关注。

其次，百度搜索可以更直接地反映行业热度。当人们在百度上搜索某个关键词时，说明是在主动地关注这个话题，而不像新闻媒体等需要读者阅读了新闻才算是真的关注。因此，本书采用百度搜索频率来构建投资者关注指标。

二、为什么关注中国的风险投资市场

首先，中国是最大的新兴经济体之一，新兴经济体和发达经济体的风险投资存在重要差异，包括选择投资的公司（Baum 和 Silverman，2004），监控过程和退出策略（Bruton 和 Ahlstrom，2003）。例如，在选择过程中，风险资本家在发达经济体主要依赖于财务会计信息评估拟投资的目标企业（Mcgrath，1997），而在新兴经济体他们倾向于投资位于附近的企业，以便于了解当地的法规（Bruton 和 Ahlstrom，2003），这可能会导致风险投资家评估和定价企业时存在不同的行为。

其次，中国的风险投资历史仅可追溯到20世纪90年代，与美国的风险投资机构相比，中国的风险投资经验不如发达国家的同行。Wang 和 Wang

（2011）文中也证实，在筹资、投资金额、投资交易数量和投资组合公司业绩方面，国外风险投资要明显优于国内风险投资（这里国内指的是中国）。短暂的历史和投资表现不佳的经历使得他们不够成熟，更容易受到情绪的影响，从而偏离资产的真实价值（Black，1986；Ljungqvist，Nanda 和 Singh，2006）。

最后，中国的风险投资行业发展迅速，吸引了全球投资者的极大兴趣。新募集资金从 1999 年的 6.75 亿美元增加到 2015 年的 1042.62 亿美元，基金数量从 1999 年的 87 只增加到 2015 年的 7665 只（Que 和 Zhang，2020）。此外，中国是世界上最受风险投资青睐的投资目的地之一。2001~2008 年，国外风险投资占中国投资总额的 65% 以上（Guo 和 Jiang，2013）。因此，本书的研究不仅有利于中国的风险投资者，也有利于全球风险投资者。这些特征引起了学者对研究中国风险投资行业企业估值的兴趣。

三、为什么选择投资者关注基于行业而不是基于企业

首先，风险投资家，受限于有限信息处理的能力，面临着从成千上万的初创企业中进行选择的任务。这种有限的能力导致投资者将更多的注意力放在类别层面的因素（如行业、地点或国家），而不是公司层面的因素（Peng 和 Xiong，2006）。此外，行业是资产定价中很重要的组成部分（Cohen、Polk 和 Vuolteenaho，2003；Hou 和 Robinson，2006；Hou，2007）。因此，风险投资家倾向于通过限定特定行业来管理大量的选择，这使得他们不会被大量初创企业的融资请求所淹没（Odean，1999；Ding 等，2017）。

其次，当风险投资家评估和投资初创企业时，他们倾向于投资有经验的行业中的企业（Sahlman，1990；Barry 等，1990；Kaplan 和 Stromberg，2003）。在一个行业的长期经验可以让风险资本家更好地识别良好的投资机会，并知道如何管理和增加这些投资的价值（Gompers 等，2008）。

最后，与上市公司不同，私有公司在很大程度上不受披露要求的约束，因此缺乏可用的数据（Kaplan 和 Schoar，2005），这导致个人投资者很少在百度中搜索公司层面的信息。因此，百度指数并没有为大多数私营企业返回有效的 SVI。缺乏 SVI 数据会导致系统性偏差，无法反映投资者关注与企业估值之间的实际关系。

初创企业，尤其是处于早期的企业，缺乏历史数据，存在很多的不确定性，而且风险投资和企业双方存在严重的信息不对称，所以对初创企业进行估值是一件非常具有挑战性的事情（Festel、Wuermseher 和 Cattaneo，2013）。那么如何对初创企业进行估值呢？经典理论认为，初创企业的估值在很大程

度上是由风险投资家和企业家双方进行商谈决定的（Hsu，2007；Cumming 和 Dai，2011）。Heughebaert 和 Manigart（2012）指出，初创企业的估值代表了风险投资者和创业者之间漫长谈判的结果，而不是由金融市场的供求决定的。当议价能力不平衡时，拥有更大权力的一方试图以牺牲另一方为代价获得优势（Cable 和 Shane，1997；Chahine 和 Goergen，2011）。因此，风险投资者和创业者之间的相对议价能力的差异，会影响初创企业的估值。

决定双方议价能力的主要因素包括两个方面，初创企业的质量和风险投资的特征。在企业质量方面，Hand（2005）以及 Armstrong、Davila 和 Foster（2006）发现，初创企业的财务报表信息可以解释企业估值水平和变化相当大的部分。Hsu（2007）发现，初创企业的创始人之前的创业经历和社交网络对企业估值有正面影响，而且对于互联网行业，有博士学位的创始团队更可能获得较高的企业估值。Zheng、Liu 和 George（2010）发现，初创企业的研发能力对初创企业的估值有积极的影响。另外，风险投资的特征也影响议价能力。Hsu（2004）发现，声誉较高的风险投资机构能够提供更多增加价值的服务，因此有更高的议价能力，从而使得企业家愿意接受较低的估值。Cumming 和 Dai（2011）发现，风险投资基金规模与企业估值成反比，因为基金规模越大，意味着以往的表现越好，可供选择企业的范围越大，这就会增加风险投资的议价能力。相反，他们发现，风险投资的有限关注度与企业估值成正比，考虑到人力资源的有限性，不能同时处理多线业务。Inderst 和 Mueller（2004）以及 Gompers 和 Lerner（2000）发现，风险投资基金供应量的增加对企业估值有积极的影响，基金供应量的增加，导致风险投资市场的竞争加剧，降低了风险投资的议价能力（Inderst 和 Mueller，2004），最终导致更高的估值（Gompers 和 Lerner，2000）。

然而，个人投资者的关注，作为散户对二级市场股票需求的预判（Barber 和 Odean，2008），可能包含潜在投资者需求的宝贵线索，并反映初创企业的真实价值（Colaco、Cesari 和 Hegde，2017），这将影响风险资本家的预期，进而影响企业估值。因此，加入个人投资者关注可能会使风险投资家给出更加准确的估值。个人投资者关注会从两个方面影响风险投资家的预期。

首先，在一级市场，个人或散户投资者的增加或仅仅是个人或散户投资者的存在都可能导致更高的 IPO 估值（Colaco、Cesari 和 Hegde，2017），更高的 IPO 发行价（Cornelli、Goldreich 和 Ljungqvist，2006；Liu、Sherman 和 Yong，2007）或更大的上市首日回报率（Derrien，2005；Bajo 和 Raimondo，2017）。因此，当发行者、承销商和机构投资者向情绪投资者出售 IPO 股票时，他们将受益于 IPO 价格的大幅上涨（Ljungqvist、Nanda 和 Singh，2006；Colaco、Cesari 和 Hegde，2017），这甚至会导致他们引导情绪投资者进入企业上市前这段时间的交易市场（Cook、Kieschnick 和 Van Ness，2006）。风险投资者，他们作为一级市场的参与者，也受益于这些情绪投资者，因此考虑到 IPO 的高估值，他们预期将获得较高的退出收益。

其次，正如 Barber 和 Odean（2008）所指出的，个人或散户投资者的注意力是二级市场散户需求的预判。散户需求的增加会带来短期的价格压力，并推高股价，这使得风险投资者预期在二级市场出售股票时获取高额的回报。因此，当散户投资者对某一行业关注度越来越高时，风险投资者将会预期有强烈的潜在投资者需求和二级市场的高额退出回报，从而愿意向该行业所有的公司提供更高的估值。

另外，企业估值的上升也可能被行业利好消息反映的基本面信息所解释。第一，当一个行业正处于快速增长期或繁荣期，如 20 世纪 80 年代的个人电脑硬件制造行业和 20 世纪 90 年代末的互联网零售行业（Gompers 等，2008）。第二，当政府发布一个支持某行业的积极政策，如中国政府早些年支持光伏行业，后来是软件行业，近期是 5G 行业。第三，当一个行业有重大发现或者技术突破，如疾病特效药的发现或者人类基因工程的突破。这些关于行业前景的积极消息将增加人们对该行业相关的网络搜索的兴趣，进而提高对该行业中所有公司的预期，这将导致风险资本家愿意向该行业的初创企业支付更高的价格，给出更高的估值。

针对以上分析，本书提出两个假设：

假设 1：企业估值的增加是由个人投资者关注引起的（投资者关注假说）。

假设 2：企业估值的增加是由基本面信息引起的（基本面信息假说）。

本书将从三个方面区分投资者关注假说和基本面信息假说。

第一，根据 Barber 和 Odean（2008）和 Da、Engelberg 和 Gao（2011）的研究，个人或散户投资者的过度热情会暂时推高公司的估值，当投资者关注度消失时，公司最终会回归到基本面价值，进而导致长期表现不佳（Ritter 和 Welch，2002；Ljungqvist、Nanda 和 Singh，2006）。因此，如果企业估值上涨是由于投资者关注引起的，估值将会暂时上升，最终会长期反转。然而，如果企业估值上涨是由于基本面信息导致的，那么最终不会出现长期反转。因此，长期估值表现为本书提供了一个自然的检验指标，用以检验企业估值的上升到底是由投资者关注引起的还是基本面信息驱动的。

第二，Gompers 和 Lerner（2000）认为，如果高估值是对前景变化的基本面信息的理性反应，那么投资应该更成功，并且业绩表现也应该更好。换句话说，如果投资没有呈现出更好的表现，高估值应该是被投资者关注而不是被基本面信息所驱动。与 Hochberg、Ljungqvist 和 Lu（2007）一致，本书采用三种指标：成功退出（IPO 或者出售）的概率、接受下一轮融资的概率和风险投资的退出回报倍数，以衡量风险投资的投资业绩（Brander，Amit 和 Antweiler，2002；Sorensen，2007）。因此，本书第二种区分两个假说的方法是检验投资者关注与投资业绩的关系，如果两者呈负相关的关系，则支持投资者关注假说。

第三，Heughebaert 和 Manigart（2012）认为，联合投资可以缓解信息不对称，提高决策的质量（Wright 和 Lockett，2003；Cumming 和 Walz，2010 年）。同时，很多文献也表明，更有经验的投资经理在分析财务报表和预测企业估值方面会展现出更好的投资技能和更高的熟练程度（Bushee，1998；Cumming 和 Walz，2010；Butler 和 Goktan，2013）。因此，如果企业估值的上升是由投资者关注驱动的，那么这种过高估值可以通过调整投资策略来降低风险投资对投资者情绪的影响。然而，如果企业估值的上升是由基于信息的基本面引起的，那么企业估值不能通过投资策略（例如，联合投资或加入有经验的风险投资）的调整来降低。这是因为联合投资或丰富的经验可以帮助风险投资给出更加接近基本面价值、更加合理的估值。因此，本书将探讨联合投资和经验丰富的风险投资的参与是否会降低投资者关注对企业估值的影响，从而区分投资者关注假说和基本面信息假说。

第二节　研究设计

一、个人投资者关注对企业估值的影响

本书首先评估个人投资者关注与风险投资估值的关系。根据之前的研究（Gomper 和 Lerner，2000；Cumming 和 Dai，2011），本书采用一个 Hedonic 回归的方法检验其效果，设计基准模型如下：

$$\text{Valuation}_{k,\,t} = \alpha_0 + \alpha_1 \text{ASVI}_{k,\,t} + \text{Firm characteristics}_{k,\,t} + \text{VC characterstics}_{k,\,t} + \text{Market condition}_{k,\,t} + \epsilon_{k,\,t} \tag{5.1}$$

式中，Valuation 表示企业估值，定义为投资后估值与当轮投资额度的差值的自然对数。ASVI 表示投资者的行业关注度。其他控制变量包括 Firm characterstics（企业特征）、VC characterstics（风险资本特征）和 Market condition（市场环境）。

二、企业估值的长期表现

为了研究企业估值的上升是由投资者关注引起的还是由基本面信息引起的，本书根据 Da，Engelberg 和 Gao（2011）文中的理论来解决此疑问。Da，Engelberg 和 Gao（2011）认为，如果最初的价格上涨是由投资者关注驱动的，那么当关注度消失时，公司最终会回归到基本价值，因此企业估值是先暂时上升，然后长期反转（Ritter 和 Welch，2002；Ljungqvist、Nanda 和 Singh，2006）。然而，如果最初的价格上涨是由积极的基本面信息引起的，那么不可能出现长期的逆转。利用这个观点，本书检查风险投资背景企业的估值是否会出现长期逆转。然而，考虑到风险投资行业的估值数据在两次融资间通常有 1~2 年的时间间隔（Gompers 和 Lerner，2000），因此不能像在二级市场那样可以有连续的数据来调查长期表现。本书可以用替代方案，即研究下一轮融资时是否会出现逆转。设计模型如下：

$$\text{Valuation}_{k,\,t+1}=\alpha_0+\alpha_1\text{ASVI}_{k,\,t}+\text{Firm characterstics}_{k,\,t}+\text{VC characterstics}_{k,\,t}+$$
$$\text{Market condition}_{k,\,t}+\epsilon_{k,\,t} \tag{5.2}$$

式中，Valuation 表示下一轮的企业估值，ASVI 表示当轮的投资者关注，其他控制变量公司特征 Firm characterstics，风险投资特征 VC characterstics 和市场条件 Market condition 都是当前轮融资的指标。

三、风险投资的业绩表现

Gompers 和 Lerner（2000）指出，如果是有关前景变化的基本面信息导致了高估值，那么这次投资应该更加成功，并表现出更好的业绩。也就是说，如果风险投资没有表现出好的业绩，那么就可以得出结论是投资者的关注而不是基本面信息推高了公司的估值。所以，本书研究风险投资是否具有更好的业绩来区分这两个假设。Hochberg、Ljungqvist 和 Lu（2007）文章指出，风险投资的业绩是用风险投资和风险投资组合公司的业绩衡量的。在企业层面，根据现有的文章（Brander、Amit 和 Antweiler，2002；Sorensen，2007；Humphery-Jenner 和 Suchard，2013）将成功退出视为投资成功的信号，因此本书检验这些公司是否可以成功退出以考察企业的业绩表现。在风险投资层面，由于缺乏可用的内部收益率（IRR）数据，故转而使用有限的 CVSource 数据库披露的风险投资的退出回报倍数数据来考察风险投资的绩效。构建模型如下：

$$\text{Performance}_{k,\,t}=\alpha_0+\alpha_1\text{ASVI}_{k,\,t}+\text{Firm characterstics}_{k,\,t}+\text{VC characterstics}_{k,\,t}+$$
$$\text{Market condition}_{k,\,t}+\epsilon_{k,\,t} \tag{5.3}$$

式中，Performance 用两种指标衡量，第一种是被投资企业是否成功退出（dummy 变量，截至 2018 年之前通过 IPO 退出则取值 1，否则取值 0），第二种是风险投资的账面退出回报倍数。ASVI 表示当轮的投资者关注度，其他控制变量包括公司特征 Firm characteristics，风险投资特征 VC characteristics 和市场条件 Market condition。

四、联合投资、投资经验和企业估值

根据投资者关注理论，如果企业估值的上升是由投资者关注所驱动的，那么这种过高的估值可以通过投资策略的调整来降低风险投资受到投资者情绪的影响，例如企业联合或有经验的风险投资的参与。然而，如果价格上涨是由于基本面信息，则投资策略不能降低企业估值，相反，可以帮助风险投资支付更合理的价格，使其不偏离基本面价值。因此，本书研究联合投资和有经验的风险投资者的参与是否会降低企业估值，以进一步支持投资者关注假说。

Heughebaert 和 Manigart（2012）认为，让更多的投资者参与投资决策，有望提高决策的质量，降低风险。也有充分的文献证明，企业联合可以缓解信息不对称，降低定价过高（Cumming 和 Dai，2010；Cumming 和 Walz，2010）。因此，本书研究企业联合与企业估值之间的关系。构建模型如下：

$$\text{Valuation}_{k,\,t} = \alpha_0 + \alpha_1\text{ASVI}_{k,\,t} + \alpha_2\text{ASVI}_{k,\,t} \times \text{Syndication}_{k,\,t} + \alpha_3\text{Syndication}_{k,\,t} +$$
$$\text{Firm characteristics}_{k,\,t} + \text{VC characteristics}_{k,\,t} +$$
$$\text{Market condition}_{k,\,t} + \epsilon_{k,\,t} \tag{5.4}$$

Cumming 和 Walz（2010）认为，更有经验的经理人能够更好地准确预测估值，因为他们在分析财务报表和预测公司估值方面具有更高的技能和成熟度（Bushee，1998；Butler 和 Goktan，2013）。更重要的是，有经验的风险投资机构很少有动机去高估投，因为他们需要考虑更多的声誉成本（Cumming 和 Walz，2010）。与这一观点相一致，本书考虑风险投资的经验是否削弱了风险投资背景企业的估值。

$$\text{Valuation}_{k,\,t} = \alpha_0 + \alpha_1\text{ASVI}_{k,\,t} + \alpha_2\text{ASVI}_{k,\,t} \times \text{Experience}_{k,\,t} + \alpha_3\text{Experience}_{k,\,t} +$$
$$\text{Firm characteristics}_{k,\,t} + \text{VC characteristics}_{k,\,t} +$$
$$\text{Market condition}_{k,\,t} + \epsilon_{k,\,t} \tag{5.5}$$

式中，Valuation 表示企业估值，ASVI 表示投资者关注，Syndication 衡量了是否联合投资，表示如果同一轮融资中有不少于一个风险投资则取 1，否则取 0，Experience 衡量了投资者的经验，表示某一轮融资中投资额度最大的风险投资从成立到当轮融资之间的年份，加 1 后取自然对数，其他控制变量包括公司特征 Firm characteristics，风险投资特征 VC characteristics 和市场条件 Market condition。

五、Heckman 方法解决样本选择偏差

本书的估值数据来自 CVSource 数据库，该数据库收集了中国企业接受风险投资的数据。然而，CVSource 数据库中的很大一部分融资轮并没有披露企业估值数据，这可能导致有估值数据的投资轮和没有估值数据的投资轮之间存在系统性偏差（Gomper 和 Lerner，2000；Cumming 和 Dai，2011）。为了解决这个问题，本书使用 Heckman 样本选择法以确保估值数据的遗漏不会造成选择偏差。Heckman 程序通过两个步骤纠正潜在的选择偏差（Heckman，1979）。第一步，用 Probit 回归模型，为每一个样本计算出逆米尔斯比率（Inverse Mills Ratio）。这个比率的作用是为每一个样本计算出一个用于修正样本选择偏差的值。模型如下：

$$Dummy_{k,\,t}=\alpha_0+Firm\ characteristics_{k,\,t}+VC\ characteristics_{k,\,t}+$$
$$Market\ condition_{k,\,t}+\epsilon_{k,\,t} \tag{5.6}$$

式中，如果当轮融资的估值数据被披露的话 dummy 等于1，否则为 0。其他控制变量包括公司特征 Firm characteristics，风险投资特征 VC characteristics 和市场条件 Market condition。

第二阶段的回归是在基准回归中加入第一阶段回归中得到的逆米尔斯比率（Inverse Mills Ratio），模型如下：

$$Valuation_{k,\,t}=\alpha_0+\alpha_1ASVI_{k,\,t}+Firm\ characteristics_{k,\,t}+VC\ characterstics_{k,\,t}+$$
$$Market\ condition_{k,\,t}+Inverse\ Mills\ ratio\ \epsilon_{k,\,t} \tag{5.7}$$

式中，Valuation 表示企业估值，其他控制变量包括 Firm characteristics（企业特征）、VC characteristics（风险资本特征）和 Market condition（市场环境），以及在第一阶段回归中获得的逆米尔斯比率（Inverse Mills Ratio）。

六、工具变量方法解决内生性问题

在本书的回归中有可能忽略了有助于解释企业估值的重要变量。Judge 等（1985）的文献指出，省略变量的偏差能够增大相关自变量的系数。这一疏漏可能会导致错误地将投资者关注归为显著，本书用工具变量的方法解决这个问题。工具变量应该与投资者行业关注度相关，而与模型中的残差无关。本书采用两种 IV 变量。第一种是与企业的拥有相同二级行业（或当需要将一个行业划分为更具体的子行业时，用三级行业）的其他三级行业的投资者关注度的中位数作为工具变量，定义为 ASVI_IV。第二种是与企业有相

同三级行业的所有上市公司广告支出费用的均值。

七、备选的个人投资者关注

本书用来计算个人投资者关注的变量是基于融资前 30 天到再之前 30 天之间 SVI 的变化，它捕捉了投资者关注偏离"正常"部分的情况。然而，用于计算正常水平的时间窗口是相当随意的。Da、Engelberg 和 Gao（2011）使用前八周谷歌 SVI 的中位数作为基准水平。Gao、Ren 和 Zhang（2019）认为，谷歌 SVI 的周变化能够很好地捕获投资者关注。Barber 和 Odean（2008）用前一年中的 252 个交易日来衡量"正常"交易量。因此，本书通过改变个人投资者关注的时间窗口期再次检验基准模型。

第三节　样本说明和变量定义

一、数据来源

本书使用的样本来自 2006~2017 年风险投资支持的有估值数据的中国企业。数据源自两部分：① CVSource 数据库，提供风险投资的特征数据，包括机构名称、融资时间、投资后估值、每轮投资额、企业行业、发展阶段、机构成立日期等；②个人投资者关注的数据来自百度指数，通过爬虫技术获得每个行业每天的搜索量。本书获得了 229 个行业有企业估值数据的 5621 个风险投资融资轮。

二、行业认定

本书选取 CVSource 数据库中申银万国行业分类作为本书行业认定的标准。申银万国是国内知名的证券公司，在设立行业时兼顾了政府和行业管理部门的行业分类。此外，申银万国行业分类是在中国股票市场中一个经常被使用的标准，因此本书选择申万行业衡量投资者关注，可以方便地将二级市场行业指数与风险投资背景的企业进行匹配。根据申万分类系统，申万有三级行业分类，本书选取第三级水平（六位行业代码）的行业分类作为投资者关注的测量标准。

但是，有些行业的名称无法直接搜索，因此无法在百度索引中生成有效的 SVI。此外，有些行业不适合直接作为搜索词使用，如包含的公司太少或定义模糊的行业。解决这些问题需要四个步骤。

第一，本书尝试使用一个可以返回有效 SVI 的百度搜索的同义词来替代申万中的行业。

第二，对于一些包含企业太少的行业，本书使用二级行业（四位代码）作为替代。

第三，申万虽然对企业行业进行了很好的分类，但仍有一些行业定义比较模糊，不能准确反映企业的主营业务。在这种情况下，根据企业的主要业务，手动将行业划分到现有的行业或重新定义的新的子行业。

第四，对于不能被同义词替代的行业，或者有估值数据但没有行业数据的公司，根据其主要业务，手动地将每个公司匹配到现有行业或新的子行业，并保留那些可以被分配到特定行业的公司。

最后，本书得到了拥有估值数据的 5621 个投资轮（包括 4305 家公司）样本，分别属于 229 个行业。本书的行业分类如表 5-1 至表 5-4 所示。

表 5-1　行业同义词替换

（1）	（2）
机床工具	机床
水泥制造	水泥
机械基础件	机械零件
制冷空调设备	空调制冷设备
畜禽养殖	畜牧养殖
日用化学产品	日用化工品
线缆部件及其他	电线电缆
计量仪表	仪器仪表
工控自动化	自动化设备
电网自动化	自动化设备
家电零部件	家电配件
珠宝首饰	珠宝
化学制剂	化学原料药
专业连锁	连锁
通信传输设备	通信设备
印刷包装机械	包装印刷
电子零部件制造	电子零件
涂料油漆制造	涂料油漆

表 5-2　用二级行业替代包含企业较少的三级行业

（1）	（2）
种子生产，粮食种植，其他种植业	种植业
动物保健	畜牧养殖
果蔬加工，粮油加工，其他农产品加工	农产品加工
煤炭开采，焦炭加工	煤炭开采
纯碱，氯碱，无机盐	化工原料
氮肥，磷肥、钾肥、复合肥	化肥
民爆用品、纺织化学用品、聚氨酯、玻纤	化学品
涤纶、粘胶	化纤
合成革、改性塑料	塑料
轮胎、其他橡胶制品、炭黑	橡胶
普钢、特钢	钢铁
金属新材料，非金属新材料	新材料
铜、钨、其他稀有小金属	有色金属
分立器件	半导体
印制电路板、被动元件	电子元件
冰箱、空调、小家电、彩电	家电
啤酒、其他酒类、软饮料、葡萄酒、黄酒	饮料
毛纺、棉纺、丝绸、印染、其他纺织	纺织
女装、其他服装	服装
人工景点、自然景点	景点
其他家用轻工	家具
水电、热电	电力
管材	建筑材料
房屋建设、路桥施工、钢结构	建筑施工
风电设备、火电设备、储能设备、其他电源设备、中压设备、低压设备	电气设备
重型机械、楼宇设备、纺织服装设备	机械设备
有线电视网络、其他文化传媒	文化传媒
终端设备、交换设备	通信设备

表 5-3 模糊行业的详细划分

（1）	（2）
环保工程及服务	环保工程、环保设备、节能设备、固体废弃物处理、垃圾焚烧发电、污水处理
仪器仪表	仪器仪表、定位系统、光电子器件
百货零售	O2O，百货、零售、电商、电商平台、跨境电商、快递、连锁
医疗器械	医疗器械、包装材料、基因检测
生物制品	生物制品、基因检测、疫苗
医疗服务	医疗服务、体检
影视动漫	影视动漫、传媒、影视制作
集成电路	集成电路、半导体、芯片
乘用车	乘用车、车联网、电动车
物流	物流、供应链、快递
火电	电力、光伏发电、环保工程、垃圾焚烧发电、太阳能发电
IT 服务	IT 服务、智能化、软件开发、云服务
计算机设备	安防设备、计算机设备、工业机器人、电子产品、智能化、导航
互联网信息服务，软件开发，计算机应用	互联网媒体、互联网广告、广告、互联网营销、互联网金融、互联网服务、网络服务、网络安全、网络平台、网络视频、视频监控、传媒、动漫、影视制作、应用软件开发、软件开发、大数据、手机、游戏开发、手游、网络游戏、IT 服务、云服务、招聘网、社交平台、快递、共享经济、计算机应用、信息安全、智能化、人工智能、智能机器人、智慧城市、智慧医疗、工业自动化、车联网、物联网、物流、供应链、电商、跨境电商、电商平台、教育、教育软件、金融软件

表 5-4 不能同义词替代，有估值数据但没有行业数据的行业划分

（1）	（2）
农业综合	农产品加工，饲料，畜牧养殖
食品综合	糕点、食品加工
小金属	化工新材料、有色金属
旅游综合	旅游、酒店
电子零部件制造	电子元件、电子零件

（1）	（2）
通信传输设备	通信设备
水务	环保工程、污水处理
光伏设备	太阳能光伏、光伏产业
工程机械	机械设备、建筑机械
冶金矿采化工设备	采矿设备、冶金设备
油气钻采服务	采矿
航天装备	军工、无人机
平面媒体	出版、教育培训、文化传媒
营销服务	营销、互联网营销
其他交运设备	公共自行车、汽车
其他建材	建筑材料、装饰材料
其他电力设备	LED 照明、电力设备、电气设备、电线电缆、太阳能电池、新能源电池、锂电池
其他化学制品或其他化学原料	环保材料、化工材料、化学品、化肥、锂电池、化纤、塑料
其他采掘或采掘服务	采矿、有色金属
其他电子	电子、LED、半导体、电子产品、电子元器件、光学元件、通信设备、显示器件
其他视听器材	视听器材、VR、电子产品、机器人、智能机器人、智能化
其他通用机械	电气设备、工业机器人、光伏产业、环保设备、机械设备、建筑机械、节能设备、专用设备制造业、智能机器人、自动化设备
其他专用机械	机械设备、电气设备、环保设备、节能设备、物流设备、光伏产业、视频监控、自动化设备、工业自动化、工业机器人、智能机器人、农用机械、建筑机械、专用设备制造业、电机、模具、磨具

三、个人投资者关注的定义

本书首先定义行业 i 在融资时间 t 时刻的超额个人投资者关注，即：

$$\Delta SVI_{i,\,t}=\frac{SVI_{i,\,(t-30,\,t-1)}-SVI_{i,\,(t-60,\,t-31)}}{SVI_{i,\,(t-60,\,t-31)}}\qquad(5.8)$$

式中，SVI 是基于行业每天的百度搜索指数。由于本书观测到行业之间存在着很大的差异性，因此根据 Da、Engelberg 和 Gao（2015）的文章，进行如下处理。

首先，为了去除异常值，本书对式（5.8）中获得的 ΔSVI 进行删失处理。

其次，为了移除行业差异，将 ΔSVI 对行业 dummy 进行回归，保留残差。

最后，为了解决异方差性和使得不同行业可横向比较，本书对残差进行标准化。因此，本书得到了经过调整后的个人投资者关注指标，定义为 ASVI。

四、控制变量的定义

控制变量包括三部分：公司特征 Firm characteristics，风险投资特征 VC characteristics 和市场条件 Market condition。

公司特征包括：*Early* 表示如果被投资企业处于早期则取 1，否则取 0。处于早期阶段的企业产品原型已完成，有一个粗略的商业计划和一个不完整的管理团队。企业通常开业不到两年，但产品尚未商业化销售。*Development* 表示如果被投资企业处于发展期则取 1，否则取 0。处于发展期的企业通常产品或服务已进入发展阶段，产品处于测试或试生产阶段。企业尚未产生销售收入，但已开始实施市场开发计划。*Expansion* 表示如果被投资企业处于扩张期则取 1，否则取 0。处于扩张期的企业已经开始销售产品和服务，可能支出仍然大于收入。资金可能用于增加产能，用于市场或产品开发，以提供额外的营运资本。*Profitable* 表示如果被投资企业处于获利期则取 1，否则取 0。处于获利期的企业已经达到了盈利的运营水平，通常准备上市。中国企业要想在中国 A 股市场上市，必须满足盈利标准。*BJ* 表示如果被投资企业位于北京则取 1，否则取 0。*SH* 表示如果被投资企业位于上海则取 1，否则取 0。*GD* 表示如果被投资企业位于广东则取 1，否则取 0。*ZJ* 表示如果被投资企业位于浙江则取 1，否则取 0。

风险投资特征包括：Ln（Investment）表示当轮融资中投资额度（以千美元为单位），取自然对数；Ownership 表示当轮融资中风险投资的股权比例；Ln（Number of investors）表示当轮融资中全部风险投资的个数，取自然对数；Syndication 表示如果同一轮融资中有不少于一个风险投资则取 1，否则取 0；Experience 表示某一轮融资中投资额度最大的风险投资从成立到当轮融资之间的年份，加 1 后取自然对数；GVC 表示如果风险投资是由中央政府或地方政府建立、控制和经营则取 1，否则取 0；CVC 表示如果风险投资是大型企业则取 1，否则取 0；FVC 表示如果风险投资是大型企业的子公司则取 1，否则取 0。

市场条件包括：Ln（IPOs last year），表示当轮融资上一年上市公司的个数，取自然对数。Industry public market index，表示与企业具有相同行业的 A 股上市公司在融资前一个月的月收益率的均值。具体定义如表 5–5 所示。

表 5–5　变量定义

变量类型	变量符号	变量定义
被解释变量	Ln（Pre–money valuation）	投资后的企业估值与当轮的投资额之差（以千美元为单位），取自然对数
解释变量（数据来源：百度指数）	SVI	行业每天的百度搜索指数
	ΔSVI	（当轮融资前 30 天内的百度搜索指数 – 再往前 30 天内的百度搜索指数）/ 再往前 30 天内的百度搜索指数
	ASVI	将 SVI 对行业 dummy 变量回归后，取残差，然后对残差标准化
	ASVI_Next	下一轮的投资者关注
	$\Delta time$	当前轮和下一轮之间相隔的月份
	ASVI_IV	采用与企业有相同二级行业的其他三级行业（或当需要将一个三级行业划分为更详细的子行业时，这里就是与企业有相同三级行业的其他子行业）的投资者关注的中位数
	ASVI_IV_Adv	与企业具有相同行业的所有 A 股上市公司在融资前一年年度末广告支出费用的平均值（数据来源：CSMAR 数据库的"财务报表附注"）
控制变量（数据来源：CVSource）	Ln（Investment）	当轮融资中投资额度（以千美元为单位），取自然对数
	Ownership	当轮融资中风险投资的股权比例
	Ln（IPOs last year）	当轮融资上一年上市的公司的个数，取自然对数
	Industry public market index	表示与企业具有相同行业的 A 股上市公司在融资前一个月的月收益率的均值

续表

变量类型	变量符号	变量定义
控制变量 （数据来源： CVSource）	Ln（Number of investors）	当轮融资中全部风险投资的个数，取自然对数
	Syndication	如果同一轮融资中有不少于一个风险投资则取1，否则取0
	Experience	某一轮融资中投资额度最大的风险投资从成立到当轮融资之间的年份，加1后取自然对数
	BJ	如果被投资企业位于北京则取1，否则取0
	SH	如果被投资企业位于上海则取1，否则取0
	GD	如果被投资企业位于广东则取1，否则取0
	ZJ	如果被投资企业位于浙江则取1，否则取0
	GVC	如果风险投资是由中央政府或地方政府建立、控制和经营则取1，否则取0
	CVC	如果风险投资是大型企业则取1，否则取0
	FVC	如果风险投资是大型企业的子公司则取1，否则取0
	Early	如果被投资企业处于早期则取1，否则取0。处于早期阶段的企业产品原型已完成，有一个粗略的商业计划和一个不完整的管理团队。企业通常开业不到两年，但产品尚未商业化销售
	Development	如果被投资企业处于发展期则取1，否则取0。处于发展期的企业通常产品或服务已进入发展阶段，产品已经处于测试或试生产阶段。企业尚未产生销售收入，但已开始实施市场开发计划
	Expansion	如果被投资企业处于扩张期则取1，否则取0。处于扩张期的企业已经开始销售产品和服务，可能支出仍然大于收入。资金可能用于增加产能，用于市场或产品开发，以提供额外的营运资本
	Profitable	如果被投资企业处于获利期则取1，否则取0。处于获利期的企业已经达到了盈利的运营水平，通常准备上市。中国企业要想在中国A股市场上市，必须满足盈利标准

第四节　描述性统计

风险投资背景企业估值和控制变量的描述性统计如表 5-6 所示。ASVI 是由百度搜索指数构建的个人投资者关注指标。企业估值和控制变量的数据都来自 CVSource 数据库。控制变量由三个部分组成：企业特征，包括位置信息（北京 BJ，上海 SH，广东 GD，浙江 ZJ）和发展阶段（早期 Early，发展期 Development，扩张期 Expansion，获利期 Profitable）；风险投资的特征，包括投资额 Ln（Investment），投资股权 Ownership，投资者个数 Number of investors，和风险投资背景（政府背景 GVC，国外背景 FVC，公司背景 CVC），投资经验 Experience 和联合投资 Syndication；市场条件，包括前一年市场热度 Ln（IPOs last year），公开市场行业指数 *Industry public market index*。

表 5-6　变量的描述性统计

Variable	Obs.	Min	Median	Mean	Max	Std.Dev.
ASVI	5621	−59.707	−0.662	0.632	57.133	11.306
Ln（Pre-money valuation）	5621	2.303	10.711	10.589	18.766	1.658
Early	5621	0	0	0.111	1	0.314
Development	5621	0	1	0.530	1	0.499
Expansion	5621	0	0	0.319	1	0.466
Profitable	5621	0	0	0.041	1	0.197
BJ	5621	0	0	0.181	1	0.385
SH	5621	0	0	0.117	1	0.321
GD	5621	0	0	0.176	1	0.381
ZJ	5621	0	0	0.089	1	0.285
Ln（Investment）	5621	2.303	8.373	8.362	13.600	1.567
Ownership（%）	5621	0.01	10	14.146	99.99	14.720
Number of investors	5621	1	1	1.728	10	1.320
GVC	5621	0	0	0.055	1	0.228
CVC	5621	0	0	0.068	1	0.252

续表

Variable	Obs.	Min	Median	Mean	Max	Std.Dev.
FVC	5621	0	0	0.263	1	0.440
Ln（IPOs last year）	5621	3.258	5.727	6.137	8.579	1.367
Industry public market index	5621	−0.400	0.021	0.025	0.849	0.136
Syndication	5621	0	0	0.359	1	0.480
Experience	5621	0	1.386	1.498	3.258	0.838

　　本章所有变量的相关性分析如表5-7所示。变量1~18分别代表企业估值 Ln（Pre-money valuation），投资者关注 ASVI，早期 Early，发展期 Development，扩张期 Expansion，北京 BJ，上海 SH，广东 GD，浙江 ZJ，政府背景 GVC，公司背景 CVC，国外背景 FVC，投资经验 Experience，投资额 Ln（Investment），投资股权 Ownership，投资者个数 Ln（Number of investors），前一年市场热度 Ln（IPOs last year），公开市场行业指数 Industry public market index。所有的变量详细定义如表5-5所示。

　　按年分组的描述性统计如表5-8所示，包括投资轮数，企业估值均值，个人投资者关注 ASVI 均值。本书发现在2015年，中国股市进入牛市时，融资轮数最多，个人投资者关注 ASVI 均值最高，而且融资前企业估值最大（2014年除外）。然而，当2016年股市进入熊市时，ASVI 从2015年的1.395跌至2016年的 −0.120，风险投资对初创企业的估值也从2015年的244.058跌至2016年的153.281（这里是以千美元计算）。同样地，从2007年的牛市到2008年的熊市，也存在相同的现象。此证据表明，投资者关注 ASVI 与风险投资估值呈正相关关系。

　　基于企业特征和规模的风险投资估值的描述性统计如表5-9所示。本书的结论与 Gompers 和 Lerner（2000）以及 Cumming 和 Dai（2011）文中基本保持一致。例如，企业估值会随着融资规模的增加而增加。最大四分位数的企业估值平均值为468.888，而最小四分位数的企业估值平均值为29.439（以千美元表示）。具体到企业总部所在位置，本书发现，BJ（北京）、SH（上海）、GD（广东）和 ZJ（浙江）的企业比其他地方的企业有更高的估值。此外，企业估值会随着发展阶段的发展而增加，早期阶段是最低的，而获利期是最高的。

表 5-7　相关性分析

Variables	(1)	(2)	(3)	(4)	(5)	(6)	(7)	(8)	(9)	(10)	(11)	(12)	(13)	(14)	(15)	(16)	(17)	(18)
(1)	1.000																	
(2)	0.007	1.000																
(3)	-0.370***	-0.005	1.000															
(4)	-0.067***	0.002	-0.375***	1.000														
(5)	0.216***	-0.009	-0.241***	-0.726***	1.000													
(6)	-0.067***	-0.009	0.132***	-0.054***	-0.031**	1.000												
(7)	-0.039***	0.005	0.027**	0.015	-0.030**	-0.171***	1.000											
(8)	0.005	0.004	-0.011	0.020	-0.007	-0.217***	-0.168***	1.000										
(9)	0.035***	-0.007	0.003	0.034**	-0.026*	-0.147***	-0.114***	-0.144***	1.000									
(10)	0.019	0.005	-0.030**	0.010	0.024*	-0.038**	-0.084***	0.007	-0.037***	1.000								
(11)	0.027**	-0.015	0.005	-0.016	0.008	0.000	0.029**	-0.023*	0.018	0.014	1.000							
(12)	0.157***	0.023*	-0.048***	-0.137***	0.054***	0.045***	0.033**	-0.021	-0.052***	-0.123***	-0.012	1.000						
(13)	0.056***	0.014	0.005	-0.047***	-0.005	0.039***	0.013	0.000	-0.039***	0.141***	0.093***	0.293***	1.000					
(14)	0.688***	-0.002	-0.254***	-0.008	0.079***	-0.043***	-0.037***	-0.033**	-0.002	0.020	0.053***	0.227***	0.111***	1.000				
(15)	-0.412***	0.015	0.148***	0.055***	-0.150***	0.014	0.015	-0.050***	-0.050***	-0.009	0.025*	0.070***	0.044***	0.287***	1.000			
(16)	0.228***	-0.013	-0.117***	-0.040***	0.133***	0.009	-0.019	0.000	0.007	0.005	-0.001	-0.019	0.038***	0.290***	-0.006	1.000		
(17)	-0.061***	0.007	0.170***	0.005	-0.074***	0.059***	0.029**	0.013	-0.002	-0.111***	-0.039***	-0.197***	-0.064***	-0.070***	0.022*	0.082***	1.000	
(18)	-0.015	0.012	0.024*	-0.004	-0.005	0.024	-0.001	0.017	-0.006	0.025*	-0.006	0.000	0.009	-0.026	-0.012	-0.037***	-0.025*	1.000

注：*、**、*** 分别代表 10%、5%、1% 的水平显著。

表 5-8　按年分组的描述性统计

Year	No. of financing rounds	ASVI	Pre-money valuation（$）
2006	65	2.665	166.704
2007	216	2.106	184.592
2008	264	−0.201	122.615
2009	338	0.734	186.065
2010	616	0.211	179.011
2011	679	0.288	172.124
2012	463	0.764	167.314
2013	423	0.926	182.630
2014	492	0.155	255.902
2015	1050	1.395	244.058
2016	729	−0.120	153.281
2017	286	0.717	150.063
ALL	5621	0.632	189.407

表 5-9　按企业特征分组的企业估值统计

	Pre-money valuation（$）		
	Mean	Median	N
Round size（$）			
Lowest quartile	29.439	8.685	1420
Second quartile	64.329	34.725	1404
Third quartile	196.656	57.690	1392
Highest quartile	468.888	148.390	1405
Location			
BJ	204.170	34.260	1018
SH	429.113	36.110	657
GD	164.869	45.440	989
ZJ	135.490	53.305	500
Others	140.042	49.060	2457

续表

	Pre-money valuation（$）		
	Mean	Median	N
Stage			
Early	37.625	6.320	622
Development	160.417	40.710	2979
Expansion	181.770	64.175	1792
Profitable	1042.270	356.565	228

第五节　实证研究结果

一、个人投资者关注对企业估值的影响

个人投资者关注与企业估值之间的关系如表5-10所示。因变量为投资后的企业估值与当轮融资的投资额之差的自然对数（以千美元为单位）。表5-10的列（1）考察了全样本时个人投资者关注与企业估值之间的关系。结果表明，ASVI系数显著且为正，表明在个人投资者关注越高的行业，企业的估值越高。具体来讲，个人投资者关注每增加一个单位的标准差，企业估值就增加1.13%。同时，本书发现，处于成熟阶段的企业具有更高的估值，但位置与公司估值没有显著的关系。良好的公开市场条件可以增加风险投资行业的企业估值。具体到风险投资方面，投资规模与企业估值呈正相关关系；风险投资的股权对企业估值有显著的负向影响，这可能是由于高的股权份额使得风险投资机构具有更高的议价能力，使得企业被迫接受较低的估值；风险投资成员的个数和投资经验与企业估值呈负相关关系，这可能是因为联合投资和丰富经验会使得风险投资机构更不容易受到市场情绪的影响，而是基于企业本身的经营情况给出一个低于受情绪影响的市场估值、更加合理的估值。另外，风险投资背景（政府背景、公司背景或国外背景）和企业估值之间都没有显著的关系。

考虑到企业估值可能会受到第一轮和后续轮不同投资者之间差异的影响，本书根据融资轮数将整个样本分为两组。Lerner（1994）认为，成熟的风险投资机构倾向于将第二轮及以后的融资与不太成熟的投资者联合起来。这些不断变化的企业联合模式可能会影响公司的估值。Gompers和Lerner（2000）以及Hand（2005）发现，后续轮的融资会导致高溢价。因此，为

了检查这个差异，本书将样本分为两个组，第一轮组（报告在列（2））和后来轮组（报告在列（3）），发现这两个结果与在全样本中的结论是一致的，即个人投资者关注与企业估值呈正相关。然而，与第一轮分组投资经验Experience 显著为负不一致，在非第一轮分组中投资经验却并不显著。这个证据说明，在企业获得首轮融资时更看重风险投资的投资经验，与投资经验丰富的风险投资合作可以给企业背书，为后续赢得更多融资获得保障，因此企业为了达成合作而自愿让出盈利空间。同样，市场条件 Ln（IPOs last year）也是在第一轮分组时显著为正，非第一轮分组时不显著，说明在首次考察企业决定是否投资时，风险投资更看重投资的行业公开市场是否热门，是否能够更快退出盈利，但后续轮更多考虑的是企业本身的发展、经营情况和盈利情况。

表 5-10　投资者关注对企业估值的影响

	Ln（Pre-money valuation）		
	Full sample	First round investments	Non-first round investments
	（1）	（2）	（3）
ASVI	0.0010***	0.0009**	0.0011***
	（3.41）	（2.54）	（2.59）
Early	−0.5607***	−0.5424***	−0.5698**
	（−11.21）	（−10.51）	（−2.57）
Development	−0.3199***	−0.3299***	−0.4393**
	（−7.54）	（−7.47）	（−2.30）
Expansion	−0.1250***	−0.1418***	−0.2519
	（−2.96）	（−3.23）	（−1.34）
BJ	0.0033	0.0024	0.0061
	（0.14）	（0.10）	（0.11）
SH	0.0314	0.0085	0.0993
	（1.19）	（0.30）	（1.34）
GD	0.0359	−0.0012	0.1048*
	（1.58）	（−0.05）	（1.82）
ZJ	0.0525*	0.0120	0.0947
	（1.86）	（0.39）	（1.27）

续表

	Ln（Pre-money valuation）		
	Full sample	First round investments	Non-first round investments
	（1）	（2）	（3）
Ln（Investment）	0.8903***	0.8981***	0.8542***
	（146.55）	（136.86）	（39.11）
Ownership	−0.0723***	−0.0698***	−0.0931***
	（−123.79）	（−116.66）	（−18.17）
Ln（Number of investors）	−0.0414***	−0.0346***	−0.0325***
	（−6.77）	（−4.87）	（−2.77）
GVC	0.0042	0.0311	−0.0543
	（0.24）	（1.61）	（−1.27）
CVC	−0.0175	0.0048	−0.0714
	（−0.53）	（0.13）	（−1.08）
FVC	0.0608*	0.0553	0.0500
	（1.74）	（1.49）	（0.52）
Experience	−0.0258***	−0.0231**	−0.0140
	（−2.69）	（−2.21）	（−0.64）
Ln（IPOs last year）	0.0722***	0.0721***	0.0612
	（4.88）	（4.82）	（0.64）
Industry public market index	0.0226	−0.0184	0.0858
	（0.40）	（−0.30）	（0.55）
Constant	2.8138***	2.7417***	3.0273***
	（8.39）	（7.15）	（3.62）
Observations	5621	4305	1316
R-squared	0.902	0.916	0.890
Year fixed effect	Yes	Yes	Yes
Industry fixed effect	Yes	Yes	Yes

注：*、**、*** 分别代表 10%、5%、1% 时的水平显著。

二、企业估值的长期表现

虽然在上述分析中，本书已经证实了个人投资者关注与企业估值呈正相关关系，但基于正面消息的基本面可以解释这一点。例如，一个有关行业前景正面的消息必将引起与该行业相关的搜索频率（SVI）的增加，这会提高对该行业内所有企业的预期，进而导致这些企业估值的增加。接下来，本书将提供两个证据来区分企业估值的上升到底是基于基本面信息的溢价，还是投资者情绪引起的。

如果价格上涨是由投资者情绪驱动的，那么当情绪消散时，企业最终将回归基本价值，因此企业的估值会暂时上升，然后出现长期反转（Ritter和Welch，2002；Ljungqvist、Nanda和Singh，2006）。然而，如果价格上涨是由基本面信息引起的，就不会出现长期反转。根据以上的理论分析，本部分将考察风险投资行业是否也出现长期反转现象。然而，风险投资行业的估值数据通常有1~2年的时间间隔（Gompers和Lerner，2000），不能像在二级市场那样调查长期的表现。因此，本部分将研究在下一轮融资中是否会出现反转。

下一轮融资的逆转结果如表5-11所示。具体来说，ASVI是当轮融资中的个人投资者关注，因变量是下一轮融资中的企业估值。这里当轮和下一轮之间间隔为一年，即多于3个月，但少于16个月。选择一年作为间隔期是因为采用样本中前后轮的平均间隔是12.72个月。选择多于3个月的差距是考虑到如果间隔太小，那么当前一轮和下一轮的投资者关注会重叠，选择不到16个月是考虑到如果间隔太大，那么投资者关注将对企业估值失去影响。考虑到结果可能会依赖时间，本书控制了一个时间间隔相关变量，记为Δtime，定义为当前轮和下一轮之间相隔的月份。同时，将下一轮的投资者关注（ASVI_Next）也放入模型中。

表 5-11　企业估值的长期表现

	Ln（Pre-money valuation）in the subsequent round	
	Full sample	First round investments
	（1）	（2）
ASVI	−0.0092**	−0.0125**
	（−2.23）	（−2.59）
ASVI_Next	−0.0026	−0.0007
	（−1.20）	（−0.12）

	Ln（Pre-money valuation）in the subsequent round	
	Full sample	First round investments
	（1）	（2）
ΔTime	−0.0252	−0.0148
	（−1.39）	（−0.64）
Early	0.0448	1.8694
	（0.07）	（1.62）
Development	0.3077	1.8816*
	（0.49）	（1.70）
Expansion	0.6978	2.1894*
	（1.15）	（1.96）
BJ	0.1581	0.0646
	（0.94）	（0.27）
SH	0.1168	0.0107
	（0.51）	（0.04）
GD	0.3094*	0.3083
	（1.71）	（1.33）
ZJ	−0.4112	−0.5067*
	（−1.35）	（−1.82）
Ln（Investment）	0.6750***	0.7292***
	（9.62）	（11.24）
Ownership	−0.0285***	−0.0334***
	（−4.04）	（−4.85）
Ln（Number of investors）	−0.0988	−0.1312**
	（−1.56）	（−2.17）
GVC	−0.0055	−0.0036
	（−0.04）	（−0.02）
CVC	−0.1168	−0.1936
	（−0.48）	（−0.56）
FVC	0.1005	0.0835
	（0.34）	（0.25）

	Ln（Pre-money valuation）in the subsequent round	
	Full sample	First round investments
	（1）	（2）
Experience	0.0124	−0.0110
	（0.17）	（−0.11）
Ln（IPOs last year）	0.0554	0.0619
	（0.21）	（0.30）
Industry public market index	0.1156	0.1544
	（0.27）	（0.25）
Constant	3.4162***	1.9584
	（2.87）	（1.14）
Observations	548	378
R-squared	0.767	0.822
Year fixed effect	Yes	Yes
Industry fixed effect	Yes	Yes

注：*、**、*** 分别代表 10%、5%、1% 时的水平显著。

实证结果表明，ASVI 系数显著且为负，表明当轮投资者关注度的增加预示着下一轮融资中企业估值出现反转。详细地，当前轮投资者关注每增加一个单位的标准差时，下一轮的企业估值就会下降 10.40%。除此之外，本书还研究了第一轮分组情况，得到了一致的结论。研究结果表明，在某种程度上，价格上涨是投资者关注导致的结果，而不是基于信息的基本面溢价。

三、风险投资的业绩表现

Gompers 和 Lerner（2000）指出，如果有关前景变化的基本信息引起高估值，那么投资应该更成功，展现出更好的业绩。因此，如果风险投资没有表现出更好的业绩，则可以认为是投资者关注而不是基本面信息推动了企业估值的上升。本部分将研究风险投资是否展现出了更好的业绩。

与 Hochberg、Ljungqvist 和 Lu（2007）一致，风险投资的业绩是由风险投资机构和风险投资背景企业的业绩共同来衡量的。在风险投资背景的企业层面，本书将是否能够成功退出视为投资业绩表现良好的信号。在风险投资机构层面，由于缺乏可用的内部收益率（IRR）数据，本书转而使用由

CVSource 数据库披露的风险投资的账面退出倍数来考察风险投资机构的企业。

首先，分析投资者关注对企业成功退出概率的影响。如果该企业通过 IPO 或出售给另一家公司（交易出售）的方式退出，或者在本轮融资和新一轮融资间隔一年以后获得新的融资，那么该企业将被定义为成功退出。除了通常的成功退出形式（通过 IPO 或交易出售），本书认为获得新一轮融资也是一种成功的形式主要是根据 Hochberg，Ljungqvist 和 Lu（2007）的研究，将生存到下一轮融资视为短暂的成功信号。另外，本书选择一年以上的融资间隔是出于以下两个原因：第一，在本书的样本中，前后两轮融资之间的平均间隔时间是 12.72 个月；第二，风险投资是一个长期的战略投资者，为企业提供增值服务，因此在获得融资后能够持续表现良好才算是成功。

然而，有一些企业不能被定义为成功退出可能仅仅是因为他们没有足够的时间成熟到上市（Gompers 和 Lerner，2000；Cumming 和 Dai，2011），为了减少这个偏差，本书的样本只考察了 2013 年前企业成功的情况。表 5-12 列（1）~（4）分别报告了通过 IPO、交易销售、IPO 和交易销售、接受新一轮融资这四种情况成功退出的回归结果。实证结果表明，投资者关注程度越高的行业，企业成功退出概率越低，即风险投资业绩越差，结合上述理论分析，这个证据支持了投资者关注假说。

为了进一步检查投资者关注和企业估值如何影响企业的成功退出，本部分将以企业估值的中位数为界将样本分为两组，结果如表 5-12 的列（5）~（6）所示。本书发现，投资者关注会显著影响成功退出（IPO 形式）的概率，但这个显著影响仅针对估值较高的企业。结合表 5-10，这一结果表明，风险投资的业绩表现糟糕似乎完全是由投资者关注高的那部分所驱动的，该分析提供了有力的证据表明，公司估值是由投资者关注而非基本面信息决定的。

其次，本书考察风险投资机构的业绩表现。样本来自 CVSource 数据库，业绩表现采用风险投资的退出回报倍数来衡量。在本书样本中，5621 轮融资中只有 748 轮披露了退出回报倍数的数据。虽然这个样本很小，不一定具有代表性，但它提供了一个研究投资者关注与退出回报倍数之间关系的机会。表 5-13 报告了投资者关注对退出回报倍数的回归结果。结果发现，ASVI 系数不显著但为负，说明在一定程度上，投资者关注度较高的行业中，企业的退出回报倍数较低。当基于企业估值的中位数将样本分为两组时，实证结果发现，在企业估值较高的分组中，投资者关注与退出回报倍数之间存在显著的负相关关系。因此，研究结果表明，投资者关注与退出回报倍数呈负相关，特别是在企业估值较高的情况下。

表 5-12　投资者关注对企业成功退出的影响

	Full sample				High valuation	Low valuation
	IPO	Trade sell	IPO & Trade Sell	New Financing	IPO	
	（1）	（2）	（3）	（4）	（5）	（6）
ASVI	−0.0032**	−0.0085***	−0.0021**	−0.0058**	−0.0047**	0.0007
	（−2.25）	（−3.79）	（−2.25）	（−2.32）	（−2.22）	（0.23）
Early	0.5585*	−0.1273	−0.2266	1.0777***	−0.0518	0.7366
	（1.91）	（−0.21）	（−0.84）	（4.27）	（−0.10）	（1.28）
Development	1.0880***	0.5823	0.3416**	0.9465***	0.9601***	1.0303**
	（5.42）	（1.27）	（2.24）	（4.72）	（3.80）	（2.09）
Expansion	1.1524***	0.2277	0.6832***	0.2927	1.1121***	1.0030**
	（5.95）	（0.49）	（4.69）	（1.50）	（4.62）	（2.03）
BJ	−0.2414**	−0.3486	−0.2321**	0.0616	−0.3283*	−0.2688*
	（−2.17）	（−1.57）	（−2.22）	（0.58）	（−1.89）	（−1.65）
SH	−0.1013	−0.6467**	−0.1363	0.1499	−0.1164	−0.1601
	（−0.83）	（−2.03）	（−1.13）	（1.30）	（−0.64）	（−0.82）
GD	0.0456	−0.0784	0.1485	0.0807	0.2718*	−0.1236
	（0.47）	（−0.44）	（1.59）	（0.85）	（1.86）	（−0.80）
ZJ	0.6551***	0.0738	0.1458	0.0549	0.6909***	0.5796***
	（5.95）	（0.36）	（1.35）	（0.48）	（4.45）	（3.05）
Ln（Investment）	0.1246***	0.0192	0.1685***	−0.0005	−0.0886	0.3081***
	（4.10）	（0.32）	（5.61）	（−0.02）	（−1.42）	（5.12）
Ownership	−0.0437***	−0.0033	−0.0402***	−0.0076***	−0.0334***	−0.0537***
	（−10.25）	（−0.63）	（−11.22）	（−2.62）	（−3.69）	（−7.69）
Ln（Number of investors）	0.1479***	0.0008	0.1827***	0.0462*	0.1717***	0.1399**
	（4.90）	（0.01）	（6.32）	（1.67）	（4.47）	（2.34）
GVC	0.0017	−0.0672	0.1600**	0.0344	0.1289	−0.1162
	（0.02）	（−0.46）	（2.34）	（0.47）	（1.23）	（−1.02）
CVC	−0.0683	0.4131*	−0.2666**	0.1240	−0.0425	−0.0227

续表

	Full sample				High valuation	Low valuation
	IPO	Trade sell	IPO & Trade Sell	New Financing	IPO	
	（1）	（2）	（3）	（4）	（5）	（6）
	（−0.53）	（1.89）	（−2.14）	（0.98）	（−0.24）	（−0.10）
FVC	−0.7650***	−0.9816***	−0.0681	0.1818	−0.9999***	−0.3711
	（−5.39）	（−2.62）	（−0.58）	（1.42）	（−5.27）	（−1.45）
Experience	−0.1874***	0.0388	0.0692*	0.0344	−0.2007***	−0.1964***
	（−4.84）	（0.48）	（1.85）	（0.88）	（−3.44）	（−3.21）
Ln（IPOs last year）	−0.3537***	−0.3553*	−0.6006***	−0.0426	−0.0930	−0.5455***
	（−3.34）	（−1.69）	（−6.63）	（−0.43）	（−0.59）	（−3.44）
Industry public market index	0.1491	1.6075**	0.5218*	0.1546	0.4957	−0.2723
	（0.46）	（2.39）	（1.80）	（0.52）	（1.00）	（−0.56）
Constant	1.5086**	−4.8426***	3.0691***	−6.1599***	0.5192	2.8988**
	（2.17）	（−3.06）	（5.11）	（−9.00）	（0.52）	（2.46）
Observations	2641	2641	2641	2641	1320	1321
pseudo R−squared	0.376	0.405	0.318	0.191	0.416	0.457
Year fixed effect	Yes	Yes	Yes	Yes	Yes	Yes
Industry fixed effect	Yes	Yes	Yes	Yes	Yes	Yes

注：*、**、***分别代表10%、5%、1%时的水平显著。

表 5−13　投资者关注对退出回报倍数的影响

	Exit return multiples		
	Full sample	High valuation	Low valuation
	（1）	（2）	（3）
ASVI	−0.0025	−0.0089***	−0.0034
	（−0.66）	（−2.87）	（−0.30）
Early	2.8355	0.6472	4.8287
	（0.76）	（0.20）	（1.00）

	Exit return multiples		
	Full sample	High valuation	Low valuation
	（1）	（2）	（3）
Development	1.6119	−1.0221	4.4796
	（0.91）	（−1.00）	（1.49）
Expansion	1.3180	−0.9319	4.0829
	（0.78）	（−0.89）	（1.53）
BJ	1.6121*	−0.9959*	3.9807**
	（1.88）	（−1.69）	（2.43）
SH	−0.2270	−1.0933	0.5714
	（−0.20）	（−1.59）	（0.31）
GD	0.9145	−0.0255	−0.3081
	（1.43）	（−0.06）	（−0.28）
ZJ	0.5514	−0.6738	1.2256
	（0.85）	（−1.56）	（0.92）
Ln（Investment）	−2.5051***	−0.4202**	−4.5905***
	（−4.89）	（−2.00）	（−3.03）
Ownership	0.3327***	0.0359	0.5430**
	（3.49）	（1.06）	（2.52）
Ln（Number of investors）	0.1819	0.0038	−0.1638
	（0.99）	（0.03）	（−0.31）
GVC	0.3552	−0.1802	1.5069
	（0.83）	（−0.57）	（1.53）
CVC	0.4843	0.0994	1.3538
	（0.60）	（0.19）	（0.76）
FVC	−0.6298	−0.2376	2.2491
	（−0.58）	（−0.31）	（0.93）
Experience	−0.7288	0.0845	−2.1767
	（−1.44）	（0.46）	（−1.61）
Ln（IPOs last year）	−1.5153*	−1.9276***	−0.7285
	（−1.78）	（−4.63）	（−0.43）

续表

	Exit return multiples		
	Full sample	High valuation	Low valuation
	（1）	（2）	（3）
Industry public market index	0.9364	−0.9338	1.3059
	（0.34）	（−0.72）	（0.22）
Constant	10.3725*	16.2150***	4.1061
	（1.68）	（5.16）	（0.36）
Observations	748	375	373
R−squared	0.736	0.730	0.804
Year fixed effect	Yes	Yes	Yes
Industry fixed effect	Yes	Yes	Yes

注：*、**、*** 分别代表 10%、5%、1% 时的水平显著。

四、稳健性检验

（一）Heckman 样本选择

企业估值的数据来自 CVSource 数据库，但此数据库中很大一部分融资轮并不披露企业估值数据，这可能会导致有估值数据的融资轮与没有估值数据的融资轮之间存在系统性偏差（Gompers 和 Lerner，2000；Cumming 和 Dai，2011）。本书将使用 Heckman 样本选择方法解决这个问题。

Heckman 程序通过两个阶段纠正潜在的选择偏差。

第一阶段，Probit 回归方程，衡量是否有估值数据的概率。具体地说，如果当轮融资的估值数据被披露，因变量则取 1，否则取 0。自变量包括三部分，其中，企业特征包括位置信息 [BJ（北京），SH（上海），GD（广东），ZJ（浙江）] 和发展阶段 [Early（早期），Development（发展期），Expansion（扩张期）]；风险投资特征包括投资额 Ln（Investment），投资者个数 Number of investors，风险投资背景（政府背景 GVC，国外背景 FVC，公司背景 CVC）和投资经验 Experience；市场条件包括前一年市场热度 Ln（IPOs last year）和公开市场行业指数 Industry public market index。除此之外，还要将第一阶段回归得到的逆米尔斯比率（Inverse Mills Ratio）作为自变量加入第二阶段回归中。

第二阶段，展示个人投资者关注对企业估值的回归分析。如表 5-14 所示，逆米尔斯比率（Inverse Mills Ratio）系数显著，表明确实会因为遗漏了估值数据而导致选择偏差。但在控制了选择效应之后，实证结果表明，在投资者关注高的行业，企业仍然展现出高的估值。具体地，个人投资者关注每增加一个单位的标准差，企业估值就会增加 0.79%。这个结论说明，本书的结果是稳健的。与表 5-10 一样，本表也检查了第一轮投资的 Heckman 结果，发现与全样本的结论一致，表明本书的结论并不受样本选择的影响。

表 5-14　Heckman 选择模型

	Ln（Pre-money valuation）	
	Full sample	First round investments
	（1）	（2）
ASVI	0.0007***	0.0006***
	（3.60）	（2.58）
Early	−0.3141*	−0.2300
	（−1.93）	（−1.30）
Development	−0.2917***	−0.2934***
	（−6.32）	（−6.05）
Expansion	−0.2360***	−0.2825***
	（−2.90）	（−3.23）
BJ	0.1394	0.1753*
	（1.57）	（1.82）
SH	0.1336*	0.1381*
	（1.92）	（1.83）
GD	0.0546**	0.0229
	（2.13）	（0.83）
ZJ	0.0556**	0.0160
	（1.96）	（0.52）
Ln（Investment）	0.9045***	0.9162***
	（83.67）	（77.60）
Ownership	−0.0724***	−0.0698***
	（−123.83）	（−116.71）
Ln（Number of investors）	−0.0693***	−0.0699***
	（−3.74）	（−3.44）

续表

	Ln（Pre-money valuation）	
	Full sample	First round investments
	（1）	（2）
GVC	−0.0746	−0.0700
	（−1.41）	（−1.21）
CVC	0.0222	0.0548
	（0.54）	（1.22）
FVC	0.1924**	0.2231**
	（2.12）	（2.28）
Experience	0.0449	0.0672
	（0.99）	（1.35）
Ln（IPOs last year）	0.0891***	0.0937***
	（4.88）	（4.94）
Industry public market index	0.0249	−0.0182
	（0.44）	（−0.30）
Inverse Mills ratio	−0.4768	−0.6047*
	（−1.59）	（−1.85）
Constant	3.0446***	3.0343***
	（8.34）	（7.32）
F-statistic	123.7	109.8
p-value	0	0
Observations	5621	4305
R-squared	0.902	0.916
Year fixed effect	Yes	Yes
Industry fixed effect	Yes	Yes

注：*、**、*** 分别代表 10%、5%、1% 时的水平显著。

（二）工具变量

虽然上述分析已经证明企业价值上涨不是由基本面信息引起的，但仍然可能忽略有助于解释企业估值的重要变量。Judge 等（1985）研究指出，遗漏变量偏差会导致相关自变量系数变大。因此，这个遗漏可能会导致错误地施加重要性于个人投资者关注。本部分将采用两种方法构建工具变量来解决这个问题。工具变量应该与投资者关注相关，而与模型中的残差无关。

　　首先，采用与企业有相同二级行业的其他三级行业（或当需要将一个三级行业划分为更详细的子行业时，这里就是与企业有相同三级行业的其他子行业）的投资者关注度的中位数作为工具变量，定义为 ASVI_IV。第一，很明显 ASVI 和 ASVI_IV 是相关的。用于衡量 ASVI 和 ASVI_IV 的行业属于同一二级（或三级）行业，因此天然是相关的。当投资者对一个行业关注度增加时，他们也会对另一个密切相关的行业感兴趣，导致两者的 SVI 同时增加。第二，ASVI 的中位数一旦确定，就代表某一个具体的行业关注度，而一个特定行业的 ASVI 不太可能直接影响另一个行业的企业估值。

　　其次，采用与企业同一行业的所有上市公司广告支出的平均值构造了第二种工具变量。选择广告支出作为投资者关注的工具变量有两个原因。第一，由于广告增加了企业的曝光度，使得更多消费者和投资者了解这个企业，而增加的曝光度则可能会吸引潜在投资者的关注（Barber 和 Odean，2008；Ding 等，2017）。Grullon、Kanatas 和 Weston（2004）也指出，广告支出高的公司更容易被投资者看到，吸引更多的个人和机构投资者。因此，广告支出与投资者关注正向相关。第二，由于绝大多数私企的广告支出是不可知的，所以本书用中国 A 股市场所有上市公司的广告支出来构建工具变量。显然，某一行业中所有上市公司的广告支出平均数与特定的私企估值并不直接相关。

　　与本章前面的行业分类一致，对所有上市公司也选择使用申万三级行业分类（六位数代码）的标准。广告支出的数据来自 CSMAR 数据库的"财务报表附注"。"财务报表附注"详细记录了 2010~2019 年中国所有上市公司的年度会计项目。不同于资产负债表，财务报表附注里并没有标准的财务条目，因此需要提取出与广告支出相关的财务条目。具体来说，将包含"广告""促销""宣传"和"展览"的财务条目提取出来，将其费用合计，记为总的广告费用。由此，可以获得每个 A 股上市公司每年的广告支出费用。尽管理想的工具变量应该使用 ASVI 对应期间的广告支出平均值来衡量，即从融资日的前 60 天到前一天，但是 CSMAR 数据库只收集年度会计信息。因此，本书将工具变量 ASVI_IV_Adv 定义为与风险投资背景企业具有相同行业的所有上市公司在融资前一年年度末广告支出费用的平均值。

　　表 5-15 重复了表 5-10 中的回归分析，并报告了工具变量方法第一和第二阶段的结果。Panel A 报告了工具变量 ASVI_IV 的回归结果。第一阶段回归如列（1）所示，结果发现，ASVI_IV 的系数在 1% 的水平下显著，说明 ASVI_IV 是投资者关注 ASVI 的合适工具变量。ASVI 的预测值来自第一阶段

的回归，并被纳入第二阶段的回归（列（2））。在第二阶段，实证结果发现，ASVI 对企业估值的影响是显著为正的。Panel B 报告了工具变量 ASVI_IV_Adv 的回归结果。第一阶段的回归如列（3）所示，第二阶段的回归如列（4）所示，Panel B 的结果与 Panel A 的结果一致。表 5-15 的证据支持了投资者关注假说，即投资者关注程度较高的行业，企业估值也较高。

表 5-15　工具变量回归

	Panel A: Median ASVI of other peer industries		Panel B: Mean of Advertising Expenditure	
	IV 1st stage	IV 2nd stage	IV 1st stage	IV 2nd stage
	（1）	（2）	（3）	（4）
ASVI		0.0043**		0.1049**
		（2.02）		（2.09）
ASVI_IV	0.3193***			
	（14.70）			
ASVI_IV_Adv			0.5839**	
			（2.43）	
Early	2.6016*	−0.5712***	−1.4520	−0.4943***
	（1.68）	（−11.67）	（−1.30）	（−3.17）
Development	2.3680*	−0.3290***	−1.1385	−0.2496*
	（1.80）	（−7.92）	（−1.14）	（−1.86）
Expansion	3.0492**	−0.1367***	−0.6659	−0.0639
	（2.33）	（−3.29）	（−0.65）	（−0.50）
BJ	−0.5826	0.0066	−0.6277	−0.0008
	（−0.79）	（0.28）	（−1.49）	（−0.01）
SH	−0.3896	0.0339	−0.3636	0.0341
	（−0.48）	（1.31）	（−0.75）	（0.56）
GD	−0.1658	0.0379*	−0.9687**	0.1063
	（−0.24）	（1.71）	（−2.40）	（1.51）
ZJ	−0.6330	0.0592**	−0.8761	0.1156
	（−0.72）	（2.14）	（−1.56）	（1.50）
Ln（Investment）	−0.2228	0.8918***	−0.2053*	0.9376***
	（−1.19）	（149.68）	（−1.74）	（52.60）

续表

	Panel A：Median ASVI of other peer industries		Panel B：Mean of Advertising Expenditure	
	IV 1st stage	IV 2nd stage	IV 1st stage	IV 2nd stage
	（1）	（2）	（3）	（4）
Ownership	0.0178	−0.0724***	0.0390	0.0106
	（0.99）	（−126.65）	（0.29）	（0.63）
Ln（Number of investors）	0.0181	−0.0418***	0.0319**	−0.0756***
	（0.10）	（−7.02）	（2.17）	（−30.28）
GVC	−0.1431	0.0059	−0.0889	−0.0423***
	（−0.26）	（0.34）	（−0.74）	（−2.95）
CVC	−0.1315	−0.0188	0.6159*	−0.0631
	（−0.13）	（−0.59）	（1.80）	（−1.21）
FVC	0.4761	0.0589*	−0.9526	0.0727
	（0.44）	（1.73）	（−1.44）	（0.84）
Experience	−0.4974*	−0.0234**	1.1854	−0.0969
	（−1.68）	（−2.49）	（1.19）	（−0.79）
Ln（IPOs last year）	0.4429	0.0707***	−0.0279	−0.0185
	（0.97）	（4.90）	（−0.14）	（−0.80）
Industry public market index	1.2461	0.0156	6.7039***	−0.6722*
	（0.71）	（0.28）	（5.58）	（−1.83）
Constant	−5.4056	2.8371***	1.0080	3.6456***
	（−0.52）	（8.68）	（0.72）	（22.08）
Observations	5615	5615	4121	4121
R−squared	0.117	0.900	0.016	0.539
Year fixed effect	Yes	Yes	Yes	Yes
Industry fixed effect	Yes	Yes	Yes	Yes

注：*、**、*** 分别代表 10%、5%、1% 时的水平显著。

（三）备选的个人投资者关注测度

前文使用的 ASVI 是基于融资日前 30 天到之前 30 天之间 SVI 的变化，它捕捉了投资者关注度偏离"正常"部分的情况。然而，用于计算"正常"水平的时间窗口期是相当随意的。因此，本书使用不同窗口期（分别选择 60

天和 90 天）计算的个人投资者关注指标以检查基准结果是否稳健如表 5-16 所示。

表 5-16　投资者行业关注的备选测度

	Panel A：60-day window		Panel B：90-day window	
	Full sample	First round investments	Full sample	First round investments
	（1）	（2）	（3）	（4）
ASVI_60d	0.0003**	0.0003**		
	（2.36）	（2.17）		
ASVI_90d			0.0006**	0.0007**
			（2.44）	（2.47）
Early	−0.5635***	−0.5445***	−0.5608***	−0.5409***
	（−9.25）	（−8.41）	（−9.17）	（−8.31）
Development	−0.3232***	−0.3297***	−0.3192***	−0.3270***
	（−6.24）	（−5.89）	（−6.13）	（−5.81）
Expansion	−0.1278**	−0.1395**	−0.1237**	−0.1393**
	（−2.53）	（−2.53）	（−2.44）	（−2.51）
BJ	0.0031	0.0015	0.0022	0.0007
	（0.13）	（0.06）	（0.09）	（0.03）
SH	0.0335	0.0097	0.0328	0.0098
	（1.21）	（0.35）	（1.18）	（0.36）
GD	0.0369*	−0.0001	0.0363	−0.0013
	（1.66）	（−0.01）	（1.63）	（−0.06）
ZJ	0.0560**	0.0129	0.0552**	0.0112
	（2.12）	（0.47）	（2.08）	（0.41）
Ln（Investment）	0.8903***	0.9000***	0.8909***	0.8984***
	（106.58）	（98.78）	（106.52）	（98.50）
Ownership	−0.0722***	−0.0698***	−0.0724***	−0.0699***
	（−70.92）	（−67.39）	（−70.85）	（−66.95）
Ln（Number of investors）	−0.0418***	−0.1501***	−0.0422***	−0.0353***
	（−8.29）	（−6.62）	（−8.36）	（−5.87）

续表

	Panel A: 60-day window		Panel B: 90-day window	
	Full sample	First round investments	Full sample	First round investments
	（1）	（2）	（3）	（4）
GVC	0.0053	0.0317	0.0044	0.0308
	（0.30）	（1.64）	（0.25）	（1.58）
CVC	−0.0193	0.0045	−0.0181	0.0065
	（−0.64）	（0.13）	（−0.60）	（0.18）
FVC	0.0596*	0.0529	0.0594*	0.0557
	（1.85）	（1.49）	（1.84）	（1.56）
Experience	−0.0250***	−0.0213**	−0.0253***	−0.0224**
	（−2.82）	（−2.16）	（−2.85）	（−2.26）
Ln（IPOs last year）	0.0721***	0.0721***	0.0696***	0.0690***
	（5.32）	（5.18）	（5.16）	（4.97）
Industry public market index	0.0275	−0.0146	0.0268	−0.0134
	（0.49）	（−0.25）	（0.48）	（−0.23）
Constant	2.8141***	2.7971***	2.8271***	2.7590***
	（22.31）	（23.19）	（22.94）	（22.76）
Observations	5621	4305	5614	4298
R-squared	0.902	0.916	0.902	0.916
Year fixed effect	Yes	Yes	Yes	Yes
Industry fixed effect	Yes	Yes	Yes	Yes

注：*、**、***分别代表10%、5%、1%时的水平显著。

在表5-16的列（1）～（2）中，本书定义60天窗口期的 ΔSVI 如下：

$$\Delta SVI_{i, t} = \frac{SVI_{i, (t-30, t-1)} - med\left(SVI_{i, (t-60, t-31)}, SVI_{i, (t-90, t-61)}\right)}{med\left(SVI_{i, (t-60, t-31)}, SVI_{i, (t-90, t-61)}\right)} \quad (5.9)$$

式中，SVI 是基于行业的每日百度指数，$SVI_{i, (t-30, t-1)}$ 是在融资日 t 前 30 天的 SVI，$med\left(SVI_{i, (t-60, t-31)}, SVI_{i, (t-90, t-61)}\right)$ 是过去的两个月（即从前 90 天至前 31 天）的 SVI 的中位数。然后对异常值进行删失处理，消除行业偏差，对式（5.9）中的 ΔSVI 进行标准化，最终得到调整后的 60 天窗口期的行业关注度，定义为 ASVI_60d。

相似地，在表 5-16 的列（3）~（4）中，本书定义 90 天窗口期的 $\Delta\mathrm{SVI}$ 如下：

$$\Delta\mathrm{SVI}_{i,\ t}=\frac{\mathrm{SVI}_{i,\ (t-30,\ t-1)}-\mathrm{med}\left(\mathrm{SVI}_{i,\ (t-60,\ t-31)},\ \mathrm{SVI}_{i,\ (t-90,\ t-61)},\ \mathrm{SVI}_{i,\ (t-120,\ t-91)}\right)}{\mathrm{med}\left(\mathrm{SVI}_{i,\ (t-60,\ t-31)},\ \mathrm{SVI}_{i,\ (t-90,\ t-61)},\ \mathrm{SVI}_{i,\ (t-120,\ t-91)}\right)}$$

$$（5.10）$$

式中，SVI 是基于行业的每日百度指数，$SVI_{i,\ (t-30,\ t-1)}$ 是在融资日 t 前 30 天的 SVI，med（$\mathrm{SVI}_{i,\ (t-60,\ t-31)}$、$\mathrm{SVI}_{i,\ (t-90,\ t-61)}$、$\mathrm{SVI}_{i,\ (t-120,\ t-91)}$）是过去的 3 个月（即从前 120 天至前 31 天）的 SVI 的中位数。同样地，对异常值进行删失处理，消除行业偏差，对式（5.10）中的 ΔSVI 进行标准化，最终得到调整后的 90 天窗口期的行业关注度，定义为 ASVI_90d。

表 5-16 中，不同窗口期的个人投资者关注对企业估值的回归结果。结果发现，具有 60 天窗口期和 90 天窗口期的 ASVI 的系数估计值都是显著为正的，表明个人投资者关注即使采用不同的窗口期衡量，仍然不会影响投资者关注与企业估值之间的正相关关系。与基准模型的结果一致，处于成熟阶段的公司会表现出更高的估值，但位置与公司估值没有显著的关系。市场条件对公司估值有显著的正向影响。具体到风险投资方面，投资规模与投资前的企业估值呈正相关；风险投资的股权、风险投资成员的个数、投资经验与企业估值都呈现出负相关关系，说明当风险投资有更高的议价能力时会出价更低，另外，也是因为受到市场情绪的影响更小，所以会给出一个低于市场价的合理估值。这些证据表明，本书的主要结论仍然成立。

五、联合投资、投资经验和企业估值

投资者关注理论认为，如果企业估值的上升是由投资者关注驱动的，那么这种过高的估值可以通过投资策略的调整来降低，从而使风险投资不容易受到投资者情绪的影响。然而，如果估值增长是由于基本面信息引起的，那么企业估值就不能通过联合投资或投资经验来降低，相反，可以帮助风险投资支付更接近基本价值的价格。因此，本书通过检验联合投资和加入有经验的风险投资是否会降低企业估值，进一步区分投资者关注假说和基本面信息假说。

Cumming 和 Walz（2010）的研究表明，过度估值在联合投资中不常见。Heughebaert 和 Manigart（2012）认为，让更多的投资者参与投资决策，可以提高决策质量，降低风险，有利于风险投资提供更合理的价格。因此，本书研究联合投资与企业估值之间的关系。联合投资 Syndication 被定义为 1，则指在同一轮中有一个以上的风险投资，否则等于 0。联合投资对企业估值的影响结果如表 5-17 所示。在列（1）中，本书研究了投资者关注 ASVI 与联合投资之间的相互作用，发现联合投资显著减弱了投资者关注对企业估值的影响。结合联合投资显著为负的系数，本书可以得出联合投资确实降低了企业价值高估的结论。此外，列（2）和列（3）分别报告了独立投资和联合投资时投资者关注对企业估值的回归分析。结果表明，投资者关注与企业估值之间的显著正相关关系只出现在独立投资中，却在联合投资中消失，这个证明表明独立投资更有可能导致价值高估，而联合投资则不会。

Cumming 和 Walz（2010）认为，更有经验的经理人能够更好地、更准确地预测企业估值，因为其在分析财务报表和预测企业估值方面具有更高的技能和熟练度（Bushee，1998）。更重要的是，有经验的风险投资很少有动机高估投资，这是因为他们需要考虑到声誉资本的风险（Cumming 和 Walz，2010）。因此，本书想知道经验丰富的风险投资家是否能够降低过度估值的问题。经验丰富的风险投资家对企业估值的回归结果如表 5-18 所示。根据 Gompers（1996）以及 Cumming 和 Walz（2010）文中的定义，本书将投资经验 Experience 定义为融资轮中最大投资额的风险投资从建立到结束的年份，加 1 后取自然对数。表 5-18 中第（1）列的结果表明，投资经验对企业估值有显著的负向影响。此外，当检验投资经验与 ASVI 之间的交互变量时，发现系数也显著为负，表明投资经验减弱了投资者关注对企业估值的影响。这一证据表明，丰富的经验使风险资本家不容易受到投资者情绪的影响，并减轻了投资者关注所导致的过高定价。

表 5-17　联合投资对企业估值的影响

	Ln（Pre-money valuation）		
	Full sample	Standalone investments	Syndicated investments
	（1）	（2）	（3）
ASVI	0.0013***	0.0013***	0.0000
	（4.82）	（4.17）	（0.21）
ASVI × Syndication	−0.0013***		
	（−3.15）		
Syndication	−0.1103***		
	（−4.75）		

续表

	Ln（Pre-money valuation）		
	Full sample	Standalone investments	Syndicated investments
	（1）	（2）	（3）
Early	−0.5589***	−0.6302***	−0.4407***
	（−11.21）	（−9.51）	（−5.82）
Development	−0.3162***	−0.3628***	−0.2665***
	（−7.48）	（−6.31）	（−4.50）
Expansion	−0.1194***	−0.1584***	−0.1005*
	（−2.84）	（−2.76）	（−1.72）
BJ	0.0036	0.0015	−0.0088
	（0.15）	（0.05）	（−0.28）
SH	0.0315	0.0077	0.0444
	（1.19）	（0.21）	（1.28）
GD	0.0362	0.0364	0.0210
	（1.60）	（1.14）	（0.74）
ZJ	0.0536*	0.0436	0.0897**
	（1.90）	（1.09）	（2.55）
Ln（Investment）	0.8938***	0.8732***	0.9414***
	（146.77）	（109.36）	（104.84）
Ownership	−0.0725***	−0.0714***	−0.0752***
	（−124.29）	（−96.33）	（−78.94）
Ln（Number of investors）	−0.0135		−0.0248***
	（−1.58）		（−3.57）
GVC	0.0048	0.0122	−0.0208
	（0.27）	（0.49）	（−0.92）
CVC	−0.0168	−0.0215	−0.0030
	（−0.51）	（−0.46）	（−0.07）
FVC	0.0503	0.0364	0.1107**
	（1.44）	（0.76）	（2.29）

续表

	Ln（Pre-money valuation）		
	Full sample	Standalone investments	Syndicated investments
	（1）	（2）	（3）
Experience	−0.0243**	−0.0272**	−0.0115
	（−2.54）	（−2.03）	（−0.92）
Ln（IPOs last year）	0.0713***	0.0714***	0.0632***
	（4.83）	（3.73）	（2.73）
Industry public market index	0.0202	0.0307	−0.0544
	（0.36）	（0.38）	（−0.77）
Constant	2.7815***	2.8676***	3.2634***
	（8.32）	（7.57）	（13.84）
Observations	5621	3604	2017
R-squared	0.903	0.895	0.936
Year fixed effect	Yes	Yes	Yes
Industry fixed effect	Yes	Yes	Yes

注：*、**、*** 分别代表10%、5%、1% 时的水平显著。

表 5-18　投资经验对企业估值的影响

	Ln（Pre-money valuation）	
	（1）	（2）
ASVI	0.0007***	0.0007***
	（2.84）	（2.86）
ASVI × Experience		−0.0088**
		（−2.30）
Experience	−0.0259***	−0.0254***
	（−2.93）	（−2.87）
Early	−0.5612***	−0.5617***
	（−9.38）	（−9.39）
Development	−0.3207***	−0.3208***
	（−6.32）	（−6.32）

续表

	Ln（Pre-money valuation）	
	（1）	（2）
Expansion	−0.1253**	−0.1255**
	（−2.53）	（−2.54）
BJ	0.0035	0.0025
	（0.14）	（0.10）
SH	0.0314	0.0306
	（1.13）	（1.11）
GD	0.0354	0.0348
	（1.59）	（1.56）
ZJ	0.0523**	0.0520**
	（1.98）	（1.97）
Ln（Investment）	0.8903***	0.8901***
	（107.11）	（107.09）
Ownership	−0.0723***	−0.0723***
	（−71.00）	（−71.01）
Ln（Number of investors）	−0.0415***	−0.0414***
	（−8.20）	（−8.19）
GVC	0.0044	0.0048
	（0.25）	（0.28）
CVC	−0.0174	−0.0174
	（−0.58）	（−0.58）
FVC	0.0589*	0.0580*
	（1.83）	（1.80）
Ln（IPOs last year）	0.0721***	0.0716***
	（5.29）	（5.24）
Industry public market index	0.0258	0.0306
	（0.46）	（0.55）
Constant	2.8154***	2.8212***
	（22.44）	（22.46）
Observations	5621	5621

续表

	Ln（Pre-money valuation）	
	（1）	（2）
R-squared	0.902	0.902
Year fixed effect	Yes	Yes
Industry fixed effect	Yes	Yes

注：*、**、*** 分别代表 10%、5%、1% 时的水平显著。

第六节　本章小结

利用百度搜索指数，本书构建了一个基于行业的个人投资者关注指标（ASVI），并发现了三个主要结果。

首先，个人投资者对行业关注越高，企业估值越高。这一结果是稳健的，包括样本选择偏差，内生性问题和替代测量指标。

其次，企业估值的上升是个人投资者关注驱使的结果，而不是基于信息的基本面溢价，这个结论是基于企业估值长期逆转和风险投资业绩恶化的证据。

最后，联合投资和有经验的风险投资的参与可以降低公司估值，进一步支持了投资者关注的假说。

本书的研究结果表明，风险投资价值不仅取决于被投资企业的质量、风险投资的特征或市场状况，而且受到个人投资者关注的影响。个人投资者关注和风险投资估值之间存在着一个权衡。高度关注会推高企业估值，但作为权衡，成功退出和退出回报倍数的表现却反而变差。

从本书的研究结果可推知，由个人投资者关注引起的定价过高可以通过一些投资策略的调整来减弱。这些策略使风险投资家较少受到个人投资者情绪的影响，并降低了定价过高的风险，从而促进了风险投资的未来业绩，进而提高了进一步筹集资金的能力。

第六章 机构投资者关注对风险投资估值的影响：来自金融机构行研报告的证据

机构投资者是指具有市场支配能力，从而对证券市场中的信息传播和固定价格产生影响的投资者（Lambert、Leuz 和 Verrecchia，2007，2012）。学术上，机构投资者是指用自有资金或者从分散的公众手中筹集的资金专门进行有价证券投资活动的法人机构，这类投资者一般具有投资资金量大、收集和分析信息的能力强等特点。与个人投资者相比，机构投资者的资金实力更强，在收集市场信息和进行专业的投资价值分析时更容易形成规模效应。正是由于这些优势，使得机构投资者逐渐成为中国资本市场的一支重要力量。

机构投资者情绪主要指机构投资者行为所反映的情绪。与个人投资者情绪指标构建所采用的数据（例如网络新闻、搜索引擎、社交网络、网络论坛等数据）不同，机构投资者情绪构建所需要的数据常常源于金融机构发布的研报数量、金融终端的新闻阅读、财经媒体的新闻报道等。与个人投资者情绪相比，机构投资者凭借自身信息获取和信息分析专业知识的优势，使得他们在投资活动中表现得更加理性。刘维奇和刘新新（2014）发现，个人投资者情绪和机构投资者情绪间的影响是非对称的，机构投资者情绪可以预测个人投资者情绪，反之不成立。

本章以中国金融机构发布的行业研究报告为数据来源，构建机构投资者关注指标，研究机构投资者关注如何影响风险投资背景企业的估值。另外，与第五章的个人投资者关注对企业估值的影响作对比，考察个人投资者关注与机构投资者关注对风险投资背景企业定价的差异，探讨是否机构投资者关注对企业估值的影响更加持续。通过研究机构投资者关注对企业估值的影响，补充了投资者情绪在私募股权行业定价问题的研究。

第一节 理论机制与研究假设

传统理论认为，风险投资背景的企业估值是由风险投资家和企业家双方进行商谈而决定的（Hsu，2007；Cumming 和 Dai，2011）。因此，以往的文献主要集中于影响双方议价能力的因素，包括初创企业的质量和风险投资的特征。初创企业的质量包括财务信息（Hand，2005；Armstrong、Davila 和 Foster，2006）、研发能力（Zheng、Liu 和 George，2010）、创始人的特征（Hsu，2007）等方面。风险投资的特征包括声誉（Hsu，2004）、规模（Cumming 和 Dai，2011）、人力资源（Dimov 和 Shepherd，2005；Hsu，2007）和资本供给（Gompers 和 Lerner，2000）等方面。然而，投资者情绪可以衡量投资者对某一行业乐观或悲观的情绪，一定程度上反映了市场的热度，这将影响风险资本家对整个行业的预期，进而影响本行业内所有企业的估值。第五章的研究证实了个人投资者关注会影响初创企业的估值，并且初创企业的估值会因个人投资者关注的增加而短暂上升，但最终会因个人投资者关注的消散而回归到基本面价值。那么机构投资者关注对企业估值的影响与个人投资者关注有区别吗？本章将考察机构投资者关注对风险投资背景企业估值的影响。

个人投资者是用自有资金进行投资，由个人独立进行投资决策，而机构投资者（例如投资基金、投资公司、保险公司等）是以自身的资产或者信托资产进行投资。两者在资金、技术和时间等方面存在很大差异，所以机构投资者与个人投资者所捕捉到的信息会有所不同，从而对市场的理解也会存在很大差异，将导致两者对同一事件可能产生不同的评估和预期，形成不同的投资者情绪。具体来讲，个人和机构投资者之间存在三个方面的差异。

第一，机构投资者的信息搜寻意愿更强。机构投资者的资金量大且有相当部分是负债，这就要求他们必须收集足够的信息做出正确的决策，否则将面临重大损失，而个人投资者资金量小，主动收集信息的积极性不高。

第二，机构投资者的信息搜寻成本更低。投资者每天面临大量而庞杂的信息，处理这些信息需要时间、精力和才能（金雪军和马国旗，2003）。机构投资者拥有的专业知识、能力、资本规模和业界地位使得他们在收集和处理信息的成本时更有优势，而个人投资者由于自身精力和能力的限制使得信息收集成本倍增。

第三，机构投资者信息解读能力更强。信息解读的正确与否是投资决策的关键，机构投资者拥有专业的金融知识和丰富的实践经验，能够准确地理解、评估市场信息，做出理性的投资决策，而个人投资者大多是利用业余时间投资，缺乏专业知识，容易听信道听途说的市场传闻，做出冲动的决策（兰俊美，郝旭光和卢苏，2019）。

机构投资者的信息优势使得他们通常被认为对市场信息是熟知的或提前知情的（Xu 和 Wan，2015；Wen，Zou 和 Wang，2021；Lambert、Leuz 和

Verrecchia，2007，2012），因此机构投资者常被称为信息交易者或理性交易者。个人投资者由于无法获取或者难以准确解读信息，往往凭借个人经验做判断，容易出现行为偏差，常被称为噪声交易者。噪声交易者和理性交易者的行为表现可能会导致不同的结果。Chuang 和 Susmel（2011）认为，个人投资者比机构投资者有更强的过度自信。机构投资者可以利用专业的技术设备等资源进行过程预测、监督和控制，减少非理性行为（Keswani 和 Stolin，2008），这使得他们的决策模式在投资活动中更加理性（Deniel 等，1997）。与个人投资者相比，机构投资者拥有更大的资金实力，在收集信息和进行专业投资时更容易实现规模效应（Saci 和 Jasimuddin，2021）。Ben-Rephael，Da 和 Israelsen（2017）基于彭博新闻搜索和新闻阅读行为构建了机构投资者情绪指标，发现机构投资者对重大新闻事件的反应更快，引领了个人投资者，并促进永久性的股票价格调整，这与 Gao，Gu 和 Koedijk（2020）的观点一致。石善冲、康凯立和赵志刚（2019）发现，机构投资者积极情绪对 IPO 抑价产生显著的正向影响，然而个人投资者积极情绪对其影响不显著。

在风险投资领域，鲜有文献研究投资者情绪或者投资者关注对初创企业估值的影响，本书第五章研究了个人投资者关注对企业估值的影响，本章则从机构投资者的角度，研究机构投资者关注对企业估值的影响。个人投资者关注指标的构建通常使用社交媒体数据，如谷歌、Facebook、Twitter 等（Leitch 和 Sherif，2017；Gao、Ren 和 Zhang，2019；Feng 和 Johansson，2019）或间接代理变量，如交易量或换手率等（Barber 和 Odean，2008；Chenmanur 和 Yan，2009）。这些数据来自个人，包括散户投资者和其他个人，这可能会带来很多噪声。机构投资者关注指标的构建则采用完全不同的数据，例如金融客户端或者金融机构研究报告。那么，这些差异是否会导致机构投资者关注以不同的方式影响初创企业的估值？本章将采用中国金融机构行研报告数据构建的机构投资者关注指标，研究机构投资关注对企业估值的影响。

第二节 研究设计

一、机构投资者关注对企业估值的影响

与个人投资者关注相似，本章首先评估机构投资者关注与风险投资背景企业估值的关系。本章采用一个 Hedonic 回归的方法检验其效果，控制行业和年份固定效应。设计基准模型如下：

$$\text{Valuation}_{k, t} = \alpha_0 + \alpha_1 \text{AIA}_{k, t} + \text{Firm characterstics}_{k, t} + \text{VC characterstics}_{k, t} +$$
$$\text{Market condition}_{k, t} + \epsilon_{k, t} \qquad (6.1)$$

式中，Valuation 表示投资前估值，定义为投资后估值与当轮投资额度的差值的自然对数。AIA 表示机构投资者关注指标，其他控制变量包括 Firm characterstics（企业特征）、VC characterstics（风险资本特征）和 Market condition（市场环境）。

二、风险投资的业绩表现

由第五章的结论可知，个人投资者关注较高的行业，风险投资的业绩表现却较差，原因在于企业估值是由投资者情绪引起的过度估值，当投资者情绪消散时，企业最终会回归到基本面价值。那么机构投资者关注是否会出现相似的现象呢？本章将研究机构投资者关注对风险投资业绩表现的影响。具体地，根据现有的文章（Brander，Amit 和 Antweiler，2002；Sorensen，2007；Humphery–Jenner 和 Suchard，2013）将成功退出视为投资业绩的衡量指标，本章将检验这些公司是否可以成功退出。设定计量模型如下：

$$\text{Performance}_{k, t} = \alpha_0 + \alpha_1 \text{AIA}_{k, t} + \text{Firm characterstics}_{k, t} + \text{VC characterstics}_{k, t} +$$
$$\text{Market condition}_{k, t} + \epsilon_{k, t} \qquad (6.2)$$

式中，Performance 衡量了被投资企业是否成功退出（Dummy 变量，截至 2018 年之前通过 IPO 退出则取值 1，否则取值 0）。AIA 表示当轮的机构投资者关注，其他控制变量包括公司特征（Firm characterstics），风险投资特征（VC characterstics）和市场条件（Market condition）。

第三节　样本说明和变量定义

一、数据来源

本书使用的样本来自 2006~2015 年的接受风险投资并且有估值数据的企业。数据源自两部分：① CVSource 数据库，提供风险投资的特征数据，包括机构名称、融资时间、投资后估值、每轮投资额、企业行业、发展阶段、机构成立日期等；② CSMAR 数据库，提供机构投资者关注的数据，该数据库收录了中国主要金融机构（包括知名券商、基金公司和期货公司）每天发布的行业研究报告。行业研究报告包括报告名称、发布日期、行业代码和行业名称。由于 CSMAR 数据库里只收录了 2006~2015 年的数据，所以本书只考虑在此期间的机构投资者关注对企业估值的影响。

二、机构投资者关注的定义

本书采用金融机构的行业研究报告构建机构投资者关注指标。

首先，计算所有金融机构对行业 i 每天发布研究报告的次数。

其次，定义行业 i 在融资时间 t 时刻的超额机构投资者关注度，即

$$\Delta IA_{i,\ t} = \frac{IA_{i,\ (t-30,\ t-1)} - IA_{i,\ (t-60,\ t-31)}}{IA_{i,\ (t-60,\ t-31)}} \tag{6.3}$$

式中，$IA_{i,\ (t-30,\ t-1)}$ 表示融资时间 t 之前 30 天内金融机构研究报告的总数量，$IA_{i,\ (t-60,\ t-31)}$ 表示融资时间 t 之前 31 天到 60 天之内金融机构研究报告的总数量。

再次，由于行业之间存在着较大差异，所以需要进行如下处理：①去除异常值，即对进行删失处理；②移除行业差异，做 ΔIA 对行业 dummy 的回归分析，保留残差；③解决异方差性，用标准差对残差进行标准化。

最后，得到了经过调整后的超额机构投资者关注指标，定义为 AIA。

三、控制变量的定义

控制变量包括三部分，公司特征（Firm characteristics）、风险投资特征（VC characteristics）和市场条件（Market condition）。公司特征包括：Early 表示如果被投资企业处于早期则取 1，否则取 0；Development 表示如果被投资企业处于发展期则取 1，否则取 0；Expansion 表示如果被投资企业处于扩张期则取 1，否则取 0；Profitable 表示如果被投资企业处于获利期则取 1，否则取 0；BJ 表示如果被投资企业位于北京则取 1，否则取 0；SH 表示如果被投资企业位于上海则取 1，否则取 0；GD 表示如果被投资企业位于广东则取 1，否则取 0；ZJ 表示如果被投资企业位于浙江则取 1，否则取 0。风险投资特征包括：Ln（Investment）表示当轮融资中投资额度（以千美元为单位），取自然对数；Ownership 表示当轮融资中风险投资的股权比例；Ln（Number of investors）表示当轮融资中全部风险投资的个数，取自然对数；FVC 表示如果风险投资机构的总部位于国外，或者它的资本来自国外则取 1，否则取 0；GVC 表示如果一个风险投资机构由中央政府或当地政府成立、控制和运营则取 1，否则取 0；CVC 表示如果风险投资机构是一个大型公司的子公司（附属机构）则取 1，否则取 0；Experience 表示某一轮融资中投资额度最大的风险投资从成立到当轮融资之间的年份，加 1 后取自然对数。市场条件为 Ln（IPOs last year），表示当轮融资上一年上市公司的个数，取自然对数；Industry public market index，表示与被投资企业相同行业的所有上市公司在融资前一个月月末的月回报率的简单平均。具体定义如表 6-1 所示。

表 6-1　主要变量的具体定义

变量类型	变量符号	变量定义
被解释变量	Ln（Pre-money valuation）	投资后的企业估值与当轮的投资额之差（以千美元为单位），取自然对数
解释变量（数据来源：金融机构行研报告）	IA	金融机构发布的每个行业每天的行研报告数量
	ΔIA	（当轮融资前 30 天内的金融机构行研报告总数 – 融资前 30 天到 60 天内的金融机构行研报告总数）/ 融资前 30 天到 60 天内的金融机构行研报告总数
	AIA	做 ΔIA 对行业 dummy 变量的回归分析，取残差，然后对残差标准化
控制变量（数据来源：CVSource）	Ln（Investment）	当轮融资中投资额度（以千美元为单位），取自然对数
	Ownership	当轮融资中风险投资的股权比例
	Ln（Number of investors）	当轮融资中全部风险投资的个数，取自然对数
	FVC	如果风险投资机构的总部位于国外，或者它的资本来自国外则取 1，否则取 0
	GVC	如果一个风险投资机构由中央政府或当地政府成立、控制和运营则取 1，否则取 0
	CVC	如果风险投资机构是一个大型公司的子公司（附属机构）则取 1，否则取 0
	Experience	某一轮融资中投资额度最大的风险投资从成立到当轮融资之间的年份，加 1 后取自然对数
	BJ	如果被投资企业位于北京则取 1，否则取 0
	SH	如果被投资企业位于上海则取 1，否则取 0
	GD	如果被投资企业位于广东则取 1，否则取 0
	ZJ	如果被投资企业位于浙江则取 1，否则取 0
	Early	如果被投资企业处于早期则取 1，否则取 0
	Development	如果被投资企业处于发展期则取 1，否则取 0
	Expansion	如果被投资企业处于扩张期则取 1，否则取 0
	Profitable	如果被投资企业处于获利期则取 1，否则取 0
	Ln（IPOs last year）	当轮融资上一年上市的公司的个数，取自然对数
	Public public market index	表示与被投资企业相同行业的所有上市公司在融资前一个月月末的月回报率的简单平均

第四节　描述性统计

风险投资背景企业估值和控制变量的描述性统计如表 6–2 所示。AIA 是由金融机构行研报告构建的机构投资者关注指标。企业估值和控制变量的数据都来自 CVSource 数据库。控制变量由三部分组成：企业特征，包括位置信息（北京 BJ，上海 SH，广东 GD，浙江 ZJ）和发展阶段［早期（Early），发展期（Development），扩张期（Expansion），获利期（Profitable）］；风险投资的特征，包括投资额 Ln（Investment），投资股权（Ownership），投资者个数（Number of investors），风险投资的背景（政府背景 GVC，国外背景 FVC，公司背景 CVC）；市场条件，包括前一年市场热度 Ln（IPOs last year）和前一个月的市场指数（Industry public market index）。根据表 6–2 可见，个人投资者关注指标 ASVI 比机构投资者关注指标 AIA 的方差更大，表明个人投资者对市场的反应更加强烈，而机构投资者则更加理性，这与之前的文献（Chuang 和 Susmel，2011）是一致的。

表 6–2　变量的描述性统计

Variable	Obs.	Min	Median	Mean	Max	Std. Dev.
Log（Pre-money valuation）	3970	−1.309	3.813	3.714	9.641	1.587
AIA	3970	−23.623	−0.878	−0.064	49.982	4.995
Early	3970	0	0	0.092	1	0.289
Development	3970	0	1	0.553	1	0.497
Expansion	3970	0	0	0.316	1	0.465
BJ	3970	0	0	0.158	1	0.365
SH	3970	0	0	0.108	1	0.310
GD	3970	0	0	0.178	1	0.383
ZJ	3970	0	0	0.094	1	0.291
Log（Investment）	3970	−2.303	1.466	1.449	6.692	1.507
Ownership	3970	0.0001	0.100	0.134	0.999	0.131
Number of VC investors	3970	1	1	1.714	10	1.316
GVC	3970	0	0	0.282	1	0.450
CVC	3970	0	0	0.058	1	0.234
FVC	3970	0	0	0.067	1	0.250

续表

Variable	Obs.	Min	Median	Mean	Max	Std. Dev.
Experience	3970	0	1.386	1.490	3.258	0.845
Log（IPOs last year）	3970	3.258	5.727	5.735	8.241	1.004
Industry Public market index	3970	−0.401	0.031	0.034	0.849	0.140

第五节　实证研究结果

一、机构投资者关注对企业估值的影响

模型（6.1）的回归分析如表6-3所示。表6-3显示了机构投资者关注与企业估值之间的关系。因变量为Pre-money valuation，即投资后的企业估值与当轮融资的投资额之差的自然对数，以千美元为单位。表6-3中列（1）考察了全样本时机构投资者关注与企业估值之间的关系。由回归结果可知，AIA系数显著且为正，表明在机构投资者关注越高的行业，企业的估值越高。具体地，机构投资者指标每增加一个单位的标准差，企业估值将增加1.5%。投资规模与企业估值呈正相关关系，但风险投资的持股股权却与企业估值呈负相关关系，这可能与风险投资公司的议价能力有关，即高的股权使得风险投资在与被投资企业协商时拥有高的话语权，从而给出较低的价格。同时，回归结果表明，更多的风险投资成员和更有经验的风险投资提供更低的估值，这可能是因为拥有更多的成员能够降低投资风险，给出更加合理的估值，而富有经验的风险投资可以提供给被投资企业更多的服务，所以被投资企业愿意接受较低的估值。除此之外，回归结果还发现，地理位置和不同背景风险投资（政府背景、国外背景和公司背景）对企业估值的影响不显著。在市场指数方面，发现上一年活跃的股票市场可以提高风险投资的企业估值，但上一个月公开市场指数却并不影响企业估值。

表6-3　投资者关注对企业估值的影响

	Log of Pre-money valuation		
	Full sample	First round investments	Non-first round investments
	（1）	（2）	（3）
AIA	0.0048***	0.0033**	0.0114***
	（2.74）	（2.56）	（3.10）

续表

	Log of Pre-money valuation		
	Full sample	First round investments	Non-first round investments
	（1）	（2）	（3）
Early	−0.5386***	−0.5570***	−0.3110*
	（−9.49）	（−9.96）	（−1.67）
Development	−0.3270***	−0.3772***	−0.1558
	（−6.87）	（−7.93）	（−1.14）
Expansion	−0.1672***	−0.2184***	0.0526
	（−3.51）	（−4.60）	（0.38）
BJ	−0.0396	−0.0512**	0.0560
	（−1.58）	（−1.98）	（0.94）
SH	0.0535*	−0.0013	0.1857***
	（1.85）	（−0.04）	（3.02）
GD	−0.0130	−0.0483*	0.0506
	（−0.55）	（−1.91）	（0.98）
ZJ	0.0337	−0.0245	0.1286**
	（1.10）	（−0.74）	（2.00）
Ln（Investment）	0.9139***	0.9186***	0.9046***
	（135.84）	（132.36）	（54.66）
Ownership	−7.6266***	−7.2274***	−10.4789***
	（−108.86）	（−105.08）	（−39.95）
Ln（Number of investors）	−0.0489***	−0.0431***	−0.0471***
	（−7.07）	（−5.55）	（−3.53）
GVC	−0.0036	0.0305	−0.0793*
	（−0.18）	（1.50）	（−1.77）
CVC	0.0160	0.0352	−0.0247
	（0.44）	（0.90）	（−0.31）
FVC	0.0093	0.0218	−0.1011
	（0.24）	（0.56）	（−1.03）

	Log of Pre-money valuation		
	Full sample	First round investments	Non-first round investments
	（1）	（2）	（3）
Experience	−0.0214**	−0.0260**	0.0050
	（−1.98）	（−2.31）	（0.20）
Ln（IPOs last year）	0.0270***	0.0263***	0.0307
	（3.01）	（2.85）	（1.42）
Industry public market index	0.0212	−0.0482	0.2543*
	（0.35）	（−0.76）	（1.76）
Constant	3.6584***	3.6066***	3.7631***
	（50.49）	（49.04）	（19.74）
Observations	3970	3013	957
R-squared	0.890	0.912	0.817
Year fixed effect	Yes	Yes	Yes
Industry fixed effect	Yes	Yes	Yes

注：*、**、*** 分别代表 10%、5%、1% 时的水平显著。

考虑到企业估值可能会受到第一轮和后续轮不同投资者之间差异的影响，本书根据融资轮将整个样本分为两组，即第一轮组和非第一轮组。相关文献发现，第一轮投资与后续轮投资时风险投资机构与企业联合的模式可能会不同（Lerner，1994），而且后续轮通常会导致溢价（Gompers 和 Lerner，2000）。为了考察不同投资轮之间的差异影响，分别检查第一轮组（报告在列（2））和后续轮组（报告在列（3））时机构投资者关注与企业估值之间的关系，回归分析发现与在全样本中的结论一致，即机构投资者关注与企业估值呈正相关关系，但后续轮的影响更大一些。

二、稳健性分析

（一）Heckman 方法检验

与第五章一样，本部分有关企业估值的数据同样来自 CVSource 数据库，也会存在因为数据库缺失估值数据而导致的系统性偏差问题（Gompers 和 Lerner，2000；Cumming 和 Dai，2011）。本章将使用 Heckman 方法解决估值数据遗漏引起的样本选择偏差问题。

Heckman 方法包括两个阶段。

第一阶段是 Probit 回归，具体地说，如果当轮企业估值数据被披露因变量取 1，否则取 0，自变量包括位置（北京，上海，广东，浙江）和发展（早期、发展期和扩张期），投资额，股权，成员个数，投资经验，政府风险投资，国外风险投资，公司风险投资，市场上市公司热度，公开市场行业指数。在第一阶段中，回归得到逆米尔斯比率（Inverse Mills Ratio），将其作为自变量加入第二阶段回归当中。

第二阶段回归分析见表 6-4，检查投资者关注度对企业估值的影响，因变量是 Pre-money valuation，控制变量与第一阶段保持一致，再加上从第一阶段获取的逆米尔斯比率（Inverse Mills Ratio）。如表 6-4 所示，逆米尔斯比率（Inverse Mills Ratio）是显著的，表明数据库确实遗漏了估值数据，存在选择偏差。然而，在控制了选择效应后，发现机构投资者关注与企业估值仍然正相关，表明文章的结论是稳健的。同样，本章也检查了第一轮和后续轮投资的情况，结果表明不受样本选择的影响。

表 6-4　Heckman 选择模型

	Log of Pre-money valuation	
	Full sample	First round investments
	（1）	（2）
AIA	0.0010***	0.0010***
	（2.60）	（2.95）
Early	−0.0555	−0.0179
	（−0.36）	（−0.11）
Development	−0.3464***	−0.3996***
	（−7.24）	（−8.36）
Expansion	−0.4268***	−0.5098***
	（−4.71）	（−5.51）
BJ	0.3022***	0.3353***
	（2.89）	（3.08）
SH	0.3084***	0.2848***
	（3.81）	（3.37）
GD	0.0205	−0.0112
	（0.80）	（−0.41）

续表

	Log of Pre-money valuation	
	Full sample	First round investments
	（1）	（2）
ZJ	0.0242	−0.0337
	（0.79）	（−1.02）
Ln（Investment）	0.9507***	0.9604***
	（73.60）	（71.27）
Ownership	−0.0763***	−0.0724***
	（−109.07）	（−105.43）
Ln（Number of investors）	−0.1217***	−0.1251***
	（−5.36）	（−5.26）
GVC	−0.1759***	−0.1638***
	（−3.22）	（−2.87）
CVC	0.0745*	0.0966**
	（1.85）	（2.28）
FVC	0.3748***	0.4297***
	（3.26）	（3.63）
Experience	0.1333***	0.1480***
	（2.83）	（3.02）
Ln（IPOs last year）	0.1642***	0.1815***
	（3.91）	（4.17）
Industry public market index	0.0364	−0.0367
	（0.60）	（−0.58）
Inverse Mills ratio	−1.0092***	−1.1316***
	（−3.37）	（−3.65）
Constant	3.7372***	3.6880***
	（49.46）	（48.32）
F-statistic	1783	1734
p-value	0	0
Observations	3970	3013
R-squared	0.890	0.912

续表

	Log of Pre–money valuation	
	Full sample	First round investments
	（1）	（2）
Year fixed effect	Yes	Yes
Industry fixed effect	Yes	Yes

注：*、**、*** 分别代表 10%、5%、1% 时的水平显著。

（二）机构投资者关注的备选测度

在基准回归模型中，机构投资者关注指标测量了融资日期前 30 天到再之前 30 天之间的投资者关注的变化情况。然而，这里时间窗口期的选取是相当随意的。本章将使用不同窗口期（60 天或 90 天）计算投资者关注指标来检验文章的结论是否稳健。

表 6–5　机构投资者关注的备选测度

	Log of Pre–money valuation	
	（1）	（2）
AIA_60d	0.0007**	
	（2.28）	
AIA_90d		0.0006**
		（2.09）
Early	−0.5583***	−0.5469***
	（−7.74）	（−7.74）
Development	−0.3352***	−0.3262***
	（−5.44）	（−5.40）
Expansion	−0.1601***	−0.1498**
	（−2.67）	（−2.56）
BJ	0.0012	0.0098
	（0.05）	（0.35）
SH	0.0654*	0.0663*
	（1.89）	（1.93）
GD	0.0095	0.0119
	（0.42）	（0.51）

续表

	Log of Pre-money valuation	
	（1）	（2）
ZJ	0.0477*	0.0555**
	（1.78）	（2.04）
Ln（Investment）	0.8962***	0.8948***
	（96.61）	（96.43）
Ownership	−7.6546***	−7.6727***
	（−61.59）	（−60.69）
Ln（Number of investors）	−0.0417***	−0.0416***
	（−7.63）	（−7.46）
GVC	0.0050	0.0015
	（0.26）	（0.08）
CVC	0.0023	0.0004
	（0.07）	（0.01）
FVC	0.0249	0.0384
	（0.68）	（1.06）
Experience	−0.0260***	−0.0218**
	（−2.60）	（−2.20）
Ln（IPOs last year）	0.0820***	0.0740***
	（2.89）	（2.68）
Industry public market index	0.0445	0.0442
	（0.67）	（0.66）
Constant	3.4517***	3.5096***
	（16.80）	（17.26）
Observations	3970	3970
R-squared	0.895	0.898
Year fixed effect	Yes	Yes
Industry fixed effect	Yes	Yes

注：*、**、*** 分别代表10%、5%、1%时的水平显著。

在表6-5列（1）中，构建以60天为时间窗口期的机构投资者关注指

标。首先定义，

$$\Delta IA\_60d_{i,\ t} = \frac{IA_{i,\ (t-30,\ t-1)} - Med\left(IA_{i,\ (t-60,\ t-31)},\ IA_{i,\ (t-90,\ t-61)}\right)}{Med\left(IA_{i,\ (t-60,\ t-31)},\ IA_{i,\ (t-90,\ t-61)}\right)} \quad (6.4)$$

式中，$IA_{i,\ (t-30,\ t-1)}$ 表示融资时间 t 之前 30 天内金融机构行研报告的总数量，$Med\left(IA_{i,\ (t-60,\ t-31)}、IA_{i,\ (t-90,\ t-61)}\right)$ 表示融资时间 t 之前再两个月（即 31~60 天，61~90 天）之间金融机构行研报告的中位数。然后，对 ΔIA_60d 做类似式（6.3）中 ΔIA 的处理，即处理删失数据，移除行业差异并进行标准化。最后，得到 60 天窗口期的机构投资者关注指标，定义为 AIA_60d。

在表 6–5 列（2）中，定义以 90 天为窗口期的机构投资者关注指标。首先，定义如下：

$$\Delta IA\_90d_{i,\ t} = \frac{IA_{i,\ (t-30,\ t-1)} - Med\left(IA_{i,\ (t-60,\ t-31)},\ IA_{i,\ (t-90,\ t-61)},\ IA_{i,\ (t-120,\ t-91)}\right)}{Med\left(IA_{i,\ (t-60,\ t-31)},\ IA_{i,\ (t-90,\ t-61)},\ IA_{i,\ (t-120,\ t-91)}\right)}$$

$$(6.5)$$

式中，$IA_{i,\ (t-30,\ t-1)}$ 表示融资时间 t 之前 30 天内金融机构行研报告的总数量，$Med\left(IA_{i,\ (t-60,\ t-31)}、IA_{i,\ (t-90,\ t-61)}、IA_{i,\ (t-120,\ t-91)}\right)$ 表示融资时间 t 再之前三个月（即 31~60 天，61~90 天，91~120 天）之间金融机构行研报告的中位数。然后，对 ΔIA_90d 做类似式（6.3）中 ΔIA 的处理，即处理删失数据，移除行业差异并进行标准化。最后，得到 90 天窗口期的机构投资者关注指标，定义为 AIA_90d。

不同窗口期机构投资者关注对企业估值的回归结果如表 6–5 所示。研究发现，具有 60 天窗口期和 90 天窗口期的 AIA 的系数都显著为正，表明基准回归的结论并不受时间窗口期的影响，即机构投资者关注与企业估值之间的正相关关系是稳健的。同时，本书还发现，投资规模对企业估值有显著的正向影响，而风险投资的股权、成员个数和投资经验却与企业估值呈现出负相关关系。公开市场的上市热度也会推高企业估值。然而，企业位置、风险投资背景与企业估值并不存在显著的关系。这些证据表明，本书的主要结论仍然成立。

（三）控制企业规模

本书采用的机构投资者关注指标与企业规模存在较强的关联，因为大的企业更容易被看到，更容易吸引投资者的关注。然而，本书在基准模型中没有控制企业规模的主要原因是考虑到数据的缺失。私有企业在很大程度上不受披露要求的约束（Kaplan 和 Schoar，2005），因此相当一部分初创企业不披露会计数据，控制大量缺失数据的企业规模变量可能会引入系统性偏差，导致其不是解释投资者关注和企业估值之间关系的合理指标。

本书将收集 CVSource 数据库中有限的可用数据，采用总资产衡量企业规模，定义为 Size。具体地，Size 是总资产的自然对数。本节还在模型中加入了另外两个可能影响企业规模的变量：资产回报率 ROA 和公司年龄 Firm age。ROA 是净利润与总资产的比率。Firm age 是指企业从成立到融资日期的年数。表 6-6 重新检验了 AIA 对企业估值的影响，结果表明即使控制了企业规模，基准回归的结论仍然成立。

表 6-6　控制企业规模

	Log of Pre-money valuation	
	（1）	（2）
AIA	0.0051**	0.0051**
	（2.17）	（2.14）
Size	0.1677***	0.1664***
	（14.27）	（13.95）
ROA		−0.0416
		（−0.51）
Ln（Firm age）		0.0027
		（0.84）
Early	−0.1731	−0.1489
	（−1.10）	（−0.93）
Development	−0.1265*	−0.1141
	（−1.79）	（−1.58）
Expansion	−0.0129	−0.0042
	（−0.20）	（−0.06）
BJ	0.0626	0.0637
	（1.35）	（1.37）
SH	0.1652***	0.1676***
	（3.07）	（3.11）
GD	−0.0203	−0.0227
	（−0.45）	（−0.50）
ZJ	−0.0012	−0.0004
	（−0.02）	（−0.01）

	Log of Pre-money valuation	
	（1）	（2）
Ln（Investment）	0.7803***	0.7804***
	（51.63）	（51.58）
Ownership	−7.8191***	−7.8244***
	（−45.51）	（−45.46）
Ln（Number of investors）	−0.0532***	−0.0529***
	（−4.44）	（−4.41）
GVC	−0.0355	−0.0359
	（−0.97）	（−0.98）
CVC	−0.0804	−0.0786
	（−1.29）	（−1.26）
FVC	−0.0728	−0.0678
	（−1.13）	（−1.05）
Experience	0.0375*	0.0358*
	（1.85）	（1.76）
Ln（IPOs last year）	0.0759***	0.0726***
	（4.73）	（4.40）
Industry public market index	0.0751	0.0695
	（0.66）	（0.61）
Constant	1.6792***	1.6825***
	（9.74）	（9.69）
Observations	1073	1073
R-squared	0.884	0.884
Year fixed effect	Yes	Yes
Industry fixed effect	Yes	Yes

注：*、**、*** 分别代表 10%、5%、1% 时的水平显著。

三、风险投资的业绩表现

本部分通过考察风险投资成功退出的概率来分析机构投资者关注如何影响风险投资业绩表现。如果企业通过 IPO 退出，则该企业被定义为是成功退出的。同时，为了缓解一些公司没有足够的时间孵化到最终上市而造成的样本选择偏差问题（Gompers 和 Lerner，2000；Cumming 和 Dai，2011），本部分只包括 2011 年之前的融资轮。

机构投资者关注对风险投资成功退出概率的回归结果如表 6-7 所示。因变量定义为成功退出的概率 Probability of successful exits，即如果是在 2011 年前成功退出则取 1，否则取 0。列（1）~（2）分别检验了全样本和第一轮融资组成的子样本的回归结果。由回归分析可知，机构投资者关注与成功退出的概率呈负相关关系。这一结果与第五章的研究结果相似，第五章的结论表明，个人投资者关注度越高的企业，成功退出的概率越低。这种负相关关系支持了投资者关注假说，即企业估值的增加是投资者关注导致的结果，而不是基于基本面信息的溢价。结合第五章分析和表 6-7 的结果，同样可以得出结论，即机构投资者的关注暂时推动了企业估值的提高，当机构投资者关注消散时，风险投资机构最终将表现出较差的业绩。

表 6-7　机构投资者关注对成功退出的影响

	Probability of successful exits	
	Full sample	First round investments
	（1）	（2）
AIA	−0.0138***	−0.0139**
	（−2.74）	（−2.49）
Early	−0.9612***	−0.9069***
	（−3.52）	（−3.19）
Development	−0.7092***	−0.6795***
	（−3.90）	（−3.49）
Expansion	−0.5123***	−0.4649**
	（−2.93）	（−2.50）
BJ	−0.1031	−0.0340
	（−0.91）	（−0.27）
SH	−0.1800	−0.0911
	（−1.39）	（−0.61）
GD	0.0121	0.0605
	（0.12）	（0.56）

续表

	Probability of successful exits	
	Full sample	First round investments
	（1）	（2）
ZJ	0.1923*	0.1683
	（1.65）	（1.31）
Ln（Investment）	0.0277	0.0518
	（0.86）	（1.47）
Ownership	−3.7400***	−4.0728***
	（−10.57）	（−10.35）
Ln（Number of investors）	0.1665***	0.1973***
	（4.79）	（4.84）
GVC	0.0051	0.0263
	（0.07）	（0.31）
CVC	0.2041	0.1832
	（1.44）	（1.20）
FVC	0.0793	0.0246
	（0.60）	（0.17）
Experience	−0.0394	−0.0421
	（−0.96）	（−0.92）
Ln（IPOs last year）	−0.1694	−0.0702
	（−1.29）	（−0.46）
Industry public market index	0.3968	0.0405
	（1.19）	（0.11）
Constant	1.5620*	0.8152
	（1.90）	（0.86）
Observations	1840	1520
pseudo R−squared	0.266	0.277
Year fixed effect	Yes	Yes
Industry fixed effect	Yes	Yes

注：*、**、*** 分别代表 10%、5%、1% 时的水平显著。

第六节　本章小结

　　本章利用中国金融机构的行研报告数据，构建了一个机构投资者关注指标（AIA）。本章发现，机构投资者关注越高，企业的估值也越高。通过多种诊断分析，包括样本选择偏差，替代测量指标和控制企业规模，本书发现基准模型中的结论是稳健的。另外，本章考察了风险投资的业绩表现，发现机构投资者关注越高，企业成功退出的概率越低，这与个人投资者关注的结论一致，同样支持了投资者关注假说，即企业估值的增加是机构投资者关注导致的结果，而不是基于基本面信息的溢价。

第七章 结论与建议

第一节 主要结论

本书研究了风险投资对企业三个方面，即业绩表现、研发水平和估值的影响。具体结论如下：

第一，从企业业绩的角度，风险投资在上市前增长对 IPO 长期业绩的影响中发挥着重要的作用。本书发现，在匹配样本下，上市前增长对 IPO 长期业绩的影响为正，但风险投资减弱了这个正向影响。当集中于风险投资背景的企业时，上市前增长和 IPO 长期业绩之间呈现一个倒 U 形的关系，即 IPO 业绩会随着上市前资产的增长而增长，但当到达某个饱和点时会出现业绩反转。究其原因，发现一些投机的风险投资家为了声誉或未来资金存在逐名动机，从而使旗下企业提前上市而导致财务造假，最终引起了长期业绩的下滑。

第二，从企业创新的角度，本书比较了国内和国外风险投资对企业创新水平的不同影响。本书发现，国外风险投资背景的企业比国内风险投资背景的企业有更低的创新水平。采用倾向匹配得分法，本书验证国外风险投资支持的公司缺乏创新是因为国外风险投资有较低的孵化科研的能力，并不是因为他们有较低的能力选择出有较高研发潜力的公司。同时，本书探讨了国外风险投资背景的公司创新能力较差的可能机制，即国外风险投资与其投资的公司地理距离间隔较远，地理距离使得国外风险投资不能很好地为企业提供监管和增值服务。

第三，从企业估值的角度，本书分别探索了个人投资者关注和机构投资者关注对风险投资背景企业估值的影响。研究结果发现，个人（或机构）投资者关注度越高的行业，企业估值也较高，并且企业估值的上升是个人（或机构）投资者关注度驱使的结果，并不是基于信息的基本面溢价，这个结论支持了投资者关注假说。同时，本书用三个证据验证了投资者关注假说：

（1）下一轮的企业估值会发生反转。

（2）风险投资的投资表现与投资者关注度成反比。

（3）联合投资和有经验的风险投资的参与可以降低投资者关注对公司估值的影响。

第二节　政策建议

科技创新是政府、人才、资本、市场共同作用的结果，资本越活跃，创新越活跃，资本正日益成为驱动创新的关键要素。风险投资是实施创新驱动发展战略的重要举措，是实现技术、资本、人才、管理等创新要素与创业企业有效结合的投融资方式。如何规制化风险投资，企业如何选择风险投资以及如何合理地融资都非常具有现实意义。本书提出如下建议：

第一，风险投资机构的"逐名"动机使其更加关注企业的短期业绩，而侵蚀其长期业绩，从而出现业绩"变脸"现象。针对企业在上市前财务造假的现象，证监会应该加大惩罚力度。同时，改革创业板关于上市公司发行人股票禁售期制度，借鉴海外创业板的经验，按照公平合理的原则，分别设置不同的股票禁售期，让各股东在持股时间达到相当时间跨度后才能分期分批售出股票。只有这样，才能避免风险投资为了快速退出获得高额收益而促使企业盈余管理。

第二，国内风险投资凭借地理接近被投资企业的优势，能够更好地促进企业研发，但国外风险投资的模式也是值得学习的。国家应该借鉴国外模式，制定特殊的优惠政策扶持国内风险投资的发展，促进风险投资最佳组织形式有限合伙制的发展，同时建立健全畅通的风险投资退出机制。只有借鉴国外风险投资的优势，结合国内风险投资地理接近的优势，才能更好地促进我国风险投资行业的发展，助力科技企业孵化与成长、提升科技创新能力、增强核心竞争力。

第三，中国的风险投资发展时间较短，良莠不齐，成长不够成熟，容易受到来自市场投资者情绪的影响。国家应引导风险投资行业在投资企业时，注重联合投资，尤其是与经验丰富的风险投资合作，从而减少受到市场情绪的影响。同时，设定合理的契约条款以解决风险投资和企业之间的信息不对称问题，使风险投资评估企业时能获得更多的信息，从而给出合理估值。只有这样才能使得风险投资不会过度估值，影响未来业绩和进一步筹集资金的能力。风险投资长久发展，才能不断地为我国高新技术产业发展注入活力，为科创类企业提供强大的资金支持。

第四，加强政府监管和扶持政策。针对高新技术行业，尤其是国家战略产业，投资者情绪高涨会增加初创企业的投机行为，导致整个行业受损，甚至发展停滞。因此，针对市场过热的行业，政府必须加强对风险投资机构和社交媒体平台的监管，对舆情进行管理和预警，出台相应政策引导情绪导向。同时，可以采取对应的扶持政策，例如建立政府产业引导基金或引入专业人才。商业性风险投资追求自身利益最大化，投资周期较短，且高新技术产业具有壁垒高、周期长的特点，市场化的投资手段通常难以给予足够的支持。而政府产业引导基金，具有资金优势和政策优势，可以发挥引导和补充作用。另外，高新技术行业隐藏问题多，非专业人士较难判断，政府机构需要专业人才，才能够在投资决策时保持理性。

参考文献

［1］蔡宁.风险投资"逐名"动机与上市公司盈余管理［J］.会计研究，2015（5）：22-29.

［2］陈工孟，俞欣，寇祥河.风险投资参与对中资企业首次公开发行折价的影响——不同证券市场的比较［J］.经济研究，2011（5）：74-85.

［3］陈见丽.风险投资能促进高新技术企业的技术创新吗？——基于中国创业板上市公司的经验证据［J］.经济管理，2011（2）：80-86.

［4］陈鹏程，周孝华.机构投资者私人信息、散户投资者情绪与IPO首日回报率［J］.中国管理科学，2016（4）：37-44.

［5］陈思，何文龙，张然.风险投资与企业创新：影响和潜在机制［J］.管理世界，2017（1）：158-169.

［6］陈友忠.中国创投20年［M］.北京：中国发展出版社，2011.

［7］邓俊荣，龙蓉蓉.中国风险投资对技术创新作用的实证研究［J］.技术经济与管理研究，2013（6）：52-55.

［8］丁慧，吕长江，黄海杰.社交媒体、投资者信息获取和解读能力与盈余预期——来自"上证 e 互动"平台的证据［J］.经济研究，2018（1）：153-168.

［9］董大勇，肖作平.交易市场与网络论坛间存在信息传递吗？［J］.管理评论，2011（23）：3-11.

［10］董倩，孙娜娜，李伟.基于网络搜索数据的房地产价格预测［J］.统计研究，2014（31）：81-88.

［11］段江娇，刘红忠，曾剑平.中国股票网络论坛的信息含量分析［J］.金融研究，2017（10）：178-192.

［12］冯旭南.注意力影响投资者的股票交易行为吗？——来自"股票交易龙虎榜"的证据［J］.经济学（季刊），2016（16）：255-275.

［13］付雷鸣，万迪昉，张雅慧.VC是更积极的投资者吗？——来自创业板上市公司创新投入的证据［J］.金融研究，2012（10）：129-142.

［14］龚霄，张国良.网络传播对IPO抑价的影响——基于中国A股市场的实证研究［J］.系统管理学报，2021（3）：592-600.

［15］苟燕楠，董静.风险投资进入时机对企业技术创新的影响研究［J］.中国软科学，2013（3）：137-145.

［16］韩立岩，伍燕然.投资者情绪与IPOs之谜——抑价或者溢价［J］.管理世界，2007（3）：51-61.

［17］胡昌生，池阳春.投资者情绪、资产估值与股票市场波动［J］.金融研究，2013（10）：181-193.

［18］胡军，王甄.微博、特质性信息披露与股价同步性［J］.金融研究，2015（11）：190-207.

［19］黄俊，陈信元.媒体报道与IPO抑价——来自创业板的经验证据［J］.管理科学学报，2013（2）：83-94.

［20］黄俊，郭照蕊.新闻媒体报道与资本市场定价效率——基于股价同步性的分析［J］.管理世界，2014（5）：121-130.

［21］黄益平，王敏，傅秋子，张皓星.以市场化、产业化和数字化策略重构中国的农村金融［J］.国际经济评论，2018（3）：106-124.

［22］姬新龙，马宁.不同风险投资背景对上市公司会计信息披露的影响［J］.华东经济管理，2016，229（1）：127-134.

［23］贾宁，李丹.创业投资管理对企业绩效表现的影响［J］.南开管理评论，2011（1）：98-108.

［24］姜爱克.私募股权投资风险预测与治理研究［D］.北京：北京交通大学博士学位论文，2018.

［25］姜富伟，孟令超，唐国豪.媒体文本情绪与股票回报预测［J］.经济学（季刊），2021（4）：1323-1344.

［26］焦跃华，黄永安.风险投资与公司创新绩效——基于创业板公司的经验分析［J］.科技进步与对策，2014（10）：90-95.

［27］金雪军，马国旗.证券市场中机构投资者与个人投资者信息不对称分析［J］.商业研究，2003（279）：76-79.

［28］金雪军，祝宇，杨晓兰.网络媒体对股票市场的影响——以东方财富网股吧为例的实证研究［J］.新闻与传播研究，2013（12）：36-51.

［29］李志文，余佩琨，杨靖.机构投资者与个人投资者羊群行为的差异［J］.金融研究，2010（11）：77-89.

［30］李琦.上市公司高级经理人薪酬影响因素分析［J］.经济科学，2003（6）：115-129.

［31］刘锋，叶强，李一军.媒体关注与投资者关注对股票收益的交互作用：基于中国金融股的实证研究［J］.管理科学学报，2014（1）：72-85.

[32] 刘海飞，许金涛，柏巍，李心丹.社交网络、投资者关注与股价同步性 [J].管理科学学报，2017（2）：53–62.

[33] 刘杰，陈佳，刘力.投资者关注与市场反应——来自中国证券交易所交易公开信息的自然实验[J].金融研究，2019（11）：189–206.

[34] 刘维奇，刘新新.个人和机构投资者情绪与股票收益——基于上证 A 股市场的研究[J].管理科学学报，2014（3）：70–87.

[35] 刘志峰，张婷婷.投资者彩票偏好对股票价格行为的影响研究[J].管理科学学报，2020（3）：90–100.

[36] 兰俊美，郝旭光，卢苏.机构投资者与个人投资者非理性行为差异研究 [J].经济与管理研究，2019（40）：16–31.

[37] 罗琦，吴乃迁，苏愉越，喻天琦.投资者盈余乐观情绪与管理者迎合——基于社交媒体情感分析的证据[J].中国工业经济，2021（11）：135–154.

[38] 买忆媛，李江涛，熊婵.风险投资与天使投资对创业企业创新活动的影响[J].研究与发展管理，2012，24（2）：79–84.

[39] 缪杰.基于百度指数的投资者关注度对于股票市场表现的影响——来自创业板数据的实证研究[D].厦门大学硕士学位论文，2014.

[40] 牛枫，叶勇，陈效东.媒体报道与 IPO 公司股票发行定价研究——来自深圳中小板上市公司的经验证据[J].管理评论，2017（11）：50–61.

[41] 瞿慧，沈微.基于 LSTHAR 模型的投资者关注对股市波动影响研究 [J].中国管理科学，2020（7）：23–34.

[42] 邵新建，何明燕，江萍，薛熠，廖静池.媒体公关、投资者情绪与证券发行定价[J].金融研究，2015（9）：190–207.

[43] 施荣盛，陈工孟.网络时代的股市"自行车定理"——基于股票论坛数据及分析师评级的研究[J].上海金融，2012（7）：68–73.

[44] 宋顺林，唐斯圆.投资者情绪、承销商行为与 IPO 定价——基于网下机构询价数据的实证分析[J].会计研究，2016（2）：66–72.

[45] 孙书娜，孙谦.投资者关注和股市表现——基于雪球关注度的研究 [J].管理科学学报，2018（6）：60–71.

[46] 孙彤，薛爽，崔庆慧.企业家前台化影响企业价值吗？基于新浪微博的实证证据[J].金融研究，2021（5）：189–206.

[47] 谈毅.中国风险投资制度演进过程与发展水平评价[J].科学学研究，2003，21（1）：95–100.

[48] 田国强，赵旭霞.金融体系效率与地方政府债务的联动影响——民企融资难融资贵的一个双重分析视角[J].经济研究，2019（8）：4–20.

［49］汪昌云，武佳薇．媒体语气、投资者情绪与 IPO 定价［J］．金融研究，
　　　2015（9）：174-189.

［50］王丹，孙鲲鹏，高皓．社交媒体上"用嘴投票"对管理层自愿性业绩预
　　　告的影响［J］．金融研究，2020（11）：188-206.

［51］王会娟，张然．私募股权投资与被投资企业高管薪酬契约——基于公司
　　　治理视角的研究［J］．管理世界，2012（9）：156-167.

［52］王靖一，黄益平．金融科技媒体情绪的刻画与对网贷市场的影响［J］．
　　　经济学（季刊），2018（3）：1623-1650.

［53］王美今，孙建军．中国股市收益、收益波动与投资者情绪［J］．经济研
　　　究，2004（10）：75-83.

［54］王曙．基于百度指数的投资者关注度与股票指数表现的相关性研究——
　　　来自概念股的证据［D］．南京大学硕士学位论文，2013.

［55］王晓丹，尚维，汪寿阳．互联网新闻媒体报道对我国股市的影响分析
　　　［J］．系统工程理论与实践，2019（12）：38-47.

［56］王旭光．有限关注、投资者情绪与 IPO 超额收益——基于百度指数的实
　　　证研究［J］．投资研究，2015（12）：87-96.

［57］王彦，张淑英，崔援民．我国风险投资存在的问题及其对策［J］．数量
　　　经济技术经济研究，2001（3）：46-48.

［58］文凤华，肖金利，黄创霞，陈晓红，杨晓光．投资者情绪特征对股票价
　　　格行为的影响研究［J］．管理科学学报，2014（3）：60-69.

［59］吴斌，黄明峰．股权集中度与风险投资企业绩效相关性研究——来自深
　　　市中小板市场的经验证据［J］．科技进步与对策，2011（18）：86-91.

［60］徐巍，陈冬华．自媒体披露的信息作用——来自新浪微博的实证证据
　　　［J］．金融研究，2016（3）：157-173.

［61］杨坤，曹晖，宋双杰．基金业绩与资金流量：明星效应与垫底效应
　　　［J］．管理科学学报，2013（5）：29-38.

［62］杨晓兰，沈翰彬，祝宇．本地偏好、投资者情绪与股票收益率：来自网
　　　络论坛的经验证据［J］．金融研究，2016（12）：147-162.

［63］游家兴，陈志锋，肖曾昱，薛小琳．财经媒体地域偏见实证研究［J］．
　　　经济研究，2018（53）：167-182.

［64］游家兴，吴静．沉默的螺旋：媒体情绪与资产误定价［J］．经济研究，
　　　2012（7）：141-152.

［65］余琰，罗炜，李怡宗，朱琪．国有风险投资的投资行为和投资成效
　　　［J］．经济研究，2014（2）：34-48.

［66］俞红海，李心丹，耿子扬.投资者情绪、意见分歧与中国股市 IPO 之谜
　　　［J］.管理科学学报，2015（3）：78-89.

［67］俞庆进，张兵.投资者有限关注与股票收益——以百度指数作为关注度
　　　的一项实证研究［J］.金融研究，2012（8）：152-165.

［68］袁蓉丽，文雯，汪利.风险投资和 IPO 公司董事会治理——基于倾向评
　　　分匹配法的分析［J］.中国软科学，2014（5）：118-128.

［69］张皓星，黄益平.情绪，违约率与反向挤兑——来自某企业的证据
　　　［J］.经济学（季刊），2018（3）：1503-1524.

［70］张维，翟晓鹏，邹高峰，熊熊.市场情绪，投资者关注与 IPO 破发
　　　［J］.管理评论，2015（6）：160-168.

［71］张学勇，廖理.风险投资背景与公司 IPO：市场表现与内在机理［J］.
　　　经济研究，2011（6）：119-133.

［72］张学勇，吴雨玲，郑轶.我国风险投资机构（VC）的本地偏好研究
　　　［J］.投资研究，2016（6）：86-104.

［73］张学勇，张叶青.风险投资、创新能力与公司 IPO 的市场表现［J］.经
　　　济研究，2016（51）：112-125.

［74］赵龙凯，陆子昱，王致远.众里寻"股"千百度——股票收益率与百度
　　　搜索量关系的实证探究［J］.金融研究，2013（4）：183-195.

［75］周孝华，吴宏亮.基于中小板上市公司 IPO 前后业绩变化的实证研究
　　　［J］.技术经济与管理研究，2010（6）：19-22.

［76］朱孟楠，梁裕珩，吴增明.互联网信息交互网络与股价崩盘风险：舆论
　　　监督还是非理性传染［J］.中国工业经济，2020（10）：81-99.

［77］朱南丽，邹平，张永平，李学术，杨琳琳，张扬.基于博客／微博信息
　　　量的投资者关注度测量研究——来自中国股票市场的经验数据［J］.
　　　经济问题探索，2015（2）：159-166.

［78］Aghion P, Reenen J V, Zingales L. Innovation and institutional ownership
　　　［J］. American Economic Review, 2013, 103（1）：277-304.

［79］Aghion P, Bloom N, Blundell R, Griffith R, Howitt P. Competition
　　　and innovation：An inverted-U relationship［J］. Quarterly Journal of
　　　Economics, 2005（120）：701-728.

［80］Aharony J, Lin C J, Loeb M P. Initial public offerings, accounting choices,
　　　and earnings management［J］. Contemporary Accounting Research, 1993,
　　　10（1）：61-81.

［81］Aharony J, Wang J, Yuan H. Tunneling as an incentive for earnings management during the IPO process in China [J]. Journal of Accounting and Public Policy, 2010, 29 (1): 1–26.

[82] Ahmad K, Han J, Hutson E, Kearney C, Liu S. Media–expressed negative tone and firm–level stock returns [J]. Journal of Corporate Finance, 2016 (37): 152–172.

[83] Ahmad–Zaluki N A, Campbell K, Goodacre A. Earnings management in Malaysian IPOs: The East Asian crisis, ownership control, and post–IPO performance [J].International Journal of Accounting, 2011, 46 (2): 111–137.

[84] Alimov A, Mikkelson W. Does favorable investor sentiment lead to costly decisions to go public? [J]. Journal of Corporate Finance, 2012 (18): 519–540.

[85] Andrei D, Hasler M. Investor Attention and Stock Market Volatility [J]. Review of Financial Studies, 2015, 28 (1): 33–72.

[86] Antweiler W, Frank M Z. Is All That Talk Just Noise? The Information Content of Internet Stock Message Boards [J]. Journal of Finance, 2004, 59 (3): 1259–1294.

[87] Anwar S, Sun S. Can the presence of foreign investment affect the capital structure of domestic firms? [J]. Journal of Corporate Finance, 2015(30): 32–43.

[88] Arikawa Y, Eddine G I. Venture capital affiliation with underwriters and the underpricing of initial public offerings in Japan [J]. Journal of Economics and Business, 2010, 62 (6): 493–516.

[89] Armstrong C, Davila A, Foster G. Venture–backed private equity valuation and financial statement information [J]. Review of Accounting Studies, 2006 (11): 119–154.

[90] Arnold T, Fishe R P H, North D. The effects of ambiguous information on initial and subsequent IPO returns [J]. Financial Management, 2010, 39 (4): 1497–1519.

[91] Arthurs J D, Busenitz L W. Dynamic capabilities and venture performance: The effects of venture capitalists [J]. Journal of Business Venturing, 2006, 21 (2): 195–215.

[92] Bajo E, Raimondo C. Media sentiment and IPO underpricing [J]. Journal of Corporate Finance, 2017 (46): 139–153.

[93] Baker M, Stein J C. Market liquidity as a sentiment indicator [J]. Journal of Financial Markets, 2004, 7 (3): 271–299.

[94] Baker M, Wurgler J. Investor sentiment and the cross–section of stock returns [J]. Journal of Finance, 2006 (61): 1645–1680.

[95] Barber B M, Odean T, Zhu N. Systematic noise [J]. Journal of Financial Markets, 2009, 12 (4): 521–569.

[96] Barber B M, Odean T. All that glitters: the effect of attention and news on the buying behavior of individual and institutional investors [J]. Review of Financial Studies, 2008 (21): 785–818.

[97] Barkema H G, Vermeulen F. What differences in the cultural backgrounds of partners are detrimental for international joint ventures? [J]. Journal of International Business Studies, 1997 (28): 845–864.

[98] Barry C B, Muscarella C J, Iii J W P, Vetsuypens M R. The role of venture capital in the creation of public companies: evidence from the going–public process [J]. Journal of Financial Economics, 1990 (27): 447–471.

[99] Baum J A C, Silverman B S. Picking winners or building them? Alliance, intellectual, and human capital as selection criteria in venture financing and performance of biotechnology startups [J]. Journal of Business Venturing, 2004, 19 (3): 411–436.

[100] Becker C L, Defond M L, Jiambalvo J, Subramanyam K R. The effect of audit quality on earnings management [J]. Contemporary Accounting Research, 1998, 15 (1): 1–24.

[101] Bena J, M. A. Ferreira, P. Matos, and P. Pires. Are foreign investors locusts? The long–term effects of foreign institutional ownership [J]. Journal of Financial Economics, 2017 (126): 122–146.

[102] Ben–Rephael A, Da Z, Israelsen R D. It Depends on Where You Search: Institutional Investor Attention and Underreaction to News [J]. Review of financial studies, 2017, 30 (9): 3009–3047.

[103] Benson D, Ziedonis R H. Corporate Venture Capital as a Window on New Technologies: Implications for the Performance of Corporate Investors When Acquiring Startups [J]. Organization Science, 2009, 20 (2): 329–351.

[104] Bergstresser D, Desai M, Rauh J. Earnings manipulation, pension assumptions, and managerial investment decisions [J]. Quarterly Journal

of Economics, 2006, 121 (1): 157-195.

[105] Bernstein S, X. Giroud, and R. R. Townsend. The impact of venture capital monitoring [J]. Journal of Finance, 2016 (71): 1591-1622.

[106] Bertomeu J, Darrough M, Xue W. Optimal conservatism with earnings manipulation [J]. Contemporary Accounting Research, 2017, 34 (1): 252-284.

[107] Bertoni F, Colombo M G, Grilli L. Venture capital financing and the growth of high-tech start-ups: Disentangling treatment from selection effects [J]. Research Policy, 2011, 40 (7): 1028-1043.

[108] Bessembinder H, Zhang F. Firm characteristics and long-run stock returns after corporate events [J]. Journal of Financial Economics, 2013, 109 (1): 83-102.

[109] Billett M T, Flannery M J, Garfinkel J A. Frequent issuers' influence on long-run post-issuance returns [J]. Journal of Financial Economics, 2011, 99 (2): 349-364.

[110] Black F. Noise [J]. Journal of Finance, 1986 (41): 528-543.

[111] Block J H, Vries G D, Schumann J H, Sandner P. Trademarks and venture capital valuation [J]. Journal of Business Venturing, 2014, 29 (4): 525-542.

[112] Boasson V, Boasson E. Firm value, spatial knowledge flow, and innovation: Evidence from patent citations [J]. China Finance Review International, 2015 (5): 132-160.

[113] Bollen J, Mao H, Zeng X. Twitter mood predicts the stock market [J]. Journal of Computational Science, 2011, 2 (1): 1-8.

[114] Bottazzi L, Rin M D, Hellmann T. Who are the active investors? Evidence from venture capital [J]. Journal of Financial Economics, 2008, 89 (3): 488-512.

[115] Brander J A, Amit R, Antweiler W. Venture-Capital Syndication: Improved Venture Selection vs. The Value-Added Hypothesis [J]. Journal of Economics and Management Strategy, 2002, 11 (3): 423-452.

[116] Branstetter L. Is foreign direct investment a channel of knowledge spillovers? Evidence from Japan's FDI in the United States [J]. Journal of International Economics, 2006, 68 (2): 325-344.

[117] Brav A, Geczy C, Gompers P A. Is the abnormal return following equity

issuances anomalous? [J] . Journal of Financial Economics, 2000, 56 (2): 209–249.

[118] Brav A, Gompers P A. Myth or reality? The long‐run underperformance of initial public offerings: Evidence from venture and nonventure capital-backed companies [J] . Journal of Finance, 1997, 52 (5): 1791–1821.

[119] Broussard J P, Michayluk D, Neely W P. The role of growth in long term investment returns [J] . Journal of Applied Business Research, 2005, 21 (1): 93–105.

[120] Brown G W, Cliff M T. Investor Sentiment and Asset Valuation [J] . The Journal of Business, 2005, 78 (2): 405–440.

[121] Brown K E. Ex ante severance agreements and earnings management [J] . Contemporary Accounting Research, 2015, 32 (3): 897–940.

[122] Bruton G D, Ahlstrom D. An institutional view of China's venture capital industry: Explaining the differences between China and the West [J] . Journal of Business Venturing, 2003, 18 (2): 233–259.

[123] Bushee B J, Core J E, Guay W, Wee S J W. The Role of the Business Press as an Information Intermediary [J] . Journal of Accounting Research, 2010, 48 (1): 1–19.

[124] Bushee B J. The influence of institutional investors on myopic R&D investment behavior [J] . Accounting Review, 1998 (73): 305–333.

[125] Butler A W, Goktan M S. On the role of inexperienced venture capitalists in taking companies public [J]. Journal of Corporate Finance, 2013(22): 299–319.

[126] Cable D M, Turban D B. Establishing the Dimensions, Sources and Value of Job Seekers'Employer Knowledge During Recruitment [J] . Research in Personnel and Human Resources Management, 2001 (20): 115–163.

[127] Carter R B, Dark F H, Singh A K. Underwriter reputation, initial returns, and the long–run performance of IPO stocks [J] . Journal of Finance, 1998, 53 (1): 285–311.

[128] Chahine S, Mansi S, Mazboudi M. Media news and earnings management prior to equity offerings [J] . Journal of Corporate Finance, 2015 (35): 177–195.

[129] Chava S, Oettl A, Subramanian A, Subramanian K V. Banking

deregulation and innovation [J]. Journal of Financial Economics, 2013, 109 (3): 759–774.

[130] Chemmanur T J, Fulghieri P. A Theory of the Going–Public Decision [J]. Review of Financial Studies, 1999, 12 (2): 249–279.

[131] Chemmanur T J, Hull T J, Krishnan K, Simonyan K, Nandy D, Bulan L, Etebari A, Sohl J, Tian X, Lebaron B. Do local and international venture capitalists play well together? A study of international venture capital investments [J]. Working Paper, 2011 (1): 7–14.

[132] Chemmanur T J, Loutskina E, Tian X. Corporate venture capital, value creation, and innovation [J]. Review of Financial Studies, 2014, 27 (8): 2434–2473.

[133] Chemmanur T, Yan A. Product market advertising, heterogeneous beliefs, and the long–run performance of initial public offerings [J]. Journal of Corporate Finance, 2017 (46): 1–24.

[134] Chen C, Chen Y, Hsu P H, Podolski E J. Be nice to your innovators: Employee treatment and corporate innovation performance [J]. Journal of Corporate Finance, 2016 (39): 78–98.

[135] Chen C, Shi H, Xu H. Underwriter reputation, issuer ownership, and pre–IPO earnings management: Evidence from China [J]. Financial Management, 2013, 42 (3): 647–677.

[136] Chen H, Chen J Z, Lobo G J, Wang Y. Effects of audit quality on earnings management and cost of equity capital: Evidence from China [J]. Contemporary Accounting Research, 2011, 28 (3): 892–925.

[137] Chen J, Cumming D, Hou W, Lee E. Does the external monitoring effect of financial analysts deter corporate fraud in China? [J]. Journal of Business Ethics, 2016, 134 (4): 727–742.

[138] Chen J, Leung W S, Evans K P. Are employee–friendly workplaces conducive to innovation? [J]. Journal of Corporate Finance, 2016 (40): 61–79.

[139] Chen K Y, Lin K L, Zhou J. Audit quality and earnings management for Taiwan IPO firms [J]. Managerial Auditing Journal, 2005, 20 (1): 86–104.

[140] Chen Q, Hemmer T, Zhang Y. On the relation between conservatism in accounting standards and incentives for earnings management [J]. Journal

of Accounting Research, 2007, 45（3）: 541–565.

［141］ Chen S S, Ho K Y, Po H H. CEO overconfidence and long–term performance following R&D increases［J］. Financial Management, 2014, 43（2）: 245–269.

［142］ Chen Y R, Chen C R, Chu C K. The effect of executive stock options on corporate innovative activities［J］. Financial Management, 2014, 43（2）: 271–290.

［143］ Choi S D, Lee I, Megginson W. Do privatization IPOs outperform in the long run?［J］. Financial Management, 2010, 39（1）: 153–185.

［144］ Chou D W, Gombola M, Liu F Y. Long–run underperformance following private equity placements: The role of growth opportunities［J］. The Quarterly Review of Economics and Finance, 2009, 49（3）: 1113–1128.

［145］ Chuang W I, Susmel, R. Who is the more overconfident trader? individual vs. institutional investors［J］. Journal of Banking & Finance, 2011, 35（7）: 1626–1644.

［146］ Chuluun T, Prevost A, Upadhyay A. Firm network structure and innovation［J］. Journal of Corporate Finance, 2017（44）: 193–214.

［147］ Clarke D C. What's law got to do with it? Legal institutions and economic reform in China［J］. UCLA Pacific Basin Law Journal, 1991, 10（1）: 1–76.

［148］ Clarke J, Khurshed A, Pande A, Singh A K. Sentiment traders & IPO initial returns: the Indian evidence［J］. Journal of Corporate Finance, 2016（37）: 24–37.

［149］ Cohen R B, Polk C, Vuolteenaho T. The Value Spread［J］. Journal of Finance, 2003, 58（2）: 609–641.

［150］ Colaco H M J, Cesari A D, Hegde S P. Retail Investor Attention and IPO Valuation［J］. European Financial Management, 2017, 23（3）: 691–727.

［151］ Collewaert V, Manigart S. Valuation of Angel–Backed Companies: The Role of Investor Human Capital［J］. Journal of Small Business Management, 2015（54）: 356–372.

［152］ Cook D O, Kieschnick R, Ness R A V. On the marketing of IPOs［J］. Journal of Financial Economics, 2006, 82（1）: 35–61.

［153］ Cooper M J, Gulen H, Schill M J. Asset growth and the cross–section of stock returns〔J〕. Journal of Finance, 2008, 63（4）: 1609–1651.

〔154〕Cornaggia J, Mao Y, Tian X, Wolfe B. Does banking competition affect innovation?〔J〕. Journal of Financial Economics, 2015, 115（1）: 189–209.

〔155〕Cornelli F, Goldreich D, Ljungqvist A. Investor Sentiment and Pre‐IPO Markets〔J〕. Journal of Finance, 2006, 61（3）: 1187–1216.

〔156〕Croce A, Martí J, Murtinu S. The impact of venture capital on the productivity growth of European entrepreneurial firms: "Screening" or "value added" effect?〔J〕. Journal of Business Venturing, 2013, 28(4): 489–510.

〔157〕Crocker K J, Slemrod J. The economics of earnings manipulation and managerial compensation〔J〕. RAND Journal of Economics, 2007, 38（3）: 698–713.

〔158〕Cumming D, Dai N. Fund size, limited attention and valuation of venture capital backed firms〔J〕. Journal of Empirical Finance, 2011(18): 2–15.

〔159〕Cumming D, Dai N. Local bias in venture capital investments〔J〕. Journal of Empirical Finance, 2010, 17（3）: 362–380.

〔160〕Cumming D, Walz C U. Private equity returns and disclosure around the world〔J〕. Journal of International Business Studies, 2010, 41（4）: 727–754.

〔161〕Da Z, Engelberg J, Gao P. In search of attention〔J〕. Journal of Finance, 2011（66）: 1461–1499.

〔162〕Da Z, Engelberg J, Gao P. The sum of all FEARS investor sentiment and asset prices〔J〕. Review of Financial Studies, 2015（28）: 1–32.

〔163〕Dai N, Jo H, Kassicieh S. Cross‐border venture capital investments in Asia: Selection and exit performance〔J〕. Journal of Business Venturing, 2012, 27（6）: 666–684.

〔164〕Danbolt J, Siganos A, Vagenas‐Nanos E. Investor sentiment and bidder announcement abnormal returns〔J〕. Journal of Corporate Finance, 2015（33）: 164–179.

〔165〕Daniel A, Michael H. Investor Attention and Stock Market Volatility〔J〕. Review of Financial Studies, 2015, 28（1）: 33–72.

〔166〕Davila A, Foster G, Gupta M. Venture capital financing and the growth of startup firms〔J〕. Journal of Business Venturing, 2003, 18（6）: 689–708.

［167］Dechow P M，Skinner D J. Earnings management：Reconciling the views of accounting academics，practitioners，and regulators［J］. Accounting Horizons，2000，14（2）：235–250.

［168］Dechow P M，Sloan R G，Sweeney A P. Causes and consequences of earnings manipulation：An analysis of firms subject to enforcement actions by the SEC［J］. Contemporary Accounting Research，1996，13（1）：1–36.

［169］DeLong J B，Shleifer A，Summers L H，Waldman R J. Noise Trader Risk in Financial Markets［J］. Journal of Political Economy，1990（98）：703–738.

［170］Derrien F O. IPO pricing in "hot" market conditions：who leaves money on the table?［J］. Journal of Finance，2005（60）：487–521.

［171］Devigne D，Vanacker T，Manigart S，Paeleman I. The role of domestic and cross–border venture capital investors in the growth of portfolio companies［J］. Small Business Economics，2013，40（3）：553–573.

［172］Ding S，Jia C，Wu Z，Yuan W. Limited attention by lenders and small business debt financing：advertising as attention grabber. International Review of Financial Analysis，2017（49）：69–82.

［173］Dong M，Michel J S，Pandes J A. Underwriter quality and long–run IPO performance［J］. Financial Management，2011，40（1）：219–251.

［174］Dossani R，Kenney M. Creating an environment for venture capital in India ［J］. World Development，2002，30（2）：227–253.

［175］Douma S，George R，Kabir R. Foreign and domestic ownership，business groups，and firm performance：Evidence from a large emerging market ［J］. Strategic Management Journal，2006，27（7）：637–657.

［176］Ducharme L L，Malatesta P H，Sefcik S E. Earnings management，stock issues，and shareholder lawsuits［J］. Journal of Financial Economics，2004，71（1）：27–49.

［177］Ducharme L L，Malatesta P H，Sefcik S E. Earnings management：IPO valuation and subsequent performance［J］. Journal of Accounting，Auditing and Finance，2001（16）：369–396.

［178］Dutta S，Fan Q. Equilibrium earnings management and managerial compensation in a multiperiod agency setting［J］. Review of Accounting Studies，2014，19（3）：1047–1077.

［179］Ebbers J J, Wijnberg N M. Nascent ventures competing for start-up capital: Matching reputations and investors ［J］. Journal of Business Venturing, 2012, 27（3）: 342-384.

［180］Ecker F. Information precision and long-run performance of initial public offerings ［J］. Contemporary Accounting Research, 2014, 31（3）: 876-910.

［181］Elston J A, Yang J J. Venture capital, ownership structure, accounting standards and IPO underpricing: Evidence from Germany ［J］. Journal of Economics and Business, 2010, 62（6）: 517-536.

［182］Engel D, Keilbach M. Firm-level implications of early stage venture capital investment-An empirical investigation ［J］. Journal of Empirical Finance, 2007, 14（2）: 150-167.

［183］Espenlaub S, Garrett I, Mun W P. Conflicts of interest and the performance of venture-capital-backed IPOs: A preliminary look at the UK ［J］. Venture Capital, 1999, 1（4）: 325-349.

［184］Fairfield P M, Whisenant J S, Yohn T L. Accrued earnings and growth: Implications for future profitability and market mispricing ［J］. Accounting Review, 2003, 78（1）: 353-371.

［185］Fama E F, French K R. The cross-section of expected stock returns ［J］. Journal of Finance, 1992, 47（2）: 427-465.

［186］Fan J P H, Wong T J, Zhang T. Politically connected CEOs, corporate governance, and Post-IPO performance of China's newly partially privatized firms ［J］. Journal of Financial Economics, 2007, 84（2）: 330-357.

［187］Fang L, Peress J. Media coverage and the cross-section of stock returns ［J］. Journal of Finance, 2009（64）: 2023-2052.

［188］Fang V W, Maffett M, Zhang B. Foreign institutional ownership and the global convergence of financial reporting practices ［J］. Journal of Accounting Research, 2015, 53（3）: 593-631.

［189］Feng X, Johansson A C. Top executives on social media and information in the capital market: evidence from China ［J］. Journal of Corporate Finance, 2019（58）: 824-857.

［190］Fernhaber S A, Mcdougall-Covin P P. Venture capitalists as catalysts to new venture internationalization: The impact of their knowledge and reputation resources [J]. Entrepreneurship Theory and Practice, 2009, 33 (1): 277–295.

[191] Ferrary M. Syndication of venture capital investment: The art of resource pooling [J]. Entrepreneurship Theory and Practice, 2010, 34 (5): 885–907.

[192] Festel G, Wuermseher M, Cattaneo G. Valuation of early stage high-tech start-up companies [J]. International Journal of Business, 2013 (18): 216–231.

[193] Foerster S R, Karolyi G A. The long-run performance of global equity offerings [J]. Journal of Financial and Quantitative Analysis, 2000, 35 (4): 499–528.

[194] Fried V H, Bruton G D, Hisrich R D. Strategy and the board of directors in venture capital-backed firms [J]. Journal of Business Venturing, 1998, 13 (6): 493–503.

[195] Fritsch M, Schilder D. Does venture capital investment really require spatial proximity? An empirical investigation [J]. Environment and Planning A, 2008, 40 (9): 2114–2131.

[196] Gao P. A measurement approach to conservatism and earnings management [J]. Journal of Accounting and Economics, 2013, 55 (2–3): 251–268.

[197] Gao X, Gu Z, Koedijk K. On the role of projected FDI inflows in shaping Institutions: the longer-term plan for post-pandemic investment reboot [J]. East Asian Economic Review, 2020 (24): 441–468.

[198] Gervais S, Kaniel R, Mingelgrin D H. The high-volume return premium [J]. Journal of Finance, 2001, 56: 877–919.

[199] Ginsberg J, Matthew H M, Rajan S P, Lynnette B, Mark S S, Larry B. Detecting influenza epidemics using search engine query data [J]. Nature, 2009 (457): 1012–1014.

[200] Gompers P A, Lerner J. Money chasing deals? The impact of fund inflows on private equity valuation [J]. Journal of Financial Economics, 2000 (55): 281–325.

[201] Gompers P A, Lerner J. The really long-run performance of initial public offerings: The pre-Nasdaq evidence [J]. Journal of Finance, 2003, 58 (4): 1355–1392.

[202] Gompers P A, Lerner J. The venture capital cycle [M]. Boston: MIT

Press，2002.

[203] Gompers P A. Grandstanding in the venture capital industry [J] . Journal of Financial Economics，1996（42）：133–156.

[204] Gompers P，Kovner A，Lerner J，Scharfstein D. Performance persistence in entrepreneurship [J] . Journal of financial economics，2010，96（1）：18–32.

[205] Gompers P，Kovner A，Lerner J，Scharfstein D. Venture capital investment cycles：The impact of public markets [J] . Journal of Financial Economics，2008，87（1）：1–23.

[206] Gompers P，Lerner J. The Use of Covenants：An Empirical Analysis of Venture Partnership Agreements [J] . Journal of Law and Economics，1996，39（2）：463–498.

[207] Gorman M，Sahlman W A. What do venture capitalists do? [J] . Journal of Business Venturing，1989，4（4）：231–248.

[208] Greenwood R，Nagel S. Inexperienced investors and bubbles [J] . Journal of Financial Economics，2009，93（2）：239–258.

[209] Griliches Z，Pakes A，Hall B H. Value of patents as indicators of inventive activity [J] . NBER Working Paper，1986（1）：214.

[210] Grilli L，Murtinu S. Government，venture capital and the growth of European high–tech entrepreneurial firms [J] . Research policy，2014，43（9）：1523–1543.

[211] Guadalupe M，Kuzmina O，Thomas C. Innovation and foreign ownership [J] . American Economic Review，2012，102（7）：3594–3627.

[212] Guler I，Guillen M F. Institutions and the internationalization of US venture capital firms [J] . Journal of International Business Studies，2010，41（2）：185–205.

[213] Guo D，Jiang K. Venture Capital Investment And The Performance of Entrepreneurial Firms：Evidence from China [J] . Journal of Corporate Finance，2013，22（3）：375–395.

[214] Gurun U G，Butler A W. Don't Believe the Hype：Local Media Slant，Local Advertising，and Firm Value [J] . Journal of Finance，2012，67（2）：561–598.

[215] Hand J. The value relevance of financial statements in the venture capital market [J] . Accounting Review，2005（80）：613–648.

［216］ Hasan I，Khurshed A，Mohamed A，Wang F. Do venture capital firms benefit from a presence on boards of directors of mature public companies？ ［J］. Journal of Corporate Finance，2018（49）：125-140.

［217］ Healy P M，Palepu K G. Information asymmetry，corporate disclosure，and the capital markets：A review of the empirical disclosure literature ［J］. Journal of Accounting and Economics，2001，31（1-3）：405-440.

［218］ Heckman J J. Sample selection bias as a specification error ［J］. Econometrica，1979（47）：153-161.

［219］ Hellmann T，Puri M. The interaction between product market and financing strategy：The role of venture capital ［J］. Review of Financial Studies，2000，13（4）：959-984.

［220］ Hertzel M，Lemmon M，Linck J R. Long-Run Performance following Private Placements of Equity ［J］. Journal of Finance，2002，57（6）：2595-2617.

［221］ Heston S L，Sinha N R. News versus Sentiment：Predicting Stock Returns from News Stories ［J］. Working Paper，2015（1）：214.

［222］ Heughebaert A，Manigart S. Firm Valuation in Venture Capital Financing Rounds：The Role of Investor Bargaining Power ［J］. Journal of Business Finance & Accounting，2012，39（3-4）：500-530.

［223］ Hirshleifer D，Hou K，Teoh S H，Zhang Y. Do investors overvalue firms with bloated balance sheets？ ［J］. Journal of Accounting and Economics，2004（38）：297-331.

［224］ Hirukawa M，Ueda M. Venture Capital and Innovation：Which is First？ ［J］. Pacific Economic Review，2011，16（4）：421-465.

［225］ Hochberg Y V，Ljungqvist A，Lu Y. Networking as a barrier to entry and the competitive supply of venture capital ［J］. Journal of Finance，2010（65）：829-859.

［226］ Hochberg Y V，Ljungqvist A，Yang L U. Whom you know matters：Venture capital networks and investment performance ［J］. Journal of Finance，2007，62（1）：251-301.

［227］ Hochberg Y V. Venture capital and corporate governance in the newly public firm ［J］. Review of Finance，2012，16（2）：429-480.

［228］ Hong H，Stein J. Disagreement and the Stock Market ［J］. Journal of Economic Perspectives，2007，21（2）：109-128.

［229］Hong Y, Huseynov F, Zhang W. Earnings management and analyst following: A simultaneous equations analysis［J］. Financial Management, 2014, 43（2）: 355-390.

［230］Hou K, Peng L, Xiong W. A tale of two anomalies: the implications of investor attention for price and earnings momentum［J］. Working Paper, Ohio State University, Baruch College, and Princeton University, 2014（1）: 7-14.

［231］Hou K, Robinson D T. Industry concentration and average stock returns［J］. Journal of Finance, 2006（61）: 1927-1956.

［232］Hou K. Industry information diffusion and the lead-lag effect in stock returns［J］. Review of Financial Studies, 2007（20）: 1113-1138.

［233］Hou Q, Jin Q, Yang R, Yuan H, Zhang G. Performance commitments of controlling shareholders and earnings management［J］. Contemporary Accounting Research, 2015, 32（3）: 1099-1127.

［234］Hsu D H. Experienced entrepreneurial founders, organizational capital, and venture capital funding［J］. Research Policy, 2007, 36（5）: 722-741.

［235］Hsu D H. What Do Entrepreneurs Pay for Venture Capital Affiliation?［J］. The Journal of Finance, 2004, 59（4）: 1805-1844.

［236］Hsu H C S. Technology timing of IPOs and venture capital incubation［J］. Journal of Corporate Finance, 2013（19）: 36-55.

［237］Hsu P H, Lee H H, Liu A Z, Zhang Z. Corporate innovation, default risk, and bond pricing［J］. Journal of Corporate Finance, 2015（35）: 329-344.

［238］Hsu P H, Tian X, Xu Y. Financial development and innovation: Cross-country evidence［J］. Journal of Financial Economics, 2014, 112（1）: 116-135.

［239］Huang X, Kang J K. Geographic concentration of institutions, corporate governance, and firm value［J］. Journal of Corporate Finance, 2017, 47: 191-218.

［240］Humphery-Jenner M, Suchard J A. Foreign VCs and venture success: Evidence from China［J］. Journal of Corporate Finance, 2013, 21（2）: 16-35.

［241］Inderst R, Müller H M. The effect of capital market characteristics on the value of start-up firms [J]. Journal of Financial Economics, 2004, 72 (2): 319-356.

[242] Jaggi B, Tsui J. Insider trading, earnings management and corporate governance: Empirical evidence based on Hong Kong firms [J]. Journal of International Financial Management and Accounting, 2007, 18 (3): 192-222.

[243] Jain B A, Kini O. Venture capitalist participation and the post-issue operating performance of IPO firms [J]. Managerial and Decision Economics, 1995, 16 (6): 593-606.

[244] Jia N, Tian X. Accessibility and materialization of firm innovation [J]. Journal of Corporate Finance, 2018 (48): 515-541.

[245] Jiang X, Yuan Q. Institutional investors'corporate site visits and corporate innovation [J]. Journal of Corporate Finance, 2018 (48): 148-168.

[246] Judge G, Griffiths W, Hill R, Lutkepohl H, Lee T. The theory and practice of econometrics [M]. New York: Wiley, 1985.

[247] Kamoto S. Managerial innovation incentives, management buyouts, and shareholders'intolerance of failure [J]. Journal of Corporate Finance, 2017 (42): 55-74.

[248] Kao J L, Wu D, Yang Z. Regulations, earnings management, and post-IPO performance: The Chinese evidence [J]. Journal of Banking and Finance, 2009, 33 (1): 63-76.

[249] Kaplan S N, Schoar A. Private equity performance: returns, persistence, and capital flows [J]. Journal of Finance, 2005 (60): 1791-1823.

[250] Kaplan S N, Strömberg P. Evidence on the venture capital investment process: contracting, screening and monitoring. In: venture capital contracting and the valuation of high technology firms [M]. Oxford and New York: Oxford University Press, 2003: 73-82.

[251] Kaplan, S N, Stromberg P. How do Venture Capitalists Choose and Manage Their Investments? [J]. Working Paper, University of Chicago, 2000 (1): 7-14.

[252] Kearney C, Liu S. Textual sentiment in finance: A survey of methods and models [J]. International Review of Financial Analysis, 2014 (33): 171-185.

[253] Keswani A, Stolin D. Which money is smart? mutual fund buys and sells

of individual and institutional investors [J] . Journal of Finance, 2008, 63 (1): 85–118.

[254] Kirilenko A A. Valuation and control in venture finance [J] . Journal of Finance, 2001 (56): 565–587.

[255] Klein A. Audit committee, board of director characteristics, and earnings management [J] . Journal of Accounting and Economics, 2002, 33 (3): 375–400.

[256] Knight G A, Cavusgil S T. Innovation, organizational capabilities, and the born–global firm [J] . Journal of International Business Studies, 2004, 35 (2): 124–141.

[257] Knill A. Should venture capitalists put all their eggs in one basket? Diversification versus pure–play strategies in venture capital [J] . Financial Management, 2009, 38 (3): 441–486.

[258] Kogan L, Papanikolaou D, Seru A, Stoffman N. Technological innovation, resource allocation, and growth [J] . Quarterly Journal of Economics, 2017, 132 (2): 665–712.

[259] Koh P, Reeb D M. Missing R&D [J] . Journal of Accounting and Economics, 2015, 60 (1): 73–94.

[260] Kortum S, Lerner J. Assessing the contribution of venture capital to innovation [J] . RAND Journal of Economics, 2000 (31): 674–692.

[261] Lakonishok J, Shleifer A, Vishny R W. Contrarian investment, extrapolation, and risk [J] . Journal of Finance, 1994, 49 (5): 1541–1578.

[262] Lambert, R., Leuz, C., Verrecchia, R. Accounting information, disclosure, and the cost of capital [J] . Journal of Accounting Research, 2007 (45): 385–420.

[263] Lambert, R., Leuz, C., Verrecchia, R. Information Asymmetry, Information Precision, and the Cost of Capital [J] . Review of Finance, 2012 (16): 1–29.

[264] Leitch D, Sherif M. Twitter mood, CEO succession announcements and stock returns [J] . Journal of Computational Science, 2017 (21): 1–10.

[265] Lemmon M, Portniaguina E. Consumer Confidence and Asset Prices: Some Empirical Evidence [J] . Review of Financial Studies, 2006 (19): 1499–1529.

［266］Lerner J. "Angel" financing and public policy：An overview［J］. Journal of Banking and Finance，1998，22（6–8）：773–783.

［267］Lerner J. Boom and bust in the venture capital industry and the impact on innovation［J］.Working paper，Harvard University，2002（1）：7–14.

［268］Lerner J. The syndication of venture capital investments［J］. Financial Management，1994（23）：16–27.

［269］Leung H，Ton T. The impact of internet stock message boards on cross–sectional returns of small–capitalization stocks［J］. Journal of Banking and Finance，2015（55）：37–55.

［270］Liao L，Liu B，Wang H. Information discovery in share lockups：Evidence from the split–share structure reform in China［J］. Financial Management，2011，40（4）：1001–1027.

［271］Liao T，Lin W. Corporate governance，product market competition，and the wealth effect of R&D spending changes［J］. Financial Management，2017（46）：717–742.

［272］Lin F，Wu C M，Fang T Y，Wun J C. The relations among accounting conservatism，institutional investors and earnings manipulation［J］. Economic Modelling，2014，37（C）：164–174.

［273］Lin F，Wu S F. Comparison of cosmetic earnings management for the developed markets and emerging markets：Some empirical evidence from the United States and Taiwan［J］. Economic Modelling，2014（36）：466–473.

［274］Linton K. Access to capital in China：Competitive conditions for foreign and domestic firms［J］. Journal of International Commerce Economics，2008（1）：27–50.

［275］Liu L，Wu J，Li P，Li Q. A social–media–based approach to predicting stock comovement［J］. Expert Systems with Application，2015，42（8）：3893–3901.

［276］Ljungqvist A，Nanda V，Singh R. Hot Markets，Investor Sentiment，and IPO Pricing［J］. Journal of Business，2006，79（4）：1667–1702.

［277］Loughran T，Ritter J R. The New Issues Puzzle［J］. Journal of Finance，1995，50（1）：23–51.

［278］Lu H，Tan Y，Huang H. Why do venture capital firms exist：an institution–based rent–seeking perspective and Chinese evidence［J］.

Asia Pacific Journal of Management, 2013（30）: 921–936.

［279］Lu J, Wang W. Managerial conservatism, board independence, and corporate innovation［J］. Journal of Corporate Finance, 2018（48）: 1–16.

［280］Lu Q, Hwang P. The impact of liability of foreignness on international venture capital firms in Singapore［J］. Asia Pacific Journal of Management, 2010, 27（1）: 81–97.

［281］Luong H, Moshirian F, Nguyen L, Tian X, Zhang B. How do foreign institutional investors enhance firm innovation?［J］. Journal of Financial and Quantitative Analysis, 2017, 52（4）: 1449–1490.

［282］Lutz E, Bender M, Achleitner A K, Kaserer C. Importance of spatial proximity between venture capital investors and investees in Germany［J］. Journal of Business Research, 2013, 66（11）: 2346–2354.

［283］Madhavan R, Iriyama A. Understanding global flows of venture capital: Human networks as the "carrier wave" of globalization［J］. Journal of International Business Studies, 2009, 40（8）: 1241–1259.

［284］Mahto R V, Khanin D. Speed of Venture Financing for Emerging Technology–Based Entrepreneurial Firms as a Function of Founder Reputation［J］. Creativity and Innovation Management, 2013, 22（1）: 84–95.

［285］Mäkelä M M, Maula M V J. Cross–border venture capital and new venture internationalization: An isomorphism perspective［J］. Venture Capital, 2005, 7（3）: 227–257.

［286］Mäkelä M M, Maula M V J. Interorganizational commitment in syndicated cross–border venture capital investments［J］. Entrepreneurship Theory and Practice, 2006, 30（2）: 273–298.

［287］Maksimovic V, Pichler P. Technological Innovation and Initial Public Offerings［J］. Review of Financial Studies, 2001, 14（2）: 459–494.

［288］Mann R J, Sager T W. Patents, venture capital, and software start–ups［J］. Research Policy, 2007, 36（2）: 193–208.

［289］Manso G. Motivating innovation［J］. Journal of Finance, 2011, 66（5）: 1823–1860.

［290］Mantecon T, Song K, Luo H. The control and performance of joint ventures［J］. Financial Management, 2016, 45（2）: 431–465.

［291］Mathers A M, Wang B, Wang X. Innovation and price informativeness

[J] . Financial Management, 2017, 46 (2): 523-546.

[292] Mcdougall P P, Shane S, Oviatt B M. Explaining the formation of international new ventures: The limits of theories from international business research [J] . Journal of Business Venturing, 1994, 9 (6): 469-487.

[293] Mcgrath R G. A real options logic for initiating technology positioning investments [J] . Academy of Management Review, 1997, 22 (4): 974-996.

[294] Meuleman M, Wright M. Cross-border private equity syndication: Institutional context and learning [J] . Journal of Business Venturing, 2011, 26 (1): 35-48.

[295] Michelacci C, Suarez J. Business Creation and the Stock Market [J] . Review of Economic Studies, 2004, 71 (2): 459-481.

[296] Morsfield S G, Tan C E L. Do venture capitalists influence the decision to manage earnings in initial public offerings? [J] . Accounting Review, 2006, 81 (5): 1119-1150.

[297] Moser S. Does diversity among co-investing venture capitalists add value for entrepreneurial companies? Dissertation executive summary [J] . SSRN Electronic Journal, 2010 (1): 7-14.

[298] Nanda R, Rhodes-Kropf M. Investment cycles and startup innovation [J] . Journal of Financial Economics, 2013, 110 (2): 403-418.

[299] Neal R, Wheatley S M. Do Measures of Investor Sentiment Predict Returns? [J] . Journal of Financial and Quantitative Analysis, 1998, 33 (4): 523-547.

[300] Odean T . Do Investors Trade Too Much? [J] . American Economic Review, 1999, 89 (5): 1279-1298.

[301] Pae S, Song C J, Yi A C. Career concerns and management earnings guidance [J] . Contemporary Accounting Research, 2016, 33 (3): 1172-1198.

[302] Pagano M, Röell A A. The Choice of Stock Ownership Structure: Agency Costs, Monitoring, and The Decision to Go Public [J] . Quarterly Journal of Economics, 1998, 113 (1): 187-225.

[303] Palomino F, Renneboog L, Zhang C. Information salience, investor sentiment, and stock returns: The case of British soccer betting [J] .

Journal of Corporate Finance, 2009, 15 (3): 368–387.

[304] Peng L, Xiong W. Investor attention, overconfidence and category learning [J]. Journal of Financial Economics, 2006 (80): 563–602.

[305] Peng M W. Business Strategies in Transition Economies [J]. Administrative Science Quarterly, 2000, 46 (1): 120–157.

[306] Peng W M. How entrepreneurs create wealth in transition economies [J]. Academy of Management Executive, 2001, 15 (1): 95–108.

[307] Phan H V, Khieu H D, Golec J. Does earnings management relieve the negative effects of mandatory pension contributions? [J]. Financial Management, 2017, 46 (1): 89–128.

[308] Pikulina E, Renneboog L, Tobler P. Overconfidence and investment: an experimental approach [J]. Journal of Corporate Finance, 2017, 43(1): 175–192.

[309] Popov A, Roosenboom P. Venture capital and patented innovation: evidence from Europe [J]. Economic Policy, 2012, 27 (71): 447–482.

[310] Pruthi S, Wright M, Lockett A. Do foreign and domestic venture capital firms differ in their monitoring of investees? [J]. Asia Pacific Journal of Management, 2003, 20 (2): 175–204.

[311] Pukthuanthong K, Walker T. Venture capital in China: a culture shock for Western investors [J]. Management Decision, 2007, 45 (4): 708–731.

[312] Qiu L, Welch I. Investor Sentiment Measures [J]. SSRN Electronic Journal, 2004, 117 (35): 367–377.

[313] Rao T, Srivastava S. Twitter Sentiment Analysis: How To Hedge Your Bets In The Stock Markets [J]. Computer Science, 2012 (1): 2–22.

[314] Ritter J R, Welch I. A review of IPO activity, pricing, and allocations [J]. Journal of Finance, 2002 (57): 1795–1828.

[315] Ritter J R. The long-run performance of initial public offerings [J]. Journal of Finance, 1991, 46 (1): 3–27.

[316] Roosenboom P, Goot T V D, Mertens G. Earnings management and initial public offerings: Evidence from the Netherlands [J]. International Journal of Accounting, 2003, 38 (3): 243–266.

[317] Rosenberg B, Reid K, Lanstein R. Persuasive evidence of market inefficiency [J]. Journal of Portfolio Management, 1985, 11(3): 9–17.

[318] Rosner R L. Earnings manipulation in failing firms [J]. Contemporary

Accounting Research, 2003, 20 (2): 361–408.

［319］Sabherwal S, Sarkar S K, Zhang Y. Do Internet Stock Message Boards Influence Trading? Evidence from Heavily Discussed Stocks with No Fundamental News ［J］. Journal of Business Finance and Accounting, 2011, 38 (9–10): 1209–1237.

［320］Saci, F., Jasimuddin, S. M. Does the research done by the institutional investors affect the cost of equity capital? ［J］. Finance Research Letters, 2021 (41): 7–14.

［321］Sahlman W A. The structure and governance of venture–capital organizations ［J］. Journal of Financial Economics, 1990, 27 (2): 473–521.

［322］Salhin A, Sherif M, Jones E. Managerial sentiment, consumer confidence and sector returns ［J］. International Review of Financial Analisis, 2016 (47): 24–38.

［323］Sapienza H J, Manigart S, Vermeir W. Venture capitalist governance and value added in four countries ［J］. Journal of Business Venturing, 1996, 11 (6): 439–469.

［324］Sapienza H J, Autio E, Zahra G S A. A Capabilities Perspective on the Effects of Early Internationalization on Firm Survival and Growth ［J］. Academy of Management Review, 2006, 31 (4): 914–933.

［325］Scheinkman J, Xiong W. Overconfidence and Speculative Bubbles ［J］. Journal of Political Economy, 2003, 111 (6): 1183–1219.

［326］Schwienbacher A. Innovation and venture capital Exits ［J］. Economic Journal, 2008, 118 (533): 1888–1916.

［327］Seru A. Firm boundaries matter: Evidence from conglomerates and R&D activity［J］. Journal of Financial Economics, 2014, 111 (2): 381–405.

［328］Shane S, Cable D. Network Ties, Reputation, and the Financing of New Ventures ［J］. Management Science, 2002, 48 (3): 364–381.

［329］Siganos A, Vagenas–Nanos E, Verwijmeren P. Facebook's daily sentiment and international stock markets ［J］. Journal of Economic Behavior and Organization, 2014 (107): 730–743.

［330］Sorensen M. How Smart Is Smart Money? A Two–Sided Matching Model of Venture Capital ［J］. Journal of Finance, 2007, 62 (6): 2725–2762.

［331］Sorenson O, Stuart T E. Syndication networks and the spatial distribution of venture capital investments［J］. American Journal of Sociology, 2001, 106（6）: 1546–1588.

［332］Stuart, H. The Effect of Organizational Structure on Corporate Identity Management［J］. Corporate Reputation Review, 1999, 2（2）: 151–164.

［333］Szwajkowski E. Organizational illegality: Theoretical integration and illustrative application［J］. Academy of Management Review, 1985, 10 （3）: 558–567.

［334］Tan J, Zhang W, Xia J. Managing risk in a transitional environment: An exploratory study of control and incentive mechanisms of venture capital firms in China［J］. Journal of Small Business Management, 2008, 46（2）: 263–285.

［335］Tang M C, Chyi Y L. Legal environments, venture capital, and total factor productivity growth of Taiwan industry［J］. Contemporary Economic Policy, 2010, 26（3）: 468–481.

［336］Teoh S H, Welch I, Wong T J. Earnings management and the long–run market performance of initial public offerings［J］. Journal of Finance, 1998, 53（6）: 1935–1974.

［337］Tetlock, P C, All the news that's fit to reprint: Do investors react to stale information?［J］. Review of Financial Studies, 2011（24）: 1481–1512.

［338］Tetlock, P C, Giving content to investor sentiment: The role of media in the stock market［J］. Journal of Finance, 2007（62）: 1139–1168.

［339］Tian X, Wang T Y. Tolerance for failure and corporate innovation［J］. Review of Financial Studies, 2014（27）: 211–255.

［340］Tian X. The role of venture capital syndication in value creation for entrepreneurial firms［J］. Review of Finance, 2012, 16（1）: 245–283.

［341］Tu Y, Tan X. Technology spillovers of FDI in ASEAN sourcing from local and abroad［J］. China Finance Review International, 2012, 2（1）: 78–94.

［342］Tykvova T. Venture capital in Germany and its impact on innovation［J］. SSRN Electronic Journal, 2000（1）: 7–14.

［343］Vansant B. Institutional pressures to provide social benefits and the earnings management behavior of nonprofits: Evidencefrom the U.S. hospital industry［J］. Contemporary Accounting Research, 2016, 33 （5）: 1576–1600.

［344］Wan W. The effect of external monitoring on accrual–based and real earnings management: Evidence from venture-backed initial public offerings [J]. Contemporary Accounting Research, 2013, 30 (1): 296-324.

[345] Wang L, Wang S. Cross-border venture capital performance: Evidence from China [J]. Pacific-Basin Finance Journal, 2011, 19 (1): 71-97.

[346] Wang L, Wang S. Economic freedom and cross-border venture capital performance [J]. Journal of Empirical Finance, 2012, 19 (1): 26-50.

[347] Wang Y, Zhao J. Hedge funds and corporate innovation [J]. Financial Management, 2015, 44 (2): 353-385.

[348] Wen F, Zou Q, Wang X. The contrarian strategy of institutional investors in Chinese stock market [J]. Finance Research Letters, 2021 (41): 101845.

[349] Wright M, Robbie K. The investor-led buy-out: A new strategic option [J]. Long Range Plan, 1996, 29 (5): 691-702.

[350] Wright M, Thompson S, Robbie K. Venture capital and management-led, leveraged buy-outs: A European perspective [J]. Journal of Business Venturing, 1992, 7 (1): 47-71.

[351] Xiao Y, Yung C. Extrapolation Errors in IPOs [J]. Financial Management, 2015, 44 (4): 713-751.

[352] Xing X, Howe J S, Anderson R I, Yan S. Labor rights, venture capital, and firm performance [J]. Financial Management, 2017 (46): 129-154.

[353] Xu, F., Wan, D. The impacts of institutional and individual investors on the price discovery in stock index futures market: Evidence from China [J]. Finance Research Letters, 2015 (15): 221-231.

[354] Ying Q, Kong D, Luo D. Investor Attention, Institutional Ownership, and Stock Return: Empirical Evidence from China [J]. Emerging Markets Finance and Trade, 2015, 51 (3): 672-685.

[355] Yuan R, Wen W. Managerial foreign experience and corporate innovation [J]. Journal of Corporate Finance, 2018 (48): 752-770.

[356] Yuan Y. Market-wide attention, trading, and stock returns [J]. Journal of Financial Economics, 2015, 116 (3): 548-564.

[357] Zerni M, Kallunki J P, Nilsson H. The Entrenchment Problem, Corporate Governance Mechanisms, and Firm Value [J]. Contemporary Accounting Research, 2010, 27 (4): 1169-1206.

［358］Zheng Y，Jing L，George G. The dynamic impact of innovative capability and inter-firm network on firm valuation：a longitudinal study of biotechnology start-ups ［J］. Journal of Business Venturing，2010（25）：593–609.